Der Städtekompass

Budapest Großstadt und Entspannung – das geht selten so gut zusammen wie in Budapest. Der Grund: Unter den Straßen der Metropole blubbern heiße Quellen.

Buenos Aires Die Megametropole am Río de la Plata pulsiert im Rhythmus des Tango.

Dubai Wo die Superlative zu Hause sind: Geht's noch höher, noch luxuriöser?

Edinburgh ist Schottland im Brennglas!

Breslau Die Stadt ist jung und unternehmungslustig – kein Wunder, dass hier gern gefeiert wird. Mit Vorliebe kombinieren die Breslauer Alt und Neu, kreieren Eigenes und bauen Brücken zu den Nachbarn in Europa.

Athen Die Stadt ist ein einziges großes Straßencafé, gespickt mit Schönem und Interessantem – und voller Menschen, mit denen man leicht ins Gespräch kommt. Und der antike Götterfels der Akropolis ist meistens in Sicht.

Amsterdam Multikulti und gastfreundlich: 180 Nationen teilen sich die Hauptstadt der Niederlande, in der es mehr Fahrräder als Einwohner gibt und 2500 Hausboote in den Grachten dümpeln.

Edinburgh 7

Dubai 6

Buenos Aires 5

Budapest 4

Breslau 3

Athen 2

Amsterdam 1

WOHIN MÖCHTE ICH?

Zürich 25

Zagreb 24

Wien 23

Valencia 22

Tokyo 21

Zürich Einfach fallen lassen und genießen. In Zürich ist der See nie weit. Es soll auch Menschen geben, die ganzjährig hineinhüpfen!

Wien Hektik ist dort verboten – übrigens auch am Strand der Neuen Donau bei einem kultigen Sundowner.

Zagreb Erst Shoppingbummel und Museumsbesuch, dann auf die Skipiste? In Zagreb ist's möglich!

Valencia *Vivir la vida*, das Leben genießen: Dieses Motto spürt und erlebt man überall in Valencia.

Tokyo Uralte Holztempel zwischen postmodernen Hochhäusern. Vielfalt pur!

Kapstadt
Afrikas südlichste und coolste Metropole.

Kopenhagen Hypermodern und alten Traditionen verhaftet. Kopenhagen kann beides und vor allem eins: hygge.

Marrakesch Die Stadt der Kontraste: Karawanserei und Shoppingmall, Koranschule und Start-Up-Unternehmen und nicht zuletzt die legendären Palmenhaine vor den schneebedeckten Gebirgsriegeln des Hohen Atlas.

Marseille Vom alten Hafen bis ins Badeparadies der Calanques reicht die Faszination von Marseille. Frankreichs Großstadt Nummer 2 ist unsere heimliche Nummer 1.

Neapel Der Vesuv, der Verkehr, die barocken Kirchen, das Gassengewirr und die kulinarischen Highlights – Neapel sprüht!

New York Alles ist hier dicht gedrängt, die Architektur, die Lebensweise, die Kultur. Und mittendrin: die Bühne Manhattans, der Times Square.

Paris Die Stadt der Liebenden – und noch viel mehr: Weltstadt der Kunst, der Mode, des feinen Essens und des Savoir-vivre.

DIREKT VERLIEBT

Kapstadt
Kopenhagen
Marrakesch
Marseille
Neapel
New York
Paris
Porto
Riga
Sofia
Stockholm
Sydney
Tel Aviv

8
9
10
11
12
13
14
15
16
17
18
19
20

Porto Altes Historisches trifft auf kreative Spannung: Porto erfindet sich gerade neu und schafft eine Stimmung, die keine Langeweile aufkommen lässt.

Riga Nach dem Winter haben die Rigaer Lust auf Sonne satt. Und die genießen sie an ihrem endlos scheinenden Hausstrand in Jūrmala. Mildes Ostseeklima garantiert!

Sofia Wer Sofia besucht, wird von den Kontrasten und ihrem morbiden Charme magisch angezogen. Die Vitalität dieser von der Sonne verwöhnten Stadt ist ansteckend.

Tel Aviv Stadt der Gegenwart und Zukunft: offen, dynamisch, weltlich.

Sydney Die Lebensqualität ist unübertrefflich. Mit dem Surfboard unterm Arm vom Job direkt zu den goldgelben Sandstränden.

Stockholm Wo gibt's denn das? Ein Drittel der Stadtfläche ist Wasser, 40 % machen Naturgebiete aus. Und im Stockholmer Schärengebiet kommen noch 30 000 Inseln dazu.

Grachten, Giebelfassaden, Radwege und viele junge Leute. Amsterdam ist wie ein Magnet. Hier wollen alle hin!

25 LIEBLINGSSTÄDTE
ZUM ENTDECKEN,
LOS GEHT ES MIT AMSTERDAM

›Gezelligheid‹ in Amsterdam

Das ›fiets‹ gehört zur DNA Amsterdams wie die Hausboote.

Multikulti an den Grachten

180 verschiedene Völker der Erde auf einem Fleck – Amsterdam zählt die meisten Nationen der Welt. Am eindrucksvollsten zeigt sich dies dem Besucher bei den zahlreichen multikulturellen Festen. Wer nach so viel Trubel etwas Ruhe braucht, findet sie in den ›Hofjes‹, begrünte Innenhof-Oasen und der perfekte Ort, um sich zurückzuziehen und für einen kurzen Moment einfach mal die Zeit anzuhalten.

Beim Keti Koti Festival am 1. Juli gedenkt man dem Ende der Sklaverei.

Am Abend schnellt der Romantikfaktor in den Grachten – hier an Keizers- und Leidsegracht – noch einmal stark in die Höhe!

Flanieren durch Amsterdam

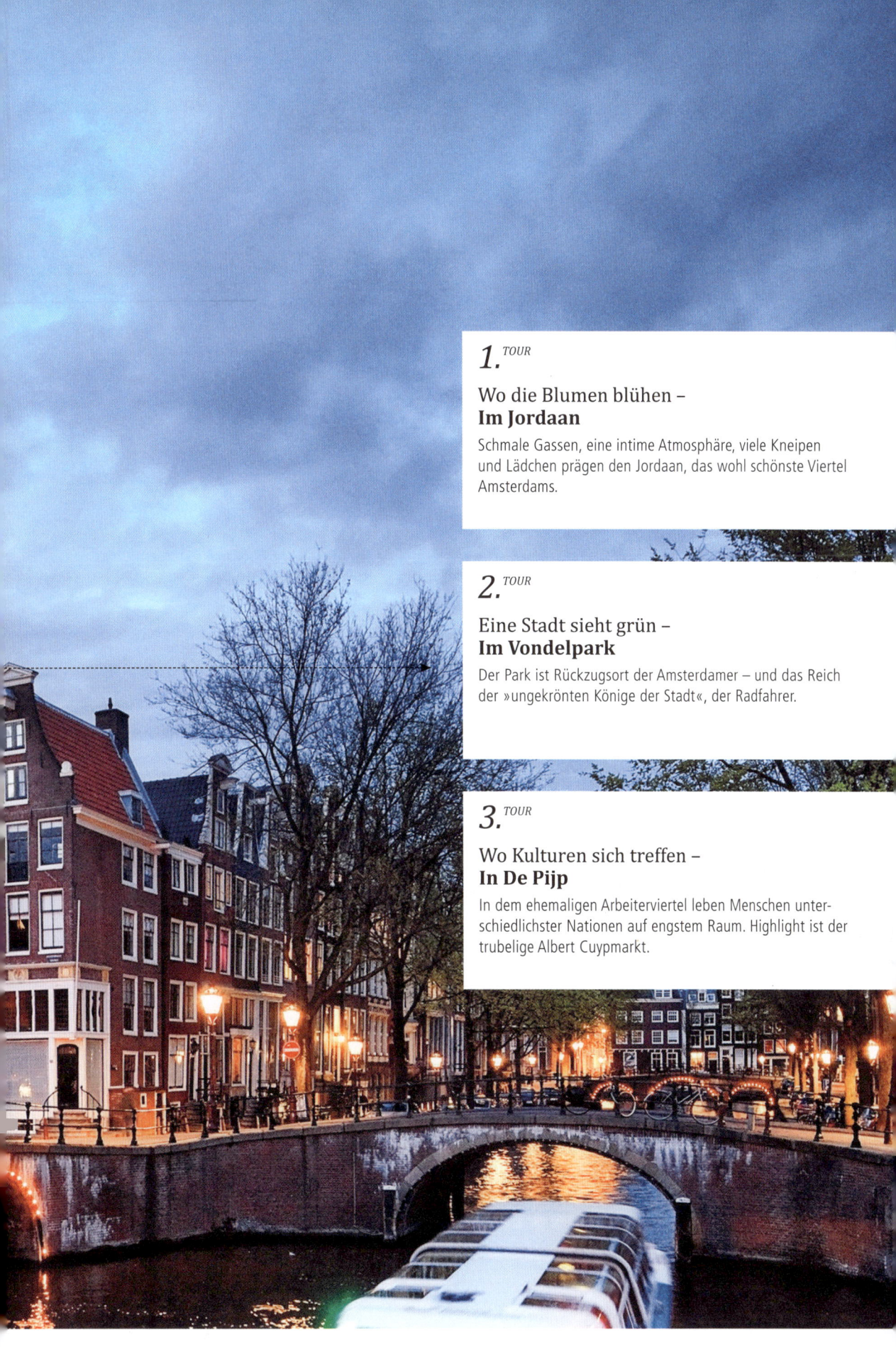

1. *TOUR*

Wo die Blumen blühen –
Im Jordaan
Schmale Gassen, eine intime Atmosphäre, viele Kneipen und Lädchen prägen den Jordaan, das wohl schönste Viertel Amsterdams.

2. *TOUR*

Eine Stadt sieht grün –
Im Vondelpark
Der Park ist Rückzugsort der Amsterdamer – und das Reich der »ungekrönten Könige der Stadt«, der Radfahrer.

3. *TOUR*

Wo Kulturen sich treffen –
In De Pijp
In dem ehemaligen Arbeiterviertel leben Menschen unterschiedlichster Nationen auf engstem Raum. Highlight ist der trubelige Albert Cuypmarkt.

Im Jordaan
Wo die Blumen blühen

Friedlich, freundlich und gut gelaunt – das scheinen Vokabeln zu sein, mit denen man hier noch etwas anzufangen weiß. Schmale Gassen, eine intime Atmosphäre, viele Kneipen und Lädchen prägen den Jordaan, das wohl schönste Viertel Amsterdams. Warum nicht nur Alteingesessene hier wohnen mögen, versteht man sofort.

Die meisten Straßen im Jordaan sind nach Pflanzen benannt, was auf die Hugenotten zurückgeführt wird, die sich nach der Flucht aus Frankreich hier niederließen und ihren *jardin,* also ihren Garten, bepflanzten. Ganz in diesem Sinne tun die heutigen Bewohner ihr Bestes, um das Viertel grün zu halten: Kletterrosen oder wilder Wein, in jedem Winkel, auf jeder Fensterbank wuchert ein Gewächs.

Gehasst und geliebt

Das meistbesungene Wahrzeichen des Jordaan, die Westerkerk, gehört eigentlich gar nicht zum Viertel. Während die Jordaan-Bewohner die Kirche heute gern ein paar Meter nach Westen verschieben möchten, um diese quasi einzugemeinden, haben ihre Ahnen Gebäude und Gottesdienst im 17. Jh. gemieden. Damals wurde die gerade erbaute Renaissancekirche (1620) nämlich vor allem von der

Ziemlich bunt und ziemlich busy – ›Hipsterbuurt‹ (Hipsterviertel) wird der Jordaan auch genannt.

begüterten Bevölkerung besucht und ›mit denen‹ wollten die Arbeiter nicht in einer Bank sitzen. Als krönenden Abschluss trägt der Westertoren die Krone Kaiser Maximilians. 85 m hoch ist der Turm, und wer hinaufsteigt, wird mit einem fantastischen Blick über die Grachten belohnt.

Auf Umwegen zum Yuppieviertel

Der Jordaan, die Wiege des ›echten‹ Amsterdamers, wird von Prinsen-, Brouwers-, Looiers- und Lijnbaansgracht begrenzt. Er war im 17. Jh. Wohnquartier der mit dem Bau des Grachtengürtels beschäftigten Arbeiter und Handwerker. Später lebten hier über 80 000 Menschen auf engstem Raum zusammen und entwickelten notgedrungen den ihnen so eigenen Lebensstil: ein wenig stur, eigenwillig und ihrer Scholle sehr verhaftet, vor allem aber sozial und *gezellig.* Heute ist der Jordaan wegen seines intimen und gemütlichen Ambientes als Wohnquartier beliebt und längst auch als In-Viertel etabliert. Kleine Läden, angesagte Cafés und Restaurants und lauschige Innenhöfe säumen die Route.

Die Bloemgracht, eine der Quergrachten, war und bleibt die vornehmste Adresse im Viertel. Um hier eine Wohnung zu ergattern, musste man stets tief in die Tasche greifen.

Lauschige Innenhöfe

Sehr fotogen ist auch die Egelantiersgracht, die Gracht der Heckenrosen, wo sich hinter einer grünen Tür das 1614 gestiftete St. Andrieshofje verbirgt, eine Oase der Ruhe. Besucher, die durch den blau-weiß gekachelten Gang in den pittoresken Innenhof treten, werden wie in allen *hofjes* freundlich darum gebeten, Stille und Privatsphäre der Bewohner zu respektieren. Nach dieser Stippvisite im ältesten noch bestehenden Innenhof Amsterdams bietet sich ein erster Stopp in einem der bekanntesten Bruine Cafés der Stadt an, dem ʼt Smalle. Früher war es das *proeflokaal* des berühmten Jenever-Brenners Hoppe. Geblieben sind die authentische Inneneinrichtung und die schöne Lage direkt an der Gracht, wo der eigene Anleger im Sommer als (Traum-) Terrasse dient. Nicht nur sonntagmorgens ist hier Hochbetrieb. Wer leckere Brötchen essen und sein Frühstücksei auf schwankenden Planken pellen will, muss schon früh aus den Federn, und auch am Abend heißt es, rechtzeitig Plätze zu besetzen. Apropos schwankende Planken: Ganz stilecht kann man um die Ecke auf einem Boot sitzen, die Sonne und leckere Brote und Salate genießen. Das Café P96 ist ein echter *aanrader,* wie der Amsterdamer sagen würde.

›Amsterdamse gezelligheid‹

Im Gewirr der schmalen Gassen zwischen Bloemgracht und der nördlich gelegenen Westerstraat liegen zahlreiche Galerien und Ladenlokale, in den Auslagen werden Mode, Blumen, Trödel, Antikes und Kurioses angepriesen. Die kleinen Tante-Emma-Läden indes gehören längst der Vergangenheit an. Schuld daran sind nach Ansicht der alteingesessenen Jordanezen die Yuppies, die das Straßenbild des Viertels mit »ihrem Porsche oder 4-Wheel-Drive und ihrem dreirädrigen Jogger-Kinderwagen« maßgeblich verändert haben.

Lässig geht es im Jordaan zu – das Viertel steht für Lebensfreude, und die Jordanezen genießen es, ihr Wohnzimmer bis zum letzten Sonnenstrahl auf die Straße zu verlagern.

2.
TOUR

1. TOUR 3. TOUR

Im Vondelpark
Eine Stadt sieht grün

Lieb und teuer ist den Amsterdamern ihr kostbarstes und größtes innerstädtisches Grün: der Vondelpark, den sie nach einem kompletten Facelifting noch mehr schätzen.

Die Amsterdamer lieben ihn, die Besucher der Stadt auch, denn hier ist nicht nur ein Spaziergang im Grünen und Erholung vom Trubel möglich – der 2 km lange und 48 ha große Vondelpark bildet eine Oase der Ruhe in der hektischen Metropole –, vielmehr stellen Park und nahe Umgebung auch Architektur- und Kunstliebhaber sowie Konsumwillige zufrieden. Hier werden darüber hinaus auch all diejenigen glücklich, die ein wenig Abwechslung und/oder Abenteuer suchen: Jogger, Radfahrer, Inlineskater, Fußballspieler und picknickende Familien unter den alten Weiden.

Crowdfunding auf Altholländisch

Die Hauptstädter verdanken ihr kostbares Grün reichen Bürgern der Stadt, die den Park 1864 in Auftrag gaben. 80 000 Gulden hatten sie für die Anlage des ersten holländischen Volksparks gesammelt; eine gute Geldanlage, wie sich zeigen sollte. Das imposante Haupteingangstor an der Stadhouderskade öffnet sich auf einen großzügig angelegten Landschaftspark im englischen Stil, der seit 1996 denkmalgeschützt ist. Seinen Namen verdankt er Joost van den Vondel (1582–1674), dem ›Shakespeare der Niederlande‹. Baumgruppen (120 verschiedene Arten!) säumen die weiten Rasenflächen und unregelmäßig angelegten Seen, den Rosengarten, die Spielplätze, das Freilichttheater.

Der Vondelpark ist Rückzugsort der Amsterdamer, auch der ›ungekrönten Könige der Stadt‹, der Radfahrer, die hier nicht ganz so rüde unterwegs sind wie sonst. Das gewaltige Grün ist weniger Touristenattraktion denn viel geliebtes Naherholungsgebiet.

Happy hippy days: alles war möglich

Bekanntheit auf internationalem Parkett erlangte der Vondelpark in den späten 1960er- und zu Beginn der 1970er-Jahre. Er war bei den Blumenkindern der Flower-Power-Generation so beliebt, dass hier bis zu 2000 Hippies gleichzeitig campten, im See schwammen, Drogen nahmen und freien Sex hatten. Letzteres ist im Park übrigens seit 2008 offiziell erlaubt – und das ist kein Witz! Allerdings begrenzt auf die Abend- und Nachtstunden … Die Amsterdamer sind halt tolerant.

Am Ufer des besagten Sees, in dem Baden selbstverständlich nicht erlaubt ist, residiert der Vondelparkpaviljoen. In dem stattlichen Renaissancegebäude aus Glas und Eisen (1881) ist das Café-Restaurant Park Zuid zu finden mit einer der schönsten Terrassen der Stadt unter riesigen, Schatten spendenden Bäumen und einem kulinarischen Angebot vom Frühstück bis zum Dinner.

Vienna calling!

Der nächstgelegene rechte Parkausgang führt auf die Vondelkerk zu, eines der Meisterwerke von P. J. H. Cuypers, dem Architekten von Rijksmuseum und Hauptbahnhof. Die neogotische Kreuzbasilika sollte »in seinem Herzen stets den größten Platz einnehmen«. Den Kirchensaal des 1880 erbauten prachtvollen gotischen Gotteshauses kann man seit einigen Jahren mieten. Hier finden in festlichem Rahmen auch standesamtliche Trauungen statt. Die übrigen Räumlichkeiten werden seit Jahrzehnten als Büros genutzt – Gottesdienst findet nicht mehr statt. Cuypers' Kirche ist ein weiteres Beispiel für den Pragmatismus der Amsterdamer: lieber anders nutzen als abreißen.

In einem Oval führt die Vondelstraat um die gleichnamige Kirche. In der Nummer 140 liegt eines der bestgehüteten Geheimnisse Amsterdams: De Hollandsche Manege. Hinter dem monumentalen Eingangsportal verbirgt sich die älteste Reitschule Amsterdams, die 2022 ihr 140-jähriges Bestehen feierte, und seither als ›Lebendes Pferdemuseum‹ für Besucher zugänglich ist. Die Manege ist nach dem Vorbild der Spanischen Hofreitschule in Wien gebaut. Eine weit geschwungene Treppe führt zum ehemaligen Orchesterbalkon hinauf, von dem man sowohl die Zwei- und Vierbeiner als auch das elegante Metalldach im Blick hat.

Oranje boven – Orange ist Pflicht am Königstag.

Film ab!

Der Vondelstraat 164 gegenüber liegt schon der nächste Parkeingang. Geradeaus führt der Weg direkt auf die eiserne Brücke mit dem schmiedeeisernen Geländer zu. Dahinter rechts halten – und Musikpavillon und 't Blauwe Theehuis bauen sich vor einem auf. Der als Reichsmonument geschützte Teepavillon, eine der schöneren Hinterlassenschaften der Funktionalisten, beherbergt ein zweites *proeflokaal* der Brouwerij 't IJ mit stets gut besuchtem Biergarten für bis zu 700 Gäste. Rechts, hinter dem Musikpavillon, ragt das Podium in die Luft. Dieses Freilichttheater ist im Sommer *die* Attraktion im Park – und das seit über 40 Jahren. Dann finden während des ›Vondelpark Openluchttheater‹ zahlreiche kostenlose Veranstaltungen statt: Konzerte, Theater, Tanz, Kabarett und Kinder-Amüsement. Und alle Amsterdamer scheinen sich verabredet zu haben, wenn im Rahmen des Open Air die Kinoleinwand entrollt wird. Also möglichst frühzeitig kommen, einen warmen Pulli oder eine leichte Decke einpacken, für Getränke und Popcorn ist gesorgt.

Ein Rohdiamant ...

... in der alternativen Kulturlandschaft ist der Vondelbunker, der sich unter der Brücke versteckt, über die die Tram hinwegdonnert. Ein Atomschutzbunker, der 2011 wiederentdeckt und als kultureller Hotspot wiederbelebt wurde – in bester Tradition: 1968 hatte hier Pink Floyd spontan ein Konzert gegeben. Und auch heute ist der Vondelbunker wieder ein Garant für spannende Abende.

Noch nicht mal ein Interrailticket braucht in Amsterdam, wer sieben Länder in sieben Minuten bereisen möchte – in der Roemer Visscherstraat 20 bis 30 a ist das möglich. Jedes der sieben nebeneinander aufgereihten Häuser repräsentiert ein anderes europäisches Land und einen typischen Baustil. Die Zevenlandenhuizen entstanden 1894 im Auftrag des Philanthropen Sam van Eeghen: das deutsche Romantikhaus, das französische Mini-Loire-Schloss, die spanisch-maurische Villa, der italienische Palazzo, das an eine russische Kathedrale zur Zeit Iwans des Schrecklichen erinnernde Gebäude, das holländische Renaissance-Wohnhaus, das englische Cottage. Spazieren Sie durch Europas Architekturlandschaft.

Noch eine nette Begebenheit am Rande: Die niederländische Fluggesellschaft KLM warb in den 1970er-Jahren mit dem Slogan: »Fly KLM, sleep in the Vondelpark« für Flüge nach Amsterdam. Heute würde das wohl zu einem Shitstorm vonseiten der Hoteliers führen.

Bitte mal nach oben blicken! In der Ceintuurbaan besitzen einige der rund 150 Jahre alten Häuser fantastisch geschnitzte Holzerker.

In De Pijp

Wo Kulturen sich treffen

180 verschiedene Nationen haben in Amsterdam Fuß gefasst – mehr als in jeder anderen Stadt der Welt. Den meisten von ihnen werden Sie auf den Straßen De Pijps begegnen. In dem ehemaligen Arbeiterviertel leben unterschiedlichste Menschen auf engstem Raum zusammen: Niederländer mit marokkanischer, türkischer und surinamischer Herkunft, Künstler, Studenten und (noch) Alteingesessene.

Diese Vielfalt spiegelt sich überall im Viertel wider, in den Cafés und Restaurants mit exotischen Speisen, in den Läden mit der üppigen Vielfalt – indonesische Gewürze, chinesische Haushaltswaren und indische Stoffe liegen neben niederländischem Käse – und auch im Angebot des berühmtesten Straßenmarktes der Stadt, dem Albert Cuypmarkt.

Visitenkarte sozialen Wohnungsbaus

Los geht's im ruhigen Teil De Pijps, wo es zwischen Amstelkanaal und Tellegenstraat architektonisch spannend wird. Verspielt und überbordend kommen die Wohnblocks des Plan Zuid daher. Hinter diesem Plan steckte nicht nur eine Architekturströmung, die Amsterdamer Schule, sondern eine umfassende Stadtplanungsphilosophie, die das Recht von Arbeiterfamilien auf ein schönes Wohnumfeld in den Mittelpunkt ihrer Überlegungen stellte.

Schöner wohnen in De Pijp

Ganz anders die Architektur in der Diamantstraat: Die niedrigen Puppenhäuschen entstanden Ende des 19. Jh. für die Arbeiter der Diamantslijperij I. J. Asscher. Hier wurde der größte Diamant der Welt, der Cullinan, geschliffen. Heute sind die Häuschen beliebte Wohnstätten. Die mit Bäumen bestandene Hemonylaan gehört zur Hemonybuurt, der besseren Gegend von De Pijp. Am Amsteldijk setzt sich dieser Eindruck fort; schon um 1500 standen hier die Landhäuser der reichen Amster-

Kopf in den Nacken und am Stück in den Mund – so wird der ›Hollandse Nieuwe‹ gegessen, der noch junge Hering. Er ist auch auf dem Albert Cuypmarkt eine beliebte Delikatesse.

damer, die im Lauf des 19. Jh. architektonisch abwechslungsreich gestalteten Herrenhäusern Platz machten.

Ein Park für alle

Über die breite Ceintuurbaan geht es zum Sarphatipark. Diese Ecke ist besonders bei jungen Familien beliebt – und die Gentrifizierung in vollem Gange.

EXOTISCHE GERÜCHE UND BUNTE STOFFE

Das Highlight des Viertels, der trubelige Albert Cuypmarkt, ist mit 260 Ständen der größte und bunteste Gemischtwarenmarkt der Niederlande, auch als ›Bauch von Amsterdam‹ bekannt. Hier finden Sie nicht nur ein riesiges Warenangebot – Obst, Gemüse, Fisch, Käse, Blumen, Kleidung, Stoffe, Strumpfhosen, Uhren und viel herrlichen Ramsch –, Sie erleben auch die exotischsten Gerüche, sehen die buntesten Stoffe und treffen auf die unterschiedlichsten Menschen. 180 verschiedene Nationen leben in seiner Nachbarschaft auf engstem Raum zusammen – was alles in allem als gelungen bezeichnet werden kann.

Diese Straßenzüge rund um den Park weisen eine reich verzierte Bebauung auf, Cafés mit gut besuchten Terrassen rahmen das Grün ein, es wird gegessen, gelacht und geplaudert.

II

Pausieren in Amsterdam

Kunst bewundern, Livemusik hören, einen DJ-Kurs besuchen – alles ist möglich in der Designbar des JAZ Hotels.

Bei schönem Wetter wird im De Kas auf der Terrasse serviert – mit Blick auf den Gemüse- und Kräutergarten inklusive.

TERRASSE AN DER GRACHT

Café van Zuylen
Hier kann man mit Traumblick auf die Gracht in Ruhe frühstücken. Die freundliche Bedienung empfiehlt auch mittags oder abends Snacks und leckere Gerichte von der Karte. Und im Sommer gibt es in Amsterdam wohl kaum eine schönere Terrasse an der Gracht.
Torensteeg 4–8

MIT LIEBE GEKOCHT

De laatste Kruimel
Der Name ist Programm, denn es bleibt wirklich kaum ein Krümel der Sandwiches, Scones oder Quiches auf dem Teller. Man wird kaum irgendwo in der Stadt so lecker und so günstig essen können. Am schönsten sitzt man auf der Mini-Terrasse direkt an der Gracht.
Langebrugsteeg 4

DAS AUGE ISST MIT

Hotel de Goudfazant
Die ehemalige Autowerkstatt mit der offenen Küche, dem großen Kron-

leuchter und den langen Tischen ist nach wie vor beeindruckend, der aufmerksame Service eine Wohltat und die übersichtliche Speisekarte gut und abwechslungsreich. Nicht zu vergessen: die Aussicht aufs IJ.
Aambeeldstraat 10h

AMSTERDAMS SPEAKERS' CORNER

Oosterpark
Ursprünglich im romantischen englischen Landschaftsstil angelegt, präsentiert sich der Park nach einem Facelifting offener, luftiger und natürlicher mit Teichen, Wasserläufen, einem Planschbecken für die Kleinen und vielen Spazierwegen. Eine super Idee ist der Service von Mama Picnic. Am Speakers' Stone kann, wer mag, am Sonntag um 13 Uhr seine Meinung sagen. Im Juli sind beim Multikulti-Roots-Festival (amsterdamroots.nl) im Park andere Töne zu hören: Weltmusik.
Oosterparkbuurt

UNTERM STORCHENNEST

Park Frankendael
Wirklich wahr, in dem Park nisten Störche! Ob sie das hier schon im

17. Jh. taten, als sich im Park des Landgutes reiche Amsterdamer verlustierten, ist nicht bekannt. Heute ist die charmante, von Baumalleen und Wassergräben begrenzte Grünfläche mit den beiden historischen Gärten, der Feucht- und Liegewiese für jedermann frei zugänglich. Auf der großen Wiese, die im Sommer immer gut belegt ist, findet an (fast) jedem letzten Sonntag des Monats der Pure Markt statt. Ein weiteres Plus: Zwei hervorragende Restaurants residieren hier im Grünen, das De Kas im ehemaligen städtischen Gewächshaus und das Merkelbach im alten Landhaus aus dem 17. Jh. (div. Kunstausstellungen).
Middenweg 72

EINST EIN ALTER KRÄUTERGARTEN

Hortus Botanicus
Suchen Sie sich hier eine Parkbank und Sie werden nicht wieder aufstehen wollen, außer die Victoria Amazonica blüht, die weltgrößte Wasserlilie. Der 1683 gegründete Hortus ist einer der ältesten botanischen Gärten der Welt und einer der bezauberndsten obendrein. Mit schönem Orangerie-Café.
Plantage Middenlaan 2a

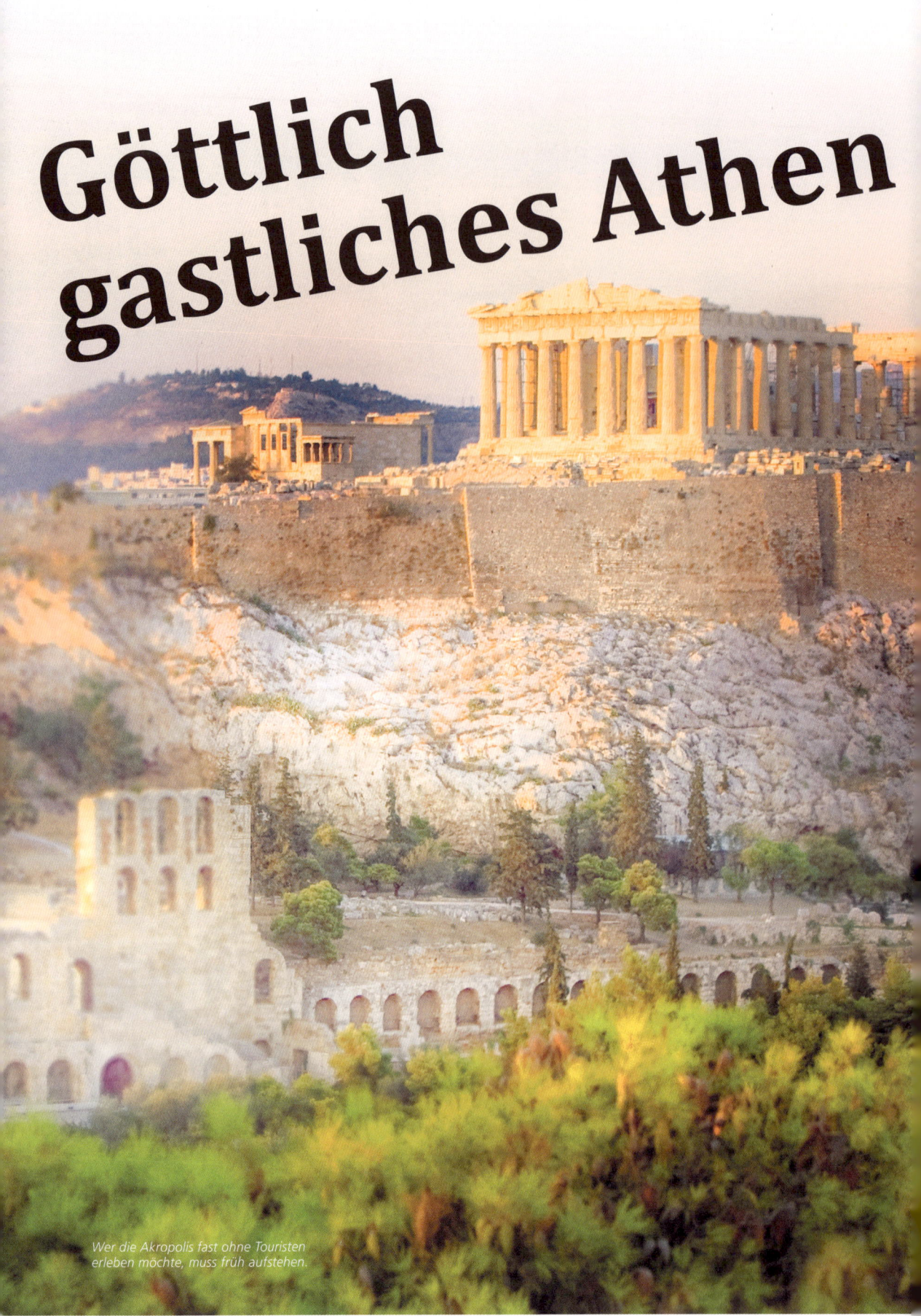

Göttlich gastliches Athen

Wer die Akropolis fast ohne Touristen erleben möchte, muss früh aufstehen.

Mitten in 3000 Jahren Geschichte

Ein Athen-Besuch bedeutet Entschleunigung. Die Stadt ist
ein einziges großes Straßencafé, gespickt mit Schönem und
Interessantem – und voller Menschen, mit denen man leicht
ins Gespräch kommt. Jedes Viertel offenbart schnell seinen
eigenen, ganz individuellen Charakter, aber gastlich sind alle.
Die einen eher am Tage, die anderen bis spät in die Nacht. Und
der antike Götterfels der Akropolis ist meistens in Sicht.

Wachablösung am griechischen Parlament

Flanieren durch Athen

Kultur und Kaffee gehören in Athen
zusammen. So wie hier im Innenhof
des Archäologischen Nationalmuseums
können Sie auch in den Cafeterias,
Cafés und Restaurants vieler anderer
Museen relaxen – mal auf dem Dach,
mal im Garten.

1. *TOUR*

Ins Herz der Pláka – **Rein ins Getümmel**

Das große Altstadtviertel Pláka am Nordhang der Akropolis ist Athens Touristenzentrum. Zwischen den Überresten der Antike und restaurierten Bürgerhäusern aus dem 19. Jh. bieten zahllose Souvenirgeschäfte, Tavernen, Musiklokale und Straßencafés Gelegenheit, Geld loszuwerden.

2. *TOUR*

Die Akropolis – **Auf dem Götterfelsen**

Bis heute ist der Parthenon auf der Akropolis das Heiligtum ganz Griechenlands, der besterhaltene antike Tempel der Welt. Er scheint perfekt zu schweben, eine nie wieder erreichte architektonische Meisterleistung! Aber auch Propyläen, Nike-Tempel und Erechtheion sind imposant.

3. *TOUR*

Odós Panepistímiou – **Amalia, Sophia und ausländische Herren**

Das neue Athen des 19. Jh. war eine fast nur von Ausländern erdachte Stadt. Viele der hiesigen Bauten nehmen Anregungen aus der antiken Architektur auf, wie es damals in ganz Europa in Mode war.

Ins Herz der Pláka

Rein ins Getümmel

Jeder Tourist besucht die Pláka, die Altstadt Athens. Da fragen Sie sich vielleicht: Muss auch ich mir das antun? Sie müssen! Denn hier ist Athen tatsächlich am schönsten. Und zwischen nummerierten Kreuzfahrttouristen sind durchaus auch noch viele Athener und andere Griechen zu sehen.

Die Pláka ist der einzige Stadtteil Athens, der seit über 3000 Jahren durchgehend bewohnt ist. Selbst während der osmanischen Zeit, in der Athen nur ein Dorf war, standen hier Häuser, Kirchen und Moscheen. Nach der Wiedergeburt Griechenlands im 19. Jh. bauten hier Arbeiter ihre Hütten, Wohlhabende ihre klassizistischen Villen. Im 20. Jh. ist dann kaum Neues hinzugekommen, denn Archäologen hätten die meisten Baugruben vermutlich gleich in Staatseigentum überführt. So blieb viel historischer Charme erhalten, durchsetzt mit antiken Monumenten und gespickt mit zeitgenössischen Konsumtempelchen nicht nur für den touristischen Bedarf.

Hollywood plus Akropolis

Als autofreie Hauptachsen durchziehen die Kydathinéon und die Adrianoú das Viertel unterm Nordhang der Akropolis. Sie beginnen Ihren Rundgang am besten am oberen Ende der Odós Kydathinéon, die Sie vom Syntágma-Platz aus leicht erreichen, wenn Sie der breiten Odós Filéllinon folgen. In der Kydathinéon liegt rechter Hand bald die kleine Kirche Metamórfosi Sotirós, geweiht der Verklärung des Erlösers.

Auf der Kydathinéon passieren Sie dann die sehr touristisch anmutende Platía Eterías, wo Sie garantiert ein Kellner der guten Taverne Vizantíno auf die Speisekarte des Lokals aufmerksam machen wird. Überlassen Sie anderen die freien Plätze. Schon ein paar Schritte weiter liegt rechts das Cine Paris, eins der ältesten und renommiertesten der vielen Sommerkinos der Stadt. Der dazugehörige Laden mit Repliken alter Filmplakate ist auch tagsüber geöffnet. Das Kino selbst liegt auf den Dächern des Hauses, ein Lift ist nicht vorhanden. Oben sitzt man entweder in Stuhlreihen mit einigen Tischchen dazwischen oder auf kleineren Terrassen mit Tisch und Stühlen. An der Bar gibt es Getränke aller Art und außer stets frischem Popcorn auch Hotdogs, Pizzaecken und Eis. Und sollte der Film nicht allzu spannend sein, schaut man öfters einmal nach links: Da ragt die Akropolis über den Dächern der Pláka auf!

Volle Fässer, gute Gespräche

Auf der linken Seite folgt nun die wohl meistfotografierte Bar Athens, das Bréttos (gesprochen: Vréttos). Hier wird der Wandel, der sich in der Pláka in den letzten 40 Jahren vollzogen hat, besonders deutlich. An einer Wand sind viele Fässer aufgetürmt, an zwei anderen reihen sich in Regalen Likörflaschen mit vielfarbigem Inhalt. Ursprünglich war das Bréttos nur Wein- und Spirituosenhandlung mit eigener Destillerie. Die Bewohner der Pláka kamen hierher und ließen sich ihren alko-

Tummelplatz von Touristen aus aller Welt – die Altstadt mit ihren Tavernen, Cafés und Souvenirshops.

In der Pláka ist es voll. Immer. Und man hört mehr Englisch als Griechisch. Das macht aber nichts, weil hier alle entspannt und fröhlich sind.

holischen Flüssigkeitsbedarf für die Woche in große mitgebrachte Flaschen füllen. In den 1980er-Jahren wurde ein langer Tisch aufgestellt, an dem man sich auch für einen Plausch und ein Gläschen im Vorübergehen niederlassen konnte. Erst im letzten Jahrzehnt ließen neue Eigentümer eine Klimaanlage einbauen, änderten den Musikstil und stellten zunehmend mehr Barhocker vor und hinterm Verkaufstresen auf. Sie haben das Bréttos durch diese Veränderungen davor bewahrt, zum Allerwelts-Souvenirladen zu werden, und haben trotz Anpassungen an den Zeitgeschmack ein Stück altes Athen erhalten.

Schnäppchenjäger aufgepasst!

Kurz hinterm Bréttos mündet die Kydathinéon in die Odós Adrianoú, der Sie nach rechts folgen sollten. Nun befinden Sie sich auf der touristischen Einkaufsmeile der Stadt. Zwischen all die Läden, die die fernöstliche, nordafrikanische und sogar türkische Wirtschaft durch ihre Billigsouvenirs fördern, zwängen sich inzwischen immer mehr Geschäfte, die auf traditionell oder kreativ Griechisches setzen. Sie verkaufen Ouzo und Liköre verschiedenster hellenischer Provenienz, Nüsse und Honig, Naturkosmetika oder Komboloia, die orthodoxe Variante von Rosenkranz und islamischer Gebetskette. Gleich in der ersten kleinen Gasse, die nach rechts abgeht (Odós Kékropos), kreiert Dimítris Koutelieris vor allem für seine Stammkundschaft Möbel und Wohnaccessoires aus altem Schiffsholz, das er auf alten Bootswerften und an Stränden sammelt.

Früher Wohnhaus, heute Museum

Einige Schritte weiter folgt auf der Adrianoú rechter Hand das Benizélos Mansion, laut Untertitel »The oldest house in Athens«. Das stimmt sogar: Athens ältestes erhaltenes Wohnhaus, heute ein Museum, stammt aus dem frühen 18. Jh. und gehörte einer reichen christlichen Kaufmannsfamilie. Im Innenhof sitzt man schön beim Kaffee aus der Museums-Cafeteria.

Geht auch: Abspannen und relaxen

Wenn Sie nicht nur nehmen, sondern auch geben wollen, ergibt sich kurz vor der Einmündung der Odós Adrianoú in die Platía Agorás für Sie die Gelegenheit dazu: Im Fish Spa warten kleine Fische darauf, an Ihren Füßen oder Händen knabbern zu dürfen. Wenn sich auch bei Ihnen danach der Appetit regt, sitzen Sie in den Café-Restaurants auf der kleinen, grünen Platía sehr angenehm mit Blick auf die Rückseite der antiken Hadriansbibliothek aus der Zeit um 130 n. Chr.

»MENSCHEN SIND ES, DIE DAS GEMEINWESEN AUSMACHEN, NICHT MAUERN!«

Könnte von heute sein – ist aber von Thukydides (ca. 460–396 v. Chr.)

Espresso oder Frappé? Die meisten Griechen bestellen lieber den kalten aufgeschüttelten Nescafé mit Eis. Der erfrischt und kühlt.

2. TOUR

1. TOUR

3. TOURS

Die Akropolis
Auf dem Götterfelsen

Einmal im Leben darf man auf der Akropolis gewesen sein – aber besser gleich morgens um acht. Nur dann sieht man dort mehr Säulen als Menschen. Der kurze Aufstieg auf den 156 m hohen Kalksteinfelsen ist mehr als nur das Abhaken eines Weltkulturerbes – die Akropolis steht für griechischen Großmachtstolz und Demokratie.

Der monumentale Torbau der Propyläen bildet den Eingang zur Akropolis. Rechts versteckt sich der zierliche Nike-Tempel, links duckt sich das Erechtheion am Felsrand, und geradeaus erhebt sich der ganze Stolz der Athener, der Parthenon-Tempel. Mehr gibt es nicht zu sehen.

Was man aber braucht, ist einen kurzen historischen Exkurs: Die Perser hatten die heiligen Vorgängerbauten auf dem Fels 480 v. Chr. zerstört. Die Athener verfielen nicht in Schockstarre, sondern lockten die Perser ein Jahr später in der Seeschlacht von Sálamis in eine Falle und vertrieben sie aus Europa. Zum ersten Mal in der Geschichte hatte ein demokratisch organisiertes Gemeinwesen über die Machtfülle eines Despoten gesiegt. Aber dann zwang Athen, siegestrunken, alle ionischen Griechenstädte in ein Bündnis (den Delischen Bund, eine Art Nato jener Zeit), was die Stadt zur Großmacht werden ließ und enorme Gelder in ihre Kasse spülte. Die neue Supermacht … davon sollten die Neubauten auf der Akropolis sichtbares Zeugnis ablegen.

Die dunkle Seite der Macht … Mit dem Propyläen-Tor der Akropolis feierte Athen seinen Sieg über die Perser – und wollte zugleich alle anderen Griechenstädte einschüchtern.

Sie betreten die Akropolis wie einst die Menschen der Antike über eine breite Freitreppe mit einer Rampe in der Mitte für den Auftrieb von Opfertieren. Die Treppe endete im monumentalen Torbau der Propyläen. Er war in Hellas in seiner Größe beispiellos und sollte alle Besucher die neue Macht Athens spüren lassen. Je sechs dorische Säulen bildeten vorn und hinten die Schaufront, innen stützten sechs ionische Säulen die marmorne Kassettendecke. Sie war fein bemalt, spannte sich wie ein himmlischer Baldachin über die Eintretenden. Die Wände der Seitentrakte waren mit Wandgemälden geschmückt, etwa mit Szenen aus dem Trojanischen Krieg im 12. oder 13. Jh. v. Chr.

Siegesgöttin ohne Flügel

Den Nike-Tempel am Felsabbruch südlich der Propyläen ließen die Athener 421 v. Chr. bauen – als Dank und Symbol für einen Friedensvertrag im Peloponnesischen Krieg, der sich später aber als trügerisch entpuppte. Am Ende des Krieges 404 v. Chr. hatte Athen seine Großmachtstellung verloren. Geweiht war der kleine Bau der Athena Nike, der Siegreichen Athene, nicht der geflügelten Siegesgöttin der Griechen, der Nike.

Der Tempel wurde bei den Kämpfen der Türken gegen die Venezianer völlig abgetragen und inzwischen dreimal aus den sukzessive wiedergefundenen Bausteinen komplett neu aufgebaut, was auch ohne Erwähnung im Guinessbuch wohl einen archäologischen Rekord bedeutet.

Da geht's lang, da wollen alle hin. Es reicht aber, einfach dem Strom der Pilger zum Götterfelsen zu folgen.

Tempel der vielen Götter

Das Erechtheion wirkt kaum wie ein Tempel, eher wie ein kleiner Palast. Hier wurden 13 Götter und Heroen verehrt, darunter Zeus, Hermes, Hephaistos und Poseidon sowie Kekrops und Erechtheus, die mythischen Könige der Frühzeit. Im Hof stand ein Ölbaum, der als der Baum galt, den die Göttin Athena im Wettstreit mit Poseidon der Stadt zum Geschenk gemacht hatte. Auch die Salzquelle des Poseidon, die Erdspalte der heiligen Schlange der Athena und das Grab des Königs Kekrops sollen dort gelegen haben. Und hier wurde auch weiterhin die uralte hölzerne Kultstatue aus der Zeit vor den Perserkriegen verehrt.

Fotogenstes Bauelement des Erechtheion ist eine Vorhalle, deren Dach von den berühmten Koren getragen wird. Hier sehen Sie jedoch nur Kopien. Diese Figuren sind unterschiedlich gedeutet worden. Vermutlich stellen sie die *choephórai* dar, Priesterinnen zur Pflege der Gräber verdienter Heroen aus alter Zeit.

Architektur als optische Täuschung

Der prachtvollste Tempel auf der Akropolis ist der Parthenon. Extra für ihn ließen die Athener eine neue, 12 m hohe Statue der Stadtgöttin Athena anfertigen. Die uralte Statue im Erechtheion entsprach nicht dem neuen Großmachtgefühl. Gold und Elfenbein mussten es demonstrieren, und durch die Tribute aus dem Delischen Bund hatten die Athener auch genügend Geld. Auch in der Architektur scheuten sie keine Kosten. All seine Linien in der Waagerechten und Senkrechten wirken für das menschliche Auge gerade – weil sie in Wirklichkeit gekrümmt sind. Wegen dieser Krümmung musste jeder einzelne Steinblock maßgenau für die ihm bestimmte Stelle gefertigt werden. Deshalb wirkt der monumentale Tempel so lebendig.

Nur noch Kopien: Fünf Originale der Koren des Erechtheions stehen im Akropolis-Museum, eine wird im British Museum in London »festgehalten«.

Odós Panepistímiou

Amalia, Sophia und ausländische Herren

Innerhalb eines Jahrhunderts wandelte sich Athen vom ärmlichen Dorf zur Millionenstadt. Dieser Spaziergang führt Sie ins Athen des 19. Jh. und der ersten Hälfte des 20. Jh. zurück, als viele der heute gesichtsprägenden neoklassizistischen Bauten der Metropole entstanden. Das Sagen hatten damals ausländische Herren und zwei junge Frauen.

Die etwa zweistündige Tour beginnt in der Nordostecke des Syntágma-Platzes am traditionsreichsten Luxushotel der Stadt, dem Hotel Grande Bretagne, und führt die Odós Panepistímiou, die »Universitätsstraße«, entlang. Wundern Sie sich nicht, dass auf den meisten Straßenschildern stattdessen ein anderer Name steht: Odós El. Venizélou. Eigentlich ist sie nämlich Elefthérios Venizélos gewidmet, jenem für die Griechen bedeutenden Staatsmann, der zwischen 1910 und 1933 mehrfach griechischer Ministerpräsident war und dessen Name auch der Athener Flughafen trägt. Aber im Volksmund hat sich dieser offizielle Name nicht durchgesetzt.

Heinrichs Palast für Sophia

Gehen Sie auf der rechten Straßenseite entlang, passieren Sie nach 150 m einen Zaun, der mit zahlreichen Svastiken (Hakenkreuzen) verziert ist. Hinter dem Zaun befindet sich das Numismatische Museum Griechenlands mit glitzernden Münzen aus über 2500 Jahren. Es ist in dem Stadtpalast untergebracht, den der deutsche Kaufmann und Troja-Entdecker Heinrich Schliemann 1878–81 nach Plänen des deutschen Architekten Ernst Ziller erbauen ließ.

Schliemann war in zweiter Ehe mit einer sehr viel jüngeren Griechin namens Sophia verheiratet, die er wie eine Göttin mit dem von ihm gefundenen antiken Schmuck ausstaffierte. Für sie ließ er auch diesen Stadtpalast königlich schmücken, in dem die beiden zusammen mit ihren Kindern Andromache und Agamemnon lebten. Ein Slowene schuf die feinen Wandmalereien, ein Italiener verlegte die Bodenmosaike. Jedes Detail verrät: Schliemann war ein Superreicher seiner Zeit. Kein Wunder, dass zur Einweihung des Palazzos auch der griechische Premierminister kam. Schliemann selbst ging am zweiten Weihnachtstag 1890 in Neapel den Weg alles Irdischen und wurde auf dem Athener Hauptfriedhof beigesetzt. Sein Grab wird dort noch immer gepflegt; der Friedhofswärter weist Besuchern den Weg.

Im Attica shoppen die Leute, die sich um Geld keine Sorgen machen. Die anderen finden es nur sehr schick.

Athens Palast für Luxusgenuss

Nach einer Erfrischung im Café im Garten des Schliemann-Hauses treten Sie wieder auf die Odós El. Venizélou. Ihnen gegenüber sehen Sie die lang gestreckte Fassade des Edelkaufhauses Attica. Auf acht Etagen präsentiert es die bekanntesten und teuersten Labels der Welt in einem modernisierten Prachtbau aus dem Jahr 1926. Für Scheichs und andere VIPs gibt es sogar Suiten, in denen sie sich ganze Kollektio-

nen ohne Gaffer vorführen lassen können. Das Kaufhaus befindet sich in einem Gebäudekomplex namens »City Link«, der einen kompletten Häuserblock einnimmt. In Längsrichtung wird er von einer hohen Einkaufspassage durchzogen, der Stoá Spirómiliou, und beherbergt neben weiteren Markengeschäften auch Cafés, Theater und Restaurants. Man merkt nicht, dass hier im 19. Jh. die königlichen Pferdeställe angesiedelt waren.

Wenn Sie auch andere Athener Passagen gesehen haben, werden Sie mir sicher zustimmen: Diese hier ist die schönste von allen. Am besten gehen Sie von der Odós Voukourestíou aus hinein und verlassen sie durch die Odós Amerikís nach rechts.

Athen ist eine Großstadt, in der jeder immer unterwegs ist. Auf der Panepistímiou ist man entweder reich oder wichtig. Oder Student oder Tourist. Oder einfach nur unterwegs.

Horte der Gelehrsamkeit

Schon nach wenigen Schritten stehen Sie wieder auf der Universitätsstraße und folgen ihr nach links. Rechter Hand passieren Sie die 1854–87 erbaute römisch-katholische Ágios-Dionýsios-Kathedrale, nach einem Entwurf von Leo von Klenze errichtet und dem heiligen Dionysios geweiht, dem noch vom Apostel Paulus eingesetzten ersten Bischof Athens. Wenige Schritte weiter steht Athens erste Augenklinik, das 1864 eröffnete Ofthalmiatríon Athinón. Auf derselben Straßenseite folgt die »Athener Trilogie«. Diese klassizistischen Prachtbauten entstanden zwischen 1839 und 1891 und sollten die Stadt London und Paris, zumindest aber München ebenbürtig machen. Sie beginnt mit der vom Dänen Theophil Hansen entworfenen Akademie der Wissenschaften. Die auf hohen Säulen stehenden Statuen zeigen links die Göttin Athena und rechts den Gott Apollon, darunter sitzen in Stein die Philosophen Platon und Sokrates. Daran schließen sich die von seinem Bruder Christian Hansen geplante Universität und die von Ernst Ziller und Theophil Hansen entworfene Nationalbibliothek an, auch sie kopieren die antike Tempelfront.

Die Akademie – ein neuer Tempel der Wissenschaften

II

Pausieren in Athen

Endlich mal Ruhe! Die einen finden sie in den Athener Parks, die anderen auf dem Lykavittós-Felsen hoch über der Stadt.

Areopag

Ganz allein werden Sie auf dem nackten Felsen des Areopag direkt unterhalb der Akropolis bestenfalls zwischen 2 und 7 Uhr morgens sein. Aber ruhig geht es auch in der übrigen Zeit fast immer zu. Wer hier hinaufsteigt, ist ganz einfach vom fantastischen Ausblick überwältigt und hält erst einmal den Mund.

RUHENDE BEAMTE

Zappio

Das prunkvolle, nach seinem Stifter benannte Ausstellungsgebäude aus den Jahren 1885–88 ist heute Sitz eines Ministeriums. Besonders schön ist der runde, von zweigeschossigen Arkaden gesäumte Innenhof, der den Beamten als elitärer Ruheraum dient. Da kommt man als Normalmensch nur hinein, wenn in den Seitenräumen Ausstellungen stattfinden. Jederzeit jedoch kann man an der zur Odós Vasillissis Sofías hin ausgerichteten Frontseite auf Bänken am großen Brunnen verschnaufen oder auf der Rückseite zum Nationalgarten hin.

KERZEN STATT KAUFEN

Kirche Kapnikaréa

Mitten auf der Haupteinkaufsstraße des modernen Atheners, der Hermes, dem Gott des Handels, gewidmeten Odós Ermoú, steht wie ein Fels in der Brandung das mittelalterliche Kirchlein Kapnikaréa. Als man es vor 1000 Jahren erbaute, waren Gotteshäuser dem Menschen noch wichtiger als Konsumtempel. Heute kann man hierherkommen, seine Einkaufstüten abstellen, eine Kerze anzünden, an Schönes denken und um noch Schöneres bitten, sich kurz setzen, vielleicht auch das Einkaufsbudget um ein paar Cent zugunsten des Klingelbeutels kürzen – und dann weitermachen wie zuvor.

PARK DER KÖNIGIN

Nationalgarten

Den Athener Nationalgarten hat einst eine Oldenburger Prinzessin anlegen lassen: Amalia, Gattin des ersten neugriechischen Königs Otto I. Beide waren nach der griechischen Unabhängigkeit kurz nach 1830 nach Griechenland geschickt worden, weil die Großmächte keinem Griechen trauten und sich selbst untereinander ebenso wenig. Also fiel die Wahl auf einen Bayern und dessen fast ostfriesische Gemahlin. 1836 ließen beide den Nationalgarten als ihren privaten Park gestalten. Heute ist er eine grüne Oase im Herzen der Stadt. Der kleine Ententeich ist ein beliebter Tummelplatz von Großeltern und Enkeln. Sitzbänke stehen aber auch sehr viel ruhiger unter grünen Laubengängen und Palmen. Kein Schild verbietet es, sich auf den Rasen zu legen. Am Parkeingang werden *kouloúria*, Sesamringe, verkauft.

VON OBEN HERAB

Lykavittós

Oben auf dem Gipfel des höchsten innerstädtischen Felsens herrscht immer Betrieb. Doch man kommt und geht mit der Seilbahn. Am Fußweg hinunter nach Kolonáki sitzen Sie fast immer ungestört zwischen den baumähnlichen Blütenstengeln der Agaven und blicken über Kolonáki und Pláka im wahrsten Sinne des Wortes auf die Akropolis hinab, denn Sie thronen hier auf ihrem Stein ja höher als einst die antiken Götter.

Alt trifft Neu in Breslau

Eine Stadt in Feierlaune

Die Stadt ist jung und unternehmungslustig – kein Wunder, dass hier gerne und ausgelassen gefeiert wird. Für jeden Geschmack gibt es in Breslau rund ums Jahr das passende Event. Mit Vorliebe kombinieren die Breslauer Alt und Neu, kreieren Eigenes und bauen Brücken zu den Nachbarn in Europa – versöhnlich, offen, gastfreundlich.

Ein Lichtblick nach dem anderen: Breslaus Altstadtfassaden brillieren in Pastellfarben.

Auf dem Ring ist immer was los. Beim „Thanks Jimi Festival" werden hier sogar Gitarrenweltrekorde aufgestellt.

Flanieren durch Breslau

1. TOUR 2. TOUR 3. TOUR

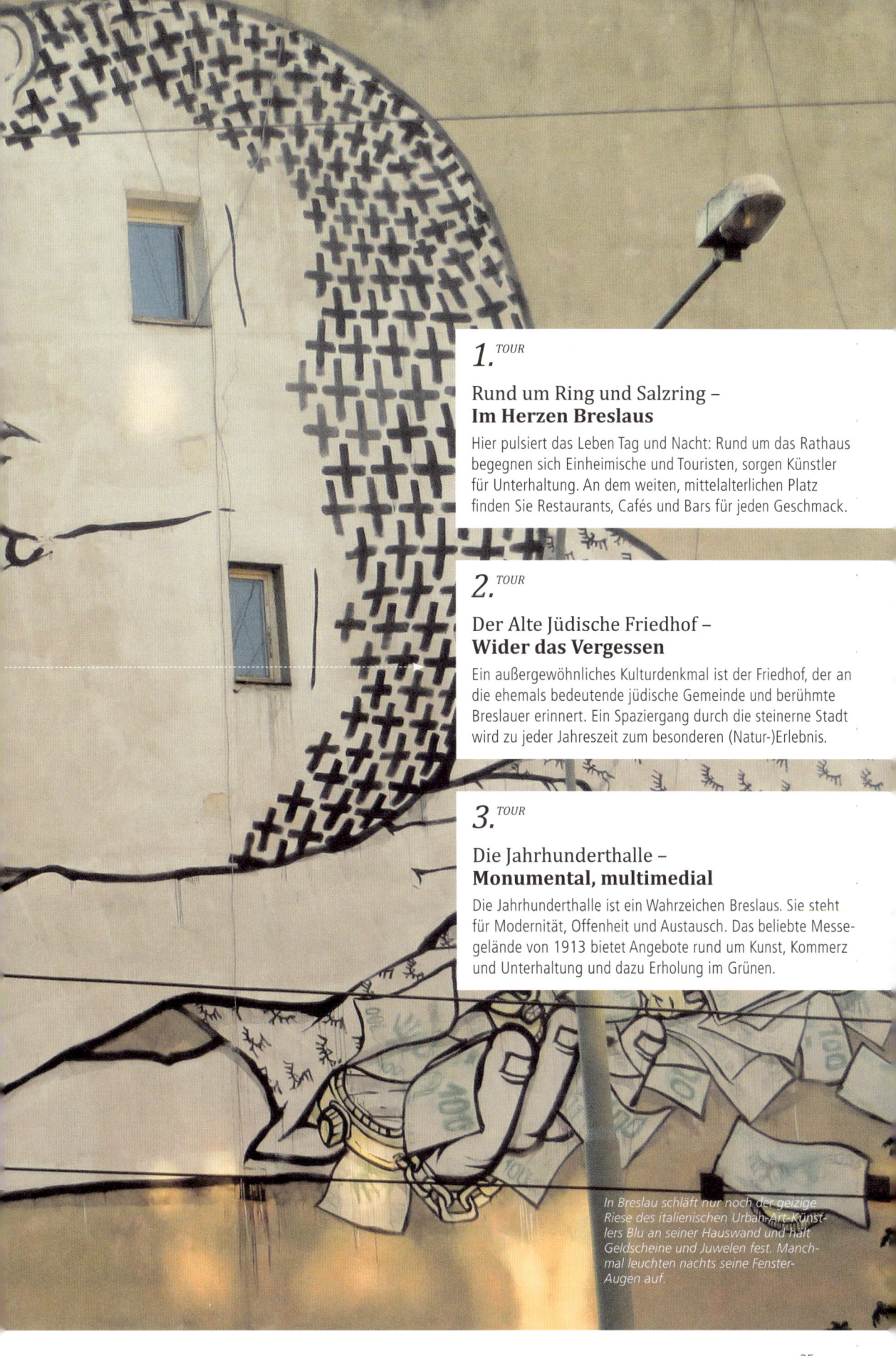

1. TOUR

Rund um Ring und Salzring –
Im Herzen Breslaus

Hier pulsiert das Leben Tag und Nacht: Rund um das Rathaus begegnen sich Einheimische und Touristen, sorgen Künstler für Unterhaltung. An dem weiten, mittelalterlichen Platz finden Sie Restaurants, Cafés und Bars für jeden Geschmack.

2. TOUR

Der Alte Jüdische Friedhof –
Wider das Vergessen

Ein außergewöhnliches Kulturdenkmal ist der Friedhof, der an die ehemals bedeutende jüdische Gemeinde und berühmte Breslauer erinnert. Ein Spaziergang durch die steinerne Stadt wird zu jeder Jahreszeit zum besonderen (Natur-)Erlebnis.

3. TOUR

Die Jahrhunderthalle –
Monumental, multimedial

Die Jahrhunderthalle ist ein Wahrzeichen Breslaus. Sie steht für Modernität, Offenheit und Austausch. Das beliebte Messegelände von 1913 bietet Angebote rund um Kunst, Kommerz und Unterhaltung und dazu Erholung im Grünen.

In Breslau schläft nur noch der geizige Riese des italienischen Urban-Art-Künstlers Blu an seiner Hauswand und hält Geldscheine und Juwelen fest. Manchmal leuchten nachts seine Fenster-Augen auf.

2. TOUR

1. TOUR

3. TOUR

Rund um Ring und Salzring

Im Herzen Breslaus

Nicht nur Liebespaare treffen sich beim Denkmal von Aleksander Graf Fredro am Ring. Seit der »polnische Molière« 1956 aus Lemberg nach Breslau gebracht wurde, sitzt er im Zentrum eines lebhaften Geschehens. Musiker und Pantomimen, Clowns und Artisten, Luftballonverkäufer und skurrile Spaßmacher belustigen ein bunt gemischtes Publikum rund um das spätgotische Rathaus.

Schon fast 800 Jahre schlägt hier am Ring (Rynek) das Herz der Stadt. Mit 175 x 208 m ist er einer der größten mittelalterlichen Marktplätze Europas, umgeben von kunstvoll restaurierten Häusern aller Stilrichtungen mit Cafés und Biergärten, Restaurants und Bars. Auch das alljährliche Stadtfest am 24. Juni, Festivals und Silvesterfeiern finden hier statt. Auf dem südlich angrenzenden Salzring (Plac Solny) geht es gemächlicher zu, hier haben Blumenverkäufer ihre Marktstände. Der autofreie Platz zu Füßen des Denkmals von Aleksander Graf Fredro (1798–1876) ist fest in der Hand von Fußgängern, Fiakern, kleinen Elektroautos und Rikschas. Abends wird es besonders stimmungsvoll: Rathaus, Ring und umliegende Kirchen erstrahlen dann im Scheinwerferlicht.

Am Salzring treffen Sie meist Luftballonverkäufer an, häufig Taxis, immer aber die Blumenhändler.

Mittelalterlicher Handelsplatz

Der Ring wurde schon im 13. Jh. angelegt. Altstadtgassen wie die ul. Świdnicka (Schweidnitzer Straße), św. Mikołaja (Nikolaistraße), Ruska (Reusschestraße), Wita Stwosza (Albrechtstraße) oder Kuźnicza (Schmiedebrücke) münden in den großen Platz. An der Kreuzung der Bernsteinstraße von der Ostsee zur Adria und der Via Regia (Hohen Straße) zwischen Paris und Kiew gelegen, war Breslau seit dem Mittelalter ein wichtiges Handelszentrum. Verkauften die Händler ihre Töpfer-, Eisen- und Tuchwaren anfangs noch in kleinen Kramläden am imposanten Rathaus, einem Wahrzeichen der Stadt, so dehnte sich das geschäftige Treiben bald auf den gesamten Ring und den benachbarten Salzring aus. Heute werden rund um den Ring Souvenirs und Kunsthandwerk angeboten.

Prunkvolle Patrizierhäuser

Die repräsentativen Häuser der Breslauer Patrizier am Ring waren nicht nur Lager- und Handelsräume, sondern stellten auch den Reichtum ihrer Besitzer zur Schau. Sie wurden nach den Zerstörungen im Zweiten Weltkrieg rekonstruiert. Die vier Seiten des Rings und viele Häuser tragen Namen, die auf architektonische und dekorative Besonderheiten oder ihre Geschichte zurückgehen.

Sieben-Kurfürsten-Seite

Beim Flanieren über den großen Platz entdecken Sie aus der Nähe Details: die italienischen Sgraffiti am Haus zu den Sieben Kurfürsten (Nr. 8), das der westlichen Seite des Rings (ursprünglich Wollmarkt) ihren Namen gab, oder eine blaue Sonne am Haus Nr. 7. Im Haus zur Goldenen Sonne (Nr. 6) wurde ein modernes Museum für die Handschrift des polnischen Nationalepos »Pan Tadeusz« von Adam Mickiewicz eingerichtet. Einen eigenen Namen trägt auch das Haus zu den Greifen (Nr. 2) vom Ende des 16. Jh., das mit elf, zum Teil unterirdischen Stockwerken noch heute das größte Patrizierhaus der Stadt ist. In den Kellergewölben des Restaurants Pod Gryfami sitzt es sich gemütlich bei polnischen Spezialitäten. Der Giebel ist mit Greifenreliefs verziert.

Links vom Eingang des Hauses der ehemaligen Sparkasse ist direkt an der Station 6011 des Stadtfahrradverleihs ein Geldautomat für Zwerge angebracht, an dem die kleinsten Breslauer gerne ihre Geldgeschäfte erledigen.

Naschmarkt-, Grüne-Röhr- und Goldener-Becher-Seite

Auf der nördlichen Seite des Rynek, der Naschmarkt-Seite, fällt der goldene Hirsch am Eingang der einstigen Apotheke (Nr. 44) auf. Als letztes wurde 1993 das Haus zum Goldenen Hund (Nr. 41) auf der östlichen Grüne-Röhr-Seite rekonstruiert. An ihrem anderen Ende steht das ehemalige Handelshaus Feniks der Gebrüder Barasch (Nr. 31/32) von 1904.

Auf der südlichen Ringseite, benannt nach dem Haus zum Goldenen Becher (Nr. 26), hat sich in Haus Nr. 14 die Tourismuszentrale eingerichtet. Gegenüber an der Ecke steht das Haus der ehemaligen Sparkasse (Rynek 9/11 und pl. Solny 1) von Heinrich Rump, gebaut 1930/31. Im Eingang des Bankgebäudes zeigen Reliefs im ägyptischen Stil Szenen aus dem Wirtschaftsleben.

Bunter Blumenmarkt nonstop

Die Mohrenapotheke (Nr. 2/3) von Adolf Rading an der Nordseite des Salzrings, heute Sitz der Breslauer Redaktion der Tageszeitung »Gazeta Wyborcza«, war Mitte der 1920er-Jahre eines der ersten modernen Häuser im Zentrum der Stadt.

Am Salzring (pl. Solny) mit der Alten Börse (Dawna Giełda, Nr. 16) von Carl Ferdinand Langhans haben die Blumenhändler ihre Stände das ganze Jahr über rund um die Uhr aufgebaut – Graf Fredro hat auch sie im Blick …

»BRESLAU IST EINE STADT AN DER NAHTSTELLE DREIER LÄNDER, DIE DIE GESCHICHTE SEHR ENG VERBUNDEN HAT. ES IST IN GEWISSEM SINNE EINE STADT DER BEGEGNUNG, EINE STADT, DIE VEREINT. HIER TRIFFT SICH IRGENDWIE DIE GEISTIGE TRADITION DES OSTENS UND DES WESTENS«

Papst Johannes Paul II.

Der Alte Jüdische Friedhof
Wider das Vergessen

Der Alte Jüdische Friedhof (Stary Cmentarz Żydowski) mit Gräbern bekannter Schriftsteller, Kaufleute, Wissenschaftler, Bankiers und Politiker wird auch als Pantheon der Breslauer Juden bezeichnet. Mit der steinernen Friedhofsstadt wurde eine Kulturlandschaft ganz außergewöhnlicher Art vor dem Vergessen bewahrt.

Bis zum Holocaust lebte die drittgrößte jüdische Gemeinde Deutschlands in Breslau. Ihre Mitglieder wurden – sofern sie Deutschland nicht rechtzeitig verlassen konnten – von den Nationalsozialisten fast ausnahmslos deportiert und ermordet. Der Jüdische Friedhof an der ul. Ślęzna, der früheren Lohestraße, ist ein Abbild ihrer Lebenswelt. Wie durch ein Wunder entging der Friedhof der Zerstörung, nicht zuletzt dank der Tatsache, dass man ihn zum »Museum der Friedhofskunst« erklärte. Umgeben von einer Mauer, die von außen kaum auf den Friedhof hinweist, erreichen Sie den Eingang über die kleine Seitenstraße ul. Ferdynanda Lassalla.

Stimmungsvolle Spaziergänge

Ein Besuch ist immer ein Erlebnis: An Sommertagen finden Sie an diesem Ort der Erinnerung die Mausoleen, Stelen, Säulen, Obelisken und teils schlichten Grabsteine überwuchert von Grün. Im Herbst schmücken bunte Blätter und wilder Wein den Friedhof mit warmen Farben. Ein Spaziergang durch die winterlichen Alleen ist unvergesslich, wenn die weiße Schneedecke die Formen der Grabstätten und künstlerischen Dekorationen verschiedenster Strömungen betont.

Am 26. März 1924 suchte der Schriftsteller Paul Mühsam (1876–1960) das Grab seiner Großmutter Charlotte Mühsam (1810–70) auf. In seinen Tagebuchaufzeichnungen »Mein Weg zu mir« beschreibt er, wie ihn die tiefe Stille ergriff: »Ein Zitronenfalter flog über das Grab hin. Ein Käfer schob sich auf dem verwitterten Leichenstein vorwärts. Lange stand ich sinnend.«

Gerettete Kulturlandschaft

Als Erster wurde auf diesem Friedhof, der in der Folge zur Ruhestätte für insgesamt 12 500 Breslauer und zum repräsentativen Ehrenfriedhof werden sollte, 1856 der Kaufmann Löbel Stern bestattet. Traditionell schmucklose Grabsteine stehen hier eng neben monumentalen Mausoleen. Viele dekorative Steinmetz-, Schmiede- oder Bildhauerarbeiten der Grabanlagen wurden zerstört oder sind verwittert. Vor allem edle Steine wie toskanischer Marmor oder finnischer roter Granit, die begüterte jüdische Bürger sich leisten konnten, überdauerten. Durch die Benutzung als Schuttabladeplatz in der Nazizeit und durch zeitlich bedingten Verfall sind von vielen Gräbern nur noch Überreste erhalten. Manche Anlagen werden durch Hilfskonstruktionen gestützt. Inschriften sind verloren gegangen, Einschüsse aus den Tagen des Kampfes um die Festung Breslau 1945 sind erkennbar. Dank des unermüdlichen Engagements von Maciej Łagiewski, des heutigen

Der Alte Jüdische Friedhof ist – Ironie der Geschichte – der einzige große erhaltene Friedhof aus dem deutschen Breslau und Spiegelbild der damaligen jüdischen Stadtgesellschaft.

Direktors des Städtischen Museums, begann 1984 die Sicherung und Instandsetzung des Friedhofs, der 1975 als historisches Baudenkmal anerkannt worden war.

Prominente Breslauer

Ein Lageplan am Eingang hilft, die Grabstätten bekannter Persönlichkeiten zu finden. Das Grab von Ferdinand Lassalle, einem der Gründerväter der deutschen Arbeiterbewegung und der Sozialdemokratischen Partei Deutschlands, war eines der ersten, die Mitte der 1980er-Jahre rekonstruiert wurden. Der gebürtige Breslauer gründete 1863 in Leipzig den Allgemeinen Deutschen Arbeiterverein und legte damit die Grundlage für die Sozialdemokratie in Deutschland. Er starb am 31. August 1864 nach einem tödlichen Schuss bei einem Duell in Genf, doch seine Mutter ließ ihn in Breslau begraben. Zur Prominenz gehört auch die Schriftstellerin Friederike Kempner (1828–1904), die als »Schlesischer Schwan« (auch: »Schlesische Nachtigall«) bekannt wurde. Auch Mitglieder der Kaufmannsfamilie Pringsheim, aus der Thomas Manns Ehefrau Katia stammte, sind hier begraben, der Historiker Heinrich Graetz (»Geschichte der Juden«), Verwandte des 1941 nach Litauen deportierten Historikers Willy Cohn (»Kein Recht, nirgends«) sowie die Eltern der 1942 nach Auschwitz deportierten Philosophin und später heiliggesprochenen Karmelitin Edith Stein.

Vielfältige Architekturstile

Zu den besonders repräsentativen Grabstätten gehört das Mausoleum des Industriellen und Mäzens Julius Schottländer, 1908 der reichste Breslauer Bürger, und dessen Sohn Dr. Paul Schottländer, Ehrensenator der Universität Breslau und Eigentümer des Handelshauses in der Schweidnitzer Straße. Nicht weniger reich ausgestattet ist das Grabmal im maurischen Stil des Teilhabers der Breslauer Baumwollspinnerei Max Kauffmann. Manche jüdische Bürger wurden hoch geehrt für ihr soziales Engagement, so der Bankier Löbel Milch als Kurator der Fränckelschen Stiftungen oder Paula Ollendorf, die sich für die jüdischen Frauen einsetzte und 1919/20 als erste Frau in Deutschland demokratische Stadtverordnete in Breslau wurde.

Inschriften und Symbole

Der Friedhof spiegelt die Rolle wohlhabender Kaufleute, Bankiers, Unternehmer, Wissenschaftler und Politiker in der Gesellschaft und die religiöse Situation im Breslau des 19. Jh. wider. So gibt es Gräber mit deutschen, hebräischen oder zweisprachigen Inschriften. Während einerseits orthodoxe Juden wie der Landesrabbiner Gedalje Tiktin hier ihre letzte Ruhestätte fanden, wurden auch viele liberale Juden an der Lohestraße bestattet. Zeichen wie segnende Hände oder Kannen weisen traditionell auf die Herkunft der Bestatteten aus Priester- oder Levitenfamilien hin. Manche Grabsteine tragen literarische Zitate wie etwa Goethes »Edel sei der Mensch, hilfreich und gut«. Lessings Worte von der gebrochenen Rose aus dem bürgerlichen Trauerspiel »Emilia Galotti« deuten vermutlich den Selbstmord der Toten an. Solche literarischen Anspielungen dokumentieren die tiefe Verwurzelung der Breslauer Juden in der deutschen Kultur.

Bereits 1902 wurde ein neuer Jüdischer Friedhof in Cosel, dem heutigen Stadtteil Kozanów (ul. Lotnicza 51) eröffnet, da der Friedhof an der Lohestraße zu klein geworden war. Nach dem Ersten Weltkrieg errichtete man hier ein großes Ehrenmal für die gefallenen jüdischen Soldaten, auf dem 432 Namen verzeichnet sind. Der Friedhof wird auch heute noch von der jüdischen Gemeinde genutzt.

Entdecken Sie den Alten Jüdischen Friedhof mit seinen vielen spannenden Details zu allen Jahreszeiten!

1. TOUR
2. TOUR
3. TOUR

Die Jahrhunderthalle
Monumental, multimedial

Ein außergewöhnliches Raumerlebnis vermittelt die imposante Jahrhunderthalle, die 2006 Aufnahme in die Unesco-Welterbeliste fand. Die moderne Eisenbetonkonstruktion von 1913 ist heute eines der Wahrzeichen der Stadt.

Architekten wie Hans Scharoun, Erich Mendelsohn, Max Berg oder Hans Poelzig verliehen Breslau in den ersten Jahrzehnten des 20. Jh. avantgardistische Eleganz: Sie prägten mit ihrem Neuen Bauen das moderne Gesicht der Stadt. Die monumentale Jahrhunderthalle (Hala Stulecia), eine Pionierleistung der Baugeschichte, ist ein Werk des damaligen Breslauer Stadtbaurats Max Berg. Sie wurde mit Rekordmaßen in Rekordzeit gebaut, 65 m Spannweite machten die Kuppel zur größten der Welt. Stahlbeton und Bogenkonstruktionen hatten Richard Plüddemann und Heinrich Küster schon einige Jahre zuvor in Breslau erfolgreich beim Bau der Markthalle am Oderufer gegenüber der Sandinsel eingesetzt.

Die Jahrhunderthalle auf der »großen Insel« zwischen Oder und Oderkanälen gilt als eines der ersten Beispiele einer »Architektur für die Massen« und als »Dom der Demokratie«. Hier finden Ausstellungen und Kongresse, Sportveranstaltungen und Festivals, Bälle, Konzerte sowie die großen Aufführungen der Breslauer Oper mit Tausenden von Zuschauern statt. Die Halle wurde komplett restauriert. An manchen Türen ist neben den neuen Aufschriften »Wyjście/Exit« auch noch das Original von 1913 zu erkennen: »Ausgang«. Gebaut wurde die Halle für die Jahrhundertfeier zur Erinnerung an den Breslauer Aufruf des preußischen Königs Friedrich Wilhelm III. von 1813 zum Befreiungskampf gegen Napoleon. Sie war Teil des neuen städtischen Ausstellungsgeländes, zu dem u. a. auch der Vier-Kuppel-Pavillon und eine Pergola von Hans Poelzig gehörten.

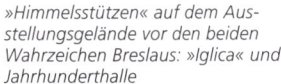

»Himmelsstützen« auf dem Ausstellungsgelände vor den beiden Wahrzeichen Breslaus: »Iglica« und Jahrhunderthalle

Multimediale Inszenierung

Alles Wissenswerte über die Halle im Stadtteil Scheitnig (Szczytniki), ihre Besonderheiten, Entstehung und Geschichte, erfahren Sie im interaktiv gestalteten Entdeckungszentrum (Centrum Poznawcze) in der Jahrhunderthalle – eindrucksvoll, nachvollziehbar und spannend dargestellt, auch für Kinder (in Deutsch, Englisch, Polnisch). Zum Vergleich werden auch andere Objekte der Unesco-Welterbeliste in Polen oder weitere berühmte Kuppelbauten wie das römische Pantheon vorgestellt. Höhepunkt ist die Besichtigung der Halle selbst (sofern sie nicht gerade durch Sonderveranstaltungen belegt ist). Direkt unter der weiten Kuppel stehend können Besucher zu jeder vollen Stunde die eindrucksvolle Installation »O(Omicron)« erleben, eine Arbeit von Romain Tardy und Thomas Vaquié. Ihre Faszination durch die lebendige Architektur der Halle, ihre Dimensionen, ihre Akustik und Zeitlosigkeit setzten die beiden französischen Künstler in ein intensives Klang-Bild-Erlebnis um.

Rund um die Jahrhunderthalle

Das Ensemble von Jahrhunderthalle und Pergola bildet im Sommer immer wieder Bühne und Zuschauerraum für eine der großen Open-Air-Opern. Eine Touristenattraktion ist hier der größte polnische Springbrunnen (Fontanna Wrocławska), der 2009 zum 20. Jahrestag der ersten freien Wahlen in Polen am 4. Juni 1989 eingeweiht wurde.

Vor dem Eingang der Jahrhunderthalle steht die fast 100 m hohe Stahlskulptur »Iglica« (»Nadel«). Sie erinnert an die »Ausstellung der wiedergewonnenen Gebiete«, die 1948 in der Halle stattfand.

Gleich hinter der Pergola liegt der Japanische Garten (Ogród Japoński), der bereits 1913 als Teil einer Gartenausstellung angelegt wurde. Der heute größte japanische Garten Europas wurde 1997 gemeinsam mit japanischen Fachleuten neu gestaltet.

Nach über 100 Jahren ist der Vier-Kuppel-Pavillon wieder Ausstellungshalle: Im Kulturhauptstadtjahr 2016 eröffnete das Nationalmuseum hier seine Außenstelle. Sie zeigt eine umfangreiche Sammlung polnischer Kunst der Gegenwart, die auf mehr als 6000 m² Fläche in den hohen, lichtdurchfluteten Räumen optimal zur Geltung kommt.

Modernes Wohnen im Grünen

Auf dem Breslauer Ausstellungsgelände in der Nähe des Scheitniger Parks (Park Szczytnicki) ist auch eine Musterhaussiedlung erhalten. Sie wurde 1929 für die Werkbundausstellung »Wohnung und Werkraum« (WuWA) gebaut. Etliche der Musterhäuser werden inzwischen originalgetreu restauriert. Ähnlich wie die Architekten der Stuttgarter Weißenhofsiedlung des Werkbundes präsentierten auch in Breslau Ende der 1920er-Jahre Architekten der Region experimentelle Entwürfe für modernes Wohnen. Bekanntestes Beispiel ist das Ledigenheim von Hans Scharoun. Es hat das Aussehen eines Schiffs mit Bullaugen, Reling und Sonnendeck, das am Rande des Scheitniger Parks vor Anker gegangen zu sein scheint. Dieser größte Breslauer Stadtpark mit altem Baumbestand, einem Teich, Spielplätzen und Spazierwegen ist ein beliebtes Naherholungsgebiet der Breslauer.

Blick in eine der vier Kuppeln, unter deren Dach moderne polnische Kunst aus dem Nationalmuseum gezeigt wird. So war das Ausstellungsgelände rund um die Jahrhunderthalle ursprünglich gedacht: als attraktiver, lichtdurchfluteter Raum und optimale Bühne für zeitgenössische Kunstwerke wie die Arbeiten von Magdalena Abakanowicz, Tadeusz Kantor oder Jerzy Nowosielski.

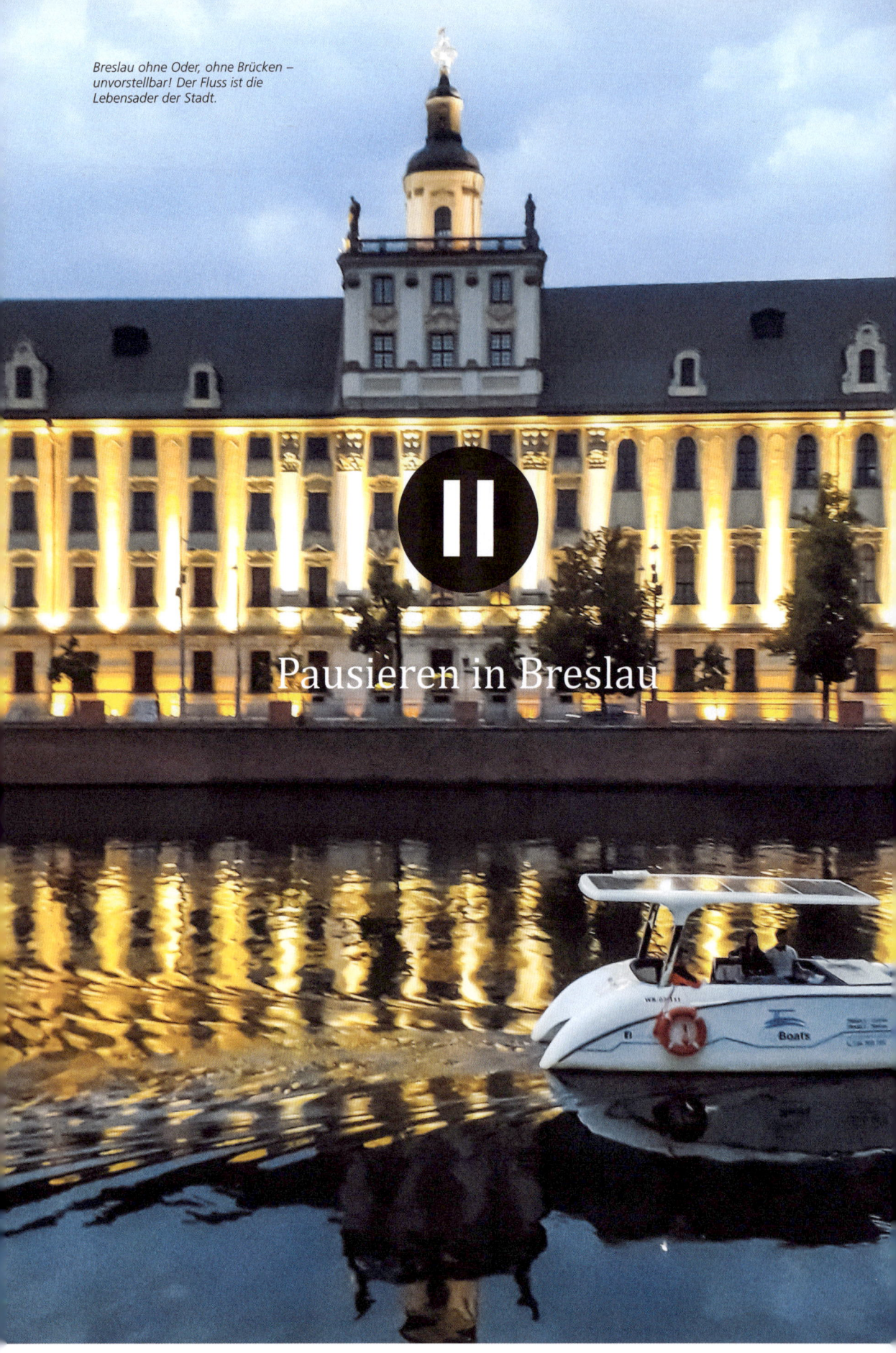

Breslau ohne Oder, ohne Brücken –
unvorstellbar! Der Fluss ist die
Lebensader der Stadt.

Pausieren in Breslau

Sie müssen nicht weit reisen, um Japan zu erleben: Der Japanische Garten hinter der Jahrhunderthalle macht's möglich.

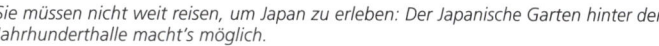

GARTEN WEISS-ROT

Ogród Japoński (Japanischer Garten)

Schönheit, Kontemplation und Einssein mit der Natur – dafür steht der Japanische Garten Hakkōen. Der Name bedeutet »weiß-roter Garten« und spielt auf die Nationalfarben der beiden Länder an, die Japan und Polen verbinden wie dieser Garten, zu dem ein Holzpavillon mit wunderbarer Aussicht auf die Landschaftskomposition, ein originales Teehaus, steinerne Laternen aus dem 19. Jh. und Holztore an den Eingängen gehören. Ursprünglich wurde der Garten für die Jahrhundertausstellung 1913 von dem Japanologen Fritz Graf von Hochberg zusammen mit einem japanischen Gärtner angelegt und war eine ihrer größten Attraktionen.
ul. Mickiewicza, www.wroclaw.pl/ogrod

INSELPARADIES

Wyspa Słodowa

Die grüne Insel mitten in der Oder ist am Tag ein wunderbarer Rückzugsort. Auch viele Studierende sitzen im Sommer auf der Vorderbleiche im Gras, kühlen die Füße im Oderwasser oder schauen dem vorbeiströmenden Fluss zu. Sie gehen lieber an Deck? Dann genießen Sie ein kühles Getränk auf den schwimmenden Terrassen. Auch Liegestühle sind vorhanden. Fragt sich nur noch, wo Sie sich einen Platz auf der Insel suchen möchten – im Schatten oder in der Sonne? Abends ist es mit der Ruhe häufig vorbei – dafür gibt es Open-Air-Konzerte.

EIN RUHIGES PLÄTZCHEN

Nowy Targ (Neumarkt)

Sie sind im Stadtzentrum und haben Lust, ein Sonnenbad zu nehmen, einfach mal die Füße hochzulegen oder in den Himmel über Breslau zu schauen? Am Neumarkt, einem der mittelalterlichen Altstadtplätze, warten zahlreiche fest installierte Sonnenliegen auf Sie, die sich dafür perfekt eignen. Hier ist es deutlich ruhiger als auf den anderen Plätzen im Zentrum, denn rundum stehen normale Wohnhäuser aus den 1960er-Jahren. Unter dem Neumarkt lag im Zweiten Weltkrieg ein Bunker – einer der Schauplätze der Breslau-Krimis von Marek Krajewski.

ODER-PANORAMA

Bulwar Dunikowskiego

Am Dunikowski-Boulevard zwischen der Sandbrücke (Most Piaskowy) und der Friedensbrücke (Most Pokoju) gibt es schöne Spazierwege entlang der Oder und durch den Park bei der Ziegelbastion (Wzgórze Polskie). Mehrere Aussichtspunkte und zum Verweilen einladende Treppen direkt am Wasser oder oberhalb der alten Befestigungsanlagen bieten einen großartigen Blick auf die Oder mit ihren Brücken und auf die Dominsel, historische Keimzelle der Stadt, mit ihren zahlreichen Kirchtürmen und schönen Palais.

WASSERSPIELE

Brunnen am Ring

Gleichmäßig plätschernd läuft das Wasser die meterlangen Glaswände des Brunnens am Ring hinunter. Hier geraten Sie ins Träumen, beneiden die Kinder, die vor Vergnügen am liebsten reinspringen würden, oder machen ein Foto – und nehmen den Zwerg Herzensgut mit der Sonnenblume vielleicht noch mit aufs Bild.
51-618 Wrocław

Total thermal in Budapest

Ein Bauwerk wie aus 1001 Nacht:
das Parlamentsgebäude in Budapest

Relax!

Großstadt und Entspannung – das geht selten so gut zusammen wie in Budapest. Der Grund: Unter den Straßen der Metropole blubbern heiße Quellen, die seit Jahrhunderten die ebenso gemütlichen wie stilvollen Thermalbäder speisen. Eine Runde schwimmen, im Dampfbad schwitzen und sich danach bei einer Massage die Muskeln lockern lassen: In Budapests Thermalbädern haben Verspannungen keine Chance!

Schön ist der Blick vom Donauufer auf den Burgberg mit Matthiaskirche und Fischerbastei.

Blick auf die Donau vom Burgberg aus mit
der Kettenbrücke und dem Parlament

1.
TOUR

2.
TOUR

3.
TOUR

Flanieren durch Budapest

1. *TOUR*

Wellness, Tierpark und Märchenburg – **Városliget**

Highlights in dem weitläufigen Stadtwäldchen sind der Zoo mit seinen Jugendstil-Häusern, die märchenhafte Vajdahunyad-Burg und das palastartige Széchenyi-Heilbad.

2. *TOUR*

Literatur und süße Lust – **Kaffeehäuser und Konditoreien**

Entspannen und genießen: Das geht in den traditionellen Kaffeehäusern und Konditoreien. Doch Achtung: Die Kuchentheken können schnell süchtig machen!

3. *TOUR*

Durchs Mittelalter schlendern – **Das Burgviertel**

In den historischen Gassen des Burgviertels herrscht barocke Idylle pur. Gemütliche Cafés und Restaurants sorgen für das leibliche Wohl!

Városliget

Wellness, Tierpark und Märchenburg

Hinter dem Heldenplatz erstreckt sich das weitläufige Stadtwäldchen mit zahlreichen familienfreundlichen Attraktionen. Besonders sehenswert sind der Zoo mit seinen Jugendstil-Tierhäusern, die märchenhafte Vajdahunyad-Burg und das palastartige Széchenyi-Heilbad.

Im Winter werden die Schlittschuhe ausgepackt und auf dem Eis vor der Märchenkulisse am Stadtwäldchen-See kunstvolle Kreise gezogen.

Gleich hinter dem Stadtwäldchen-See (Városligeti tó) – im Winter die Top-Schlittschuhbahn von Budapest – bietet die Vajdahunyad-Burg eine märchenhafte Kulisse. Das künstliche Gebilde wurde zur Millenniumsausstellung 1896 aus Holz erbaut und ist ein Mix aus diversen Baustilen der ungarischen Geschichte von Mittelalter bis Rokoko. Da sich die Burg als der Publikumsrenner erwies, beschloss man, sie aus Stein nachzubauen. Architektonisch besonders sehenswert sind die gotischen Säle im ›mittelalterlichen‹ Teil, Vorbild war die Burg Hunyad in Siebenbürgen. In den beiden Hauptgebäuden ist das Ungarische Landwirtschaftsmuseum untergebracht. Nur ein kleines Stückchen weiter lädt das 2021 eröffnete Haus der Ungarischen Musik auf eine klangvolle Rundreise ein.

Flanieren zwischen Elefanten und Jugendstil

Schon das kunstvolle Elefantentor am Eingang macht unmissverständlich klar: Der Budapester Zoo (Budapesti Állatkert) präsentiert nicht nur Tiere, sondern bietet auch sehenswerte Kunstdenkmäler. Zur Gründung 1866 stiftete Kaiser Franz Joseph 34 Tiere, seine Gattin Sisi steuerte die erste Giraffe bei. Heute leben mehrere 1000 Tiere und rund 1000 Arten auf dem Gelände. Anfang des 20. Jh. wurde der Zoo unter der Leitung von Károly Kós und Dezső Zrumeczky völlig neu gestaltet. Kós verwirklichte dabei das Vogel-, Affen- und Fasanenhaus in dem für ihn typischen transsylvanischen Stil. Das märchenhafte Elefantenhaus steuerte Kornél Neuschloss-Knüsli im Jugendstil bei. Der exotische Pavillon wirkt wie ein verspielter orientalischer Palast und ist eines der schönsten Jugendstilzeugnisse in Budapest. Auch das Palmenhaus ist eine Jugendstilaugenweide.

Seit Jahren wird der Zoo Stück für Stück ausgebaut. Das größte Projekt ist derzeit der »Pannon-Park«, der unter einer weit gespannten Überdachung Fauna und Flora der Urzeit zeigen soll. Das denkmalgeschützte Karussell von 1906 und die hölzerne Achterbahn von 1922 bleiben jedoch erhalten. Unmittelbarer Nachbar des Zoos ist der traditionsreiche Hauptstädtische Großzirkus (Fővárosi Nagycirkusz).

GESAMTKUNSTWERK SZÉCHENYI-HEILBAD

Was kann schöner sein, als an einem kalten Wintermorgen draußen in einem palastartigen Innenhof in 37 °C warmem Wasser zu entspannen und abzuschalten? Der ganz in gelb gehaltene Badepalast des Széchenyi-Heilbads macht's möglich. Der wunderbare Badetempel wurde Anfang des 20. Jh. errichtet. Er wird aus 1250 m Tiefe mit bis zu 77 °C warmem Thermalwasser versorgt – aber keine Angst: Für die Verwendung im Becken wird es natürlich auf erträgliche Temperaturen gebracht. Besonders beliebt ist das Bad bei Schachspielern, die im warmen Thermalbecken scheinbar endlos durchhalten.
Zum medizinischen Angebot gehören selbstverständlich auch Massagen – das Széchenyi verspricht Wellness pur. Bemerkenswert ist auch der herrliche Jugendstileingang am Kós Károly sétány mit fantastischen Kuppelfresken und einem Brunnen.

Schachspieler im palastartigen
Széchenyi-Heilbad

Einst traf sich die High Society im Café Gerbeaud und die Kuchentheke wurde hoch gelobt. Heute ist die Auswahl klein und die Preise sind hoch – aber das Café ist noch immer eine Augenweide.

Kaffeehäuser und Konditoreien
Literatur und süße Lust

**Zu Beginn des 20. Jh. gab es in Budapest nicht weniger als 500 Kaffee-
häuser. Literaten und Künstler trafen sich hier. Seit Jahren erleben die
Kaffeehäuser eine kleine Renaissance. Schon immer beliebt waren
die himmlischen Süßwaren der Budapester Konditoreidynastien. Hier
findet sich für jeden Geschmack das Richtige – doch Achtung: Die
Kuchentheken können schnell süchtig machen!**

In den aufgeheizten Zeiten nationalistischen Hochgefühls gärte Mitte
des 19. Jh. in den Pester Kaffeehäusern die revolutionäre Stimmung.
Legendär war das Café Pilvax an der Ecke Pilvax köz/Kamermayer
Károly tér. Hier soll Sándor Petőfi im März 1848 die Massen für die
Revolution gegen die Habsburger begeistert haben.

Später verloren die Kaffeehäuser in Budapest an politischer Bedeutung. Nun trafen sich Schriftsteller, Journalisten und die Bohème in
ihnen, um über Gott und die Welt zu plaudern oder an einem neuen
Werk zu arbeiten. Für manche Literaten waren die Cafés Arbeits- und
Wohnzimmer zugleich. Sie ließen sich sogar die Post in ihr Stammcafé
liefern, da sie ohnehin nur selten zu Hause anzutreffen waren.

Genießen und entspannen im Kaffeehaus

Zu den berühmtesten Literatencafés der vorletzten Jahrhundert-
wende gehörte neben dem Café New York das Café Centrál, das
durch seine Wiedereröffnung 2000 ein kleines Revival der Budapester Kaffeehauskultur eingeläutet hat. Der hohe Saal und die großen
Fenster vermitteln ein Gefühl von Weitläufigkeit, ja Weltoffenheit. In
dem 1887 eröffneten Haus wurden wichtige Literaturzeitschriften
gegründet und Schriftsteller wie Sándor Márai gingen ein und aus.

Der Kamermayer Károly tér ist einer der schönsten Plätze der Innenstadt. Wo sich einst im Café Pilvax die Gemüter erhitzten, lädt heute
vis-à-vis das moderne Gerlóczy zu einer Pause ein. In dem stilvollen
Café-Restaurant geht es eher beschaulich zu, morgens erinnern die
leckeren Croissants ein wenig an Paris. Mittags und abends gibt es
ansprechende Bistroküche, dazu werden Käse- und Salamispezialitä-
ten serviert. Das Gerlóczy ist ein Lichtblick in der Innenstadt!

*Schicht um Schicht ein Kunstwerk,
fast zu schade zum Anbeißen:
Gerbeaud-Schnitte*

Konditorendynastien

Budapest ist die Stadt der Konditoreien. Sie bieten cremige und
fruchtige Torten und verwöhnen in ihren *Cukrászdák* das Publikum
mit süßen Kreationen jeder Art. Sehr erfolgreich ist die Familie Szamos, die am Vörösmarty tér in einer ehemaligen Bank die elegante
Filiale Szamos Gourmet Ház betreibt. Traditionsreich ist auch das
Café Gerbeaud am Vörösmarty tér. Einst ging hier die High Society
ein und aus, und die heutigen Kuchenpreise scheinen sich noch immer danach zu richten. Viel entspannter und einladender geht es an
der belebten Kossuth Lajos utca hinter hohen Fensterscheiben in der
Auguszt Cukrászda zu. Die Konditorenfamilie Auguszt ist bereits seit
1870 in mittlerweile fünfter Generation in dem Geschäft.

Das Burgviertel

Durchs Mittelalter schlendern

Welch ein Gegensatz: Rund um die königliche Matthiaskirche und die verspielte Fischerbastei tummeln sich zu jeder Tageszeit große Touristenscharen. Doch wenige Meter weiter herrscht in den historischen Gassen des Burgviertels barocke Idylle pur. Einige schöne Cafés und Restaurants laden zum Verweilen ein.

Mit dem Bau der königlichen Residenz auf dem Burgberg oberhalb der Donau entstand ab Mitte des 13. Jh. im Bereich nördlich des Dísz tér (Paradeplatz) auch eine Bürgerstadt. Ungarn, Deutsche, Italiener und Juden kamen nach Buda. 1541 machten die Osmanen die Stadt zum Sitz eines Paschas. Nach dem barocken Wiederaufbau waren von 1867 bis zum Zweiten Weltkrieg hier etliche Ministerien und Botschaften ansässig. Nach dem Krieg wurden die meisten dann nach Pest verlegt, viele Häuser sind weiter privat bewohnt.

Die Fischerbastei ist eine richtige Verwandlungskünstlerin – je nach Perspektive. Von unten beeindruckt sie als hoch aufragende Bastion, von Nahem wirkt sie fast disneymäßig. Besonders schön aber ist sie abends, wenn sie in ein romantisches Licht gesetzt wird.

Unterwelt und Biedermeier-Café

Vom Dísz tér führen in nördlicher Richtung alle Wege durch die Bürgerstadt zur Matthiaskirche. Am schönsten ist der Spaziergang durch die barocke Úri utca (Herrengasse), vorbei am Eingang zum unterirdischen Labyrinth, einem weitverzweigten Gangsystem quasi im Keller des Burgviertels. Nach einer Stippvisite des Labyrinths lohnt in der Szentháromság utca eine Kaffeepause in der stimmungsvollen Ruszwurm Cukrászda: Das kleine gemütliche Wohnzimmercafé im Biedermeier-Stil wurde 1827 gegründet – und ist das älteste in Ungarn!

Königliche Matthiaskirche

Nun laufen Sie direkt auf die bedeutendste Sehenswürdigkeit des Burgviertels zu, die Matthiaskirche. Nach der umfassenden Renovierung leuchten die bunten Zsolnay-Dachziegel wieder und das Wappentier von Namensgeber Matthias Corvinus, d. h. ›der Rabe‹, kündet von der königlichen Verbindung. Ursprünglich war das Gotteshaus als ›Liebfrauenkirche‹ geistlicher Mittelpunkt der starken deutschen Gemeinde in Buda, später war es als Moschee dem osmanischen Sultan Süleiman gewidmet, bevor es in die Hände der Jesuiten gelangte und schließlich Ende des 18. Jh. zur Pfarrkirche wurde. Am 8. Juni 1867 schlug die vielleicht größte Stunde der Matthiaskirche, als Kaiser Franz Joseph und Kaiserin Elisabeth (›Sisi‹) im Rahmen des österreichisch-ungarischen Ausgleichs feierlich als König und Königin von Ungarn gekrönt wurden.

Romantische Fischerbastei

Als Pendant zur Matthiaskirche beauftragten die Stadtväter Frigyes Schulek 1895, zur Donauseite noch ein weiteres Bauwerk zu errichten, das an das 1000-jährige Jubiläum der magyarischen Landnahme im Karpatenbecken erinnern sollte. Schulek löste die Aufgabe mit der verspielt romantischen Fischerbastei. Die sieben Türmchen symbolisieren die Magyaren-Stämme, der Name der Bastei verweist auf die Fischer, die einst diesen Abschnitt der Burgmauer verteidigen sollten. Das Ganze hat etwas Märchenhaftes, besonders am Abend, wenn alles festlich angestrahlt ist. Und von hier oben genießt man einen herrlichen Panoramablick über die Donau hinüber zum Parlament.

Am Horizont die Budaer Berge

Nun geht es in die schmalen Gassen des Burgviertels. Die Táncsics Mihály utca ist besonders malerisch und abwechslungsreich: Mit der Nr. 7 sticht rechts das herrschaftliche Erdődy-Palais mit dem Musikhistorischen Museum hervor. Gelegentlich gibt es hier unter der Woche frühabends Konzerte. In Nr. 26 sind links die Reste eines mittelalterlichen jüdischen Gebetshauses zu bewundern. Alte jüdische Grabplatten und Reste hebräischer Deckeninschriften verweisen auf das ehemalige Judenviertel, das sich hier befand. Am Bécsi kapu tér erreichen Sie schließlich das Wiener Tor.

Und noch einmal geht es in die stimmungsvolle Úri utca, die vom Kapisztrán tér nach Süden abzweigt. Historische Stadtpaläste und mittelalterliche Baureste sorgen für ein idyllisches Flair. Eine Besonderheit sind die gotischen Sitznischen, die z. B. in den Tordurchgängen von Nr. 32 und 40 zu erkennen sind. Zum Abschluss des kleinen Spaziergangs geht es durch die Szentháromság utca rechts zur Wallpromenade Tóth Árpád sétány. Mit dem herrlichen Blick in die Budaer Berge gelangen Sie zurück zum Dísz tér.

Bitte Platz nehmen! Für eine kurze Pause, bevor Sie den Turm besteigen. Die filigrane Außenfassade der Matthiaskirche erstrahlt seit ihrer Renovierung wieder im alten Glanz.

Zu jeder vollen Stunde ›plätschert‹ aus dem Spielbrunnen auf der Margareteninsel auch Musik.

II

Pausieren in Budapest

Wer äußere und innere Ruhe sucht, kann sie, wenn er Zeit mitbringt, im Japanischen Garten tatsächlich finden.

BIO AUF DEM PRACHTBOULEVARD

Ecocafé

Im zweiten Teil der Andrássy út sind Cafés und Restaurants rar gesät. Umso willkommener ist das sonnendurchflutete und freundliche Ecocafé mit seiner lockeren Atmosphäre. Im Angebot stehen leckere Vollkorn-Sandwiches, Bio-Croissants, fair gehandelter Biokaffee, Chai, frisch gepresster Orangensaft und sogar vegane Pralinen. Kein Wunder, dass das Café sehr populär ist und es tagsüber manchmal schwer ist, einen Sitzplatz zu ergattern.

Andrássy út 68

UNGARISCHE TRADITIONSKÜCHE

Hungarikum Bisztró

Das adrette Hungarikum bringt traditionelle ungarische Gastlichkeit zurück in die Leopoldstadt. Auf der Speisekarte stehen Gerichte wie Gulaschsuppe, Krautrouladen und fleischhaltige wie süße Palatschinken sowie Schomlauer Nockerln (Somlói galuska). Eine Spezialität ist auch Kronstädter Geschnetzeltes (Brassói aprópecsenye).

Steindl Imre utca 13

HINEIN INS GRÜNE

Parks

Wer in Budapest auf der Suche nach schönen Grünanlagen und Parks ist, besucht vor allem das Stadtwäldchen, die Margareteninsel oder macht sich gleich auf den Weg in die Budaer Berge. Hier kann man einfach nur die Natur genießen und sich perfekt von der Hektik der Großstadt erholen.

MAL KURZ DURCHATMEN

Kleinere Grünanlagen in der Innenstadt

Eine erholsame kleine Oase in Budapests Innenstadt ist der von Prachtbauten umgebene, parkähnliche Szabadság tér in der Leopoldstadt. Auf den überbauten Ruinen eines alten römischen Kastells hingegen sitzt man entspannt im Schatten der Innerstädtischen Pfarrkiche (Március 15. tér) – ideal für eine Besichtigungspause. Und der Károlyi kert ist ein verstecktes Grünjuwel mitten in der südlichen Innenstadt von Pest (zwischen Egyetem tér, Károlyi utca und Magyar utca).

WOHLIGES BADEVERGNÜGEN

Wellness im Thermalbad

Entspannung pur, aber auch die Möglichkeit, die Budapester bei ihrem Badevergnügen kennenzulernen, bietet ein Besuch im 450 Jahre alten osmanischen Rudas-Heilbad, im großartigen Jugendstiltempel des Gellért-Heilbads und im palastartigen Széchenyi-Heilbad. Hier lässt sich der Stress des Alltags im heißen, mineralreichen Thermalwasser einmal komplett vergessen. Vor allem das kleine Rudas ist eine echte Rarität.

Ein weiteres original türkisches Bad aus dem 16. Jh. ist das Király-Heilbad in der Budaer Wasserstadt unweit der Metro-Station Batthyány tér. Etwas nördlich ist das Lukács-Heilbad, das ebenfalls aus Thermalquellen gespeist wird. Die Dankestafeln an den Außenwänden gehen auf zufriedene Kurgäste zurück, die sich hier verwöhnen ließen. Beide Bäder sind mit Tram 19 und 41 am Budaer Donauufer leicht zu erreichen. Ein Bad der anderen Art befindet sich auf der Margareteninsel, wo im Sommer das weitläufige Freibad Palatinus Strandfürdő seine Pforten öffnet.

Buntes Buenos Aires

Auf die Häuserwände in La Boca haben
Künstler Szenen zum Tango und zur
Geschichte des Hafenviertels gemalt.

Pure Energie

Diese Stadt erzeugt große Gefühle. In jedem. Es scheint, als wäre alles in Bewegung – so viel Leben, so viel Energie, so viel Power. Eine Megametropole, die sich über 100 x 40 km entlang des Río de la Plata erstreckt. Aber Buenos Aires ist gleichzeitig auch Nostalgie, Romantik, Drama, Melancholie. Nirgends hat sich die Sehnsucht nach der alten Heimat passender in Tanzschritte übersetzt als in den Bars von Buenos Aires.

Der über 200 Jahre alte Gummifeigenbaum im Zentrum von Buenos Aires kennt die Geheimnisse unzähliger Generationen.

Flanieren durch Buenos Aires

Von innen wie von außen ein
Fin-de-Siècle-Schmuckstück: Das Café
Tortoni an der Avenida de Mayo.

1. TOUR

Avenida de Mayo – **Auf der Straße der Macht**

Die Geschichte Argentiniens auf zehn Straßenblöcken. Die Prachtstraße führt vom Machtzentrum des Landes, der Plaza de Mayo mit seinem Präsidentenpalast, bis zum Sitz des Parlaments und dem Kilómetro Cero Argentina – Ausgangspunkt für alle Entfernungsbestimmungen im riesigen Land.

2. TOUR

San Telmo – **Tango und Antiquitäten**

Mit seinen Kopfsteinpflasterstraßen und der bezaubernden Kolonialarchitektur gilt San Telmo als das älteste Viertel der Stadt. Im historischen Mercado findet täglich ein Markt statt, auf der Plaza Dorrego sonntags die Feria Artesanal, die am Abend vom Tango unter freiem Himmel gekrönt wird.

3. TOUR

Palermo Soho – **Epizentrum der Kreativen**

Ohne Zweifel eine der coolsten Gegenden in Buenos Aires. Angesagte Bars und Restaurants in Hülle und Fülle. Dazu Designerboutiquen, Kunstgalerien, Märkte für Kunsthandwerk und tolle Buchhandlungen. Kreative Vielfalt ist ähnlich angesagt wie im gleichnamigen Viertel New Yorks.

Avenida de Mayo
Auf der Straße der Macht

Ein Boulevard nach Pariser Vorbild sollte her – darüber waren sich die Intellektuellen der 1880er-Jahre einig. Ihre Vision bescherte der Stadt eine pulsierende Avenida mit zwei großen Plätzen an ihren jeweiligen Enden: Im Osten die Plaza de Mayo mit dem Sitz der Regierung und im Westen die Plaza del Congreso mit dem Sitz des Parlaments. Bis heute atmen Sie hier die goldene Geschichte Argentiniens!

Die historische Mitte wie das symbolische Herz von Buenos Aires ist die Plaza de Mayo. Benannt ist der Platz nach der Revolution vom 25. Mai 1810, die die Unabhängigkeit von Spanien einleitete. Um die Plaza gruppieren sich Verwaltungs- und Regierungsgebäude, darunter die Casa Rosada, der Präsidentenpalast Argentiniens, der auf den Überresten der alten Stadtbefestigung erbaut wurde. Seine markante rosa Farbe, die das Haus im Sonnenuntergang zum Leuchten bringt, erhielt sie 1873 zur Zeit der Präsidentschaft von Domingo Faustino Sarmiento. Auf dem Balkon hielt Evita Perón die Reden, die Hunderttausende Argentinier zu Tränen rührten. Eingerahmt wird die Casa Rosada von der Banco de la Nación und dem Wirtschafts- und Finanzministerium.

Zum Beichten links halten

An der gegenüberliegenden Seite des Platzes mutet die 1791 eingeweihte Catedral Metropolitana von außen eher wie ein antiker Tempel als eine katholische Kirche an. Ihre Hauptfront gliedern zwölf hellenische Säulen, auf denen ein reliefierter Giebel ruht, die Türme fehlen ganz. Erst im Inneren nimmt man den kreuzförmigen Grundriss mit der Kuppel in der Vierung wahr. Die Dekoration besticht im hellen Neorenaissance- und Neobarockstil. Jorge Mario Bergoglio, der aktuelle Papst Franziskus, war Erzbischof der Kathedrale, bis er 2013 zum ersten Mann im Vatikan gewählt wurde. Im rechten Kirchenschiff werden die Gebeine des argentinischen Befreiers General José San Martín in einem Mausoleum aufbewahrt und von einer Leibgarde bewacht, die nur mittelmäßig strammsteht. Ins linke Kirchenschiff gehen viele Gläubige zur Beichte, egal wie viele Touristen gerade vorbeischlendern.

Rote Politik und schwarzer Kaffee

Das kleine, schneeweiße Cabildo schräg gegenüber der Kathedrale wurde 1610 fertiggestellt. Schnell war es für den Stadtrat zu klein und wurde mehrfach umgebaut. Heute ist hier das Museo Nacional del Cabildo y la Revolución de Mayo untergebracht. Zwischen Cabildo und Rathaus hindurch betreten Sie die zentrale Achse des politischen Geschehens in Argentinien: die Avenida de Mayo. Auf dem von Platanen bestandene Boulevard finden die großen Demonstrationen des überaus politisierten Landes statt. Die Avenida strahlt immer noch einen unvergleichlichen Charme aus, auch wenn einige der prächtigen Gebäude etwas Patina angesetzt haben.

Zum Kaffee wird selbstverständlich ein Glas kaltes Wasser und süßes Gebäck serviert, meist auch ein Glas Orangensaft – natürlich frisch gepresst. Genießen Sie die Zeit: Niemals würde ein Kellner in einem Café in Buenos Aires auf die Idee kommen zu fragen, ob es noch etwas sein darf, um mehr Umsatz zu machen – ein geradezu grotesker Gedanke!

Ob Streetfoodmärkte, Tango-Milongas, die Schwulen- und Lesbenparade oder Karnevalsumzüge, wie hier zu sehen, die von viel Musik begleitet werden – auf der Avenida de Mayo finden wunderschöne Feste statt.

Für eine Kaffeepause bietet sich das Café Tortoní an, das bekannteste in ganz Argentinien. Könnten seine Wände sprechen, würden sie wohl die spannendsten Geschichten erzählen. Schon viele Weltstars waren hier seit der Eröffnung 1858 zu Gast, wie die Erinnerungsfotos in der Vitrine am Eingang zeigen. Direkt nebenan zeigt das Museo Mundial del Tango die Geschichte des Tangos seit 1850.

Auf der anderen Seite der breiten Avenida 9 de Julio warten weitere Kulturinstitutionen wie das Billardcafé 36 Billares, an dessen Tischen im Keller schon seit 1894 das Queue geschwungen wird.

Nehmen Sie Platz!

Entlang der Avenida de Mayo hat die Stadtverwaltung jeweils vor einem besonderen Gebäude Sitzbänke platziert, damit Mensch sich an den vielen architektonischen Feinheiten erfreuen kann; so auch gegenüber der Hausnummer 1370, wo Sie sich niederlassen sollten, um in Ruhe die spektakuläre Fassade des Palacio Barolo (1919–23) zu betrachten. Der italienische Strickwarenproduzent Luis Barolo beauftragte den exzentrischen Architekten Mario Palanti mit dem Bau, der von Dantes »Göttlicher Komödie« inspiriert ist: Foyer und Keller entsprechen der Hölle, die Etagen 1–14 dem Fegefeuer und der 15.–22. Stock dem Himmel. Auf geführten Besichtigungen können Sie an klaren Tagen von der aufgesetzten Leuchtturmspitze in exakt 100 m Höhe die Spitze des ebenfalls von Palanti gestalteten Palacio Salvo in Montevideo sehen.

Cabildo

Nachdenkliches zum Schluss

Den Abschluss der Avenida de Mayo bildet die Plaza de los dos Congresos mit dem mächtigen Kongresspalast (1898–1906), der die Abgeordnetenkammer und den Senat beherbergt. Gleich zu Beginn des begrünten Platzes, der sich über drei Blocks erstreckt, grübelt »El Pensador« (»Der Denker«) des französischen Bildhauers Auguste Rodin eventuell über die Zukunft Argentiniens. Der weiße Monolith etwa in der Mitte der Plaza markiert den Kilometro Cero Argentina. Von hier aus werden alle Entfernungen im gesamten Land gemessen – bis ins über 3 000 km entfernte Ushuaia auf Feuerland.

Die Fassade des Jugendstilgebäudes an der Ecke der Avenida Callao ist nach vierjähriger Restaurierung wieder frisch, doch auf eine Wiederöffnung des Confitería El Molino, die einstmals zu den bekanntesten der Stadt zählte, warten Politiker und Nachbarn bislang vergeblich.

»DIOS ESTÁ POR TODAS PARTES, PERO ATIENDE EN BUENOS AIRES.«

»Gott ist überall –
aber seine Sprechzeiten
hat er in Buenos Aires«

(Volksmund)

2.
TOUR

1. TOUR

3. TOUR

San Telmo

Tango und Antiquitäten

San Telmo zählt zu den ältesten Stadtteilen von Buenos Aires. Die kleinen Kopfsteinpflasterstraßen säumen Kolonialhäuser mit Patios, dazwischen sorgen historische Bars, Tanguerías und Restaurants sowie sonntags der Antiquitätenmarkt für ein buntes Treiben. In den letzten Jahren haben junge Künstler und Designer den Charme des Viertels entdeckt. An vielen Ecken eröffneten coole Bars und originelle Boutiquen.

Der argentinische Grill heißt parrilla und hat wenig mit neumodischen Hightech-Grills gemeinsam. Gut durchgeglühte Holzkohle – mit Holzstückchen entfacht – und viel Zeit sind das wichtigste Zubehör. Zu den schmackhaften Würstchen und Steaks gibt es Chimichurri-Soße.

Zweivierteltakt im Herzen

Das Zentrum von San Telmo bildet die baumbestandene Plaza Dorrego, der zweitälteste Platz der Stadt nach der Plaza de Mayo. Sonntags verwandelt sie sich in den größten Antiquitätenmarkt von Buenos Aires, die Feria de San Telmo, der sich mittlerweile auch über die gesamte Calle Defensa estreckt (So 10–19 Uhr). Neben La Boca gilt auch San Telmo als Geburtsstätte des Tango. Auf der Plaza Dorrego können Sie sich sonntagabends hier mit Gleichgesinnten selber versuchen. Pedro Benavente, bekannt als ›El Indio de San Telmo‹, organisiert seit mehr als 20 Jahren die sogenannte Milonga Placita de Pañuelos Blancos, die viele aber nur La Milonga del Indio nennen (ab 19.30 Uhr).

Ruhiger geht es auf der Plaza unter der Woche zu. Dann bauen die umliegenden Restaurants ihre Tische auf. Suchen Sie sich ein hübsches Plätzchen und genießen Sie das historische Ambiente. Meist zeigen schon tagsüber Tangotänzer ihr Können. Täglich umrahmen auf jeden Fall die *artesanos*, Kunsthandwerker, das Herz von San Telmo und stellen ihre Werke aus. Gegenüber der Plaza bietet sich die Galería Solar de French, ein schmaler teilweise überdachter Innenhof mit kleinen Geschäften, zum Stöbern an. In der Nachbarschaft gibt es noch mehr Antiquitätengeschäfte mit interessanten Schaufensterauslagen.

Patios voller Kunst

30 m von der Plaza befindet sich die hübsche Iglesia Nuestra Señora de Belén im eklektischen Stil mit neokolonialen Elementen. Kurz vor der Ecke Defensa/Avenida San Juan finden Sie rechts mit der Pasaje de la Defensa ein schönes Beispiel einer Herrschaftsvilla aus dem Jahr 1880. Während der Wirtschaftskrise 1930 wurde das Haus mit weitläufigen Innenhöfen über zwei Etagen in ein *conventillo* umfunktioniert, sodass dort 32 Familien lebten. Heute beherbergt es mehrere Kunstgalerien. An der Avenida San Juan wurde 2012 das Museum für zeitgenössische Kunst MACBA (Museo de Arte Contemporáneo de Buenos Aires) in einem modernen Gebäude eröffnet. Ein Schwerpunkt der Sammlung sind Werke der Op-Art südamerikanischer, aber auch europäischer Künstler.

Weiter Richtung Süden können Sie hinter der unscheinbaren weißen Fassade an der Defensa 1344 ein wahres Kleinod entdecken: Die Pulperia Quilapán, benannt nach dem letzten großen Häuptling der Mapuche, befindet sich in einem der ältesten Häuser von Buenos Aires und wurde von jungen Leuten wieder belebt. Sie ist nicht nur ein gutes Restaurant, sondern auch ein Sammelsurium argentinischer Geschichte. Auch wenn Sie keinen Hunger haben, gehen Sie mal hinein und lassen sich verzücken.

Wer denkt, die Tangomusik sei eine reine Männerdomäne, irrt, auch viele Musikerinnen haben sich ganz dem Tango verschrieben. Zu den bekanntesten unter ihnen zählt Carla Algeri.

Im Parque Lezama wurde Buenos Aires gegründet. Das dortige Museo Histórico Nacional zeigt die großen Ereignisse und bedeutenden Persönlichkeiten der dynamischen Geschichte Argentiniens. Gegenüber, in der russisch-orthodoxen Iglesia Ortodoxa Rusa de la Santísima Trinidad mit ihren hellblau-en Zwiebeltürmen, wurde der erste orthodoxe Gottesdienst Südamerikas abgehalten. Der Parque Lezama ist die südliche Grenze von San Telmo. Weiter südlich beginnt La Boca, das alte Hafenviertel.

Markt, Minihaus und ein Mädchen

Laufen Sie von der Plaza Dorrego auf der Defensa nach Norden, erreichen Sie im nächsten Block den Mercado San Telmo. In der jeden Tag geöffneten Markthalle von 1897 können Sie nicht nur Obst, Fleisch und kleine Leckereien kaufen, sondern auch antike Schätze: rare Schallplatten, majestätische Kronleuchter, historische Fußballtrikots und vieles mehr. Noch etwas weiter die Defensa hinauf finden Sie Straßenzüge mit durchgehend gut erhaltener Kolonialarchitektur, etwa in der kleinen Calle Guiffra und in der Gasse Pasaje San Lorenzo, an dessen Hausnummer 380 mit der Casa Mínima das schmalste Haus von Buenos Aires steht.

Und wer ist das kleinen Mädchen, das auf einer Bank an der Defensa sitzt? An Wochenenden bilden vor allem südamerikanische Touristen lange Schlangen, um sich neben der niedlichen Rebellin aus Kunstharz ablichten zu lassen. Das Mädchen ist Mafalda, die beliebteste Comicfigur Südamerikas, erfunden von dem argentinischen Zeichner Quino. In 26 Sprachen wurden Mafaldas Geschichten bisher schon übersetzt. Und die spielen wo? Na klar, in San Telmo! Bei Mafalda beginnt der Paseo de la Historieta, ein Rundgang, auf dem Sie die bekanntesten Figuren der argentinischen Comicgeschichte kennenlernen können. Er endet im Museo del Humor in Puerto Madero, dem neuen Hafenviertel.

T
TANGO

Der vieldeutige Begriff *milonga*, der eine bestimmte Tangoart, ein Tangoereignis und den Ort bezeichnen kann, an dem getanzt wird, stammt nachweislich aus der angolanischen Bantusprache Kimbundu. Bei dem Wort Tango vermuten Ethymologen ebenfalls eine afrikanische Herkunft. Der Ort, an dem Tango getanzt wird, heißt auch *tanguería*.

Palermo Soho

Das Epizentrum der Kreativen

In Palermo wird am deutlichsten, warum die UNESCO Buenos Aires 2005 zur ersten World Capital of Design kührte. Besonders rund um die Plaza Serrano: Hier können Sie tagsüber in den Boutiquen außergewöhnliche Mode shoppen und in den Cafés einen Kaffee schlürfen. Abends, wenn die schicken Bars und Restaurants öffnen, sollten Sie allerdings wiederkommen.

Zur Einstimmung auf den Augenschmaus steuern Sie am besten direkt die Plaza Serrano an, um die herum sich Designer-Kollektive Ausstellungsräume teilen. Fließend ist der Übergang, wenn einige zum Abend zu Bars umgestaltet werden.

Sesam öffne dich!

Nach zwei Blocks treffen Sie in der Calle El Salvador auf eine bemerkenswerte Erfolgsgeschichte, die in Palermo begann: Die Designerin Jazmín Chebar eröffnete 1997 hier diesen ersten Shop für Damenmode vom Bikini bis zum Wintermantel. Heute betreibt sie 18 Läden in ganz Südamerika. Ihre Markenzeichen sind legere Schnitte kombiniert

Wer Geld hat, kann Palermo in vollen Zügen genießen.

Die Buenos Aires Fashion Week bringt alljährlich einige der größten Namen der Mode zusammen – das spiegelt sich auch in den kleinen Shops und Boutiquen der Stadt wider.

mit originell gemusterten Stoffen. Nach drei Blocks über die Calle Armenia wird es in der Calle Soler giftig, aber keine Angst, trauen Sie sich ruhig in die Black Mamba. Nicht alle Lederwaren, Amulette und Kleider sind schwarz, ein bisschen giftig sind sie aber schon. Denn bei den ungewöhnlichen Kreationen bezahlen Sie nicht unbedingt das, was Sie bekommen, sondern eher das, was fehlt. Auch die Bildung kommt in der Calle Thames nicht zu kurz: In der schönen Buchhandlung Libros del Pasaje können Sie in den Regalen stöbern und im zugehörigen Café die Schönheit der Literatur erkennen.

Die Highlights in Palermo sind allerdings die Kunsthandwerksmärkte, Ferias Artesanales, auf der Plaza Serrano und Plaza Armenia (auch Plaza Palermo Viejo) am Wochenende. Die Plaza Armenia verwandelt sich dann nebenbei in eine Freilichtbühne für Straßenkünstler und Clowns, manchmal werden sogar Bühnen für Livekonzerte aufgebaut.

Für Weltverbesserer und Steak-Lovers

Die Welt verbessern? Keinen geringeren Anspruch hat das vegetarisch-vegane Restaurant Krishna Veggie an der Plaza Armenia. Mit seinen Speisen möchte es seine Gäste ein bisschen mit Gott Krishna verbinden, und die liebevoll zubereiteten indischen Gerichte schaffen das mühelos in einem spirituellen Ambiente, in dem es keinen Alkohol gibt. Wer nicht so ehrgeizige Ambitionen hat, ist in der Parrilla Don Julio bestens aufgehoben, der Top-Adresse für Steaks in Buenos Aires. Sogar Angela Merkel und Lionel Messi schauten hier schon vorbei.

Gut ausgeschlafen?

Das kreative Herz von Palermo Soho befindet sich zwischen den Straßen Thames und Malabia sowie Cabrera und Guatemala. Immer wieder werden Sie Geschäfte voller Überraschungen entdecken.

… dann verstauen Sie jetzt Ihre Einkaufstaschen und stürzen Sie sich ins Nachtleben! In der Cronico Bar, dem Klassiker direkt an der Plaza Serrano, gehen bis in die Morgenstunden bei Rockmusik Drinks über die Theke. Drei Blocks weiter ist das Publikum im sehenswerten Irish Pub Temple Bar auch noch mitten in der Nacht bestens gelaunt. Wer mehr Wert auf Stil legt, geht ins Rey de Copas an der Calle Gorriti. Ob im Hauptsalon, im Patio oder auf der Terrasse – diese Bar ist ein Augenschmaus.

II

Pausieren in Buenos Aires

Nicht weit von der Fuente de la Primavera im Jardín Botánico steht dieses Jugendstil-Gewächshaus, entworfen einst für die Pariser Weltausstellung von 1889.

Im Spa des Marriot Hotels können Sie sich für ein paar Stunden Luxus mieten.

SCHATTIGES PLÄTZCHEN

Bosques de Palermo

Der Parque 3 de Febrero ist so groß, dass die Porteños von Wäldern (span. bosques) sprechen, wenn sie in die Parks von Palermo gehen. Über 80 ha erstreckt sich die Grünfläche, in der ein Rosengarten, ein Amphitheater, ein andalusischer, ein japanischer und ein botanischer Garten exotische Akzente setzen. Das Zentrum ist der Rosedal, in dem im September und Oktober mehr als 18 000 Rosen blühen.

Av. Infanta Isabel 110

JAPANISCHE RUHEINSEL

Jardín Japonés

Hier fühlt man sich in den fernen Osten versetzt. Die zauberhafte Gartenlandschaft wurde 1967 aus Anlass des Besuchs des japanischen Kaiserpaars angelegt und 1977 von dem japanischen Landschaftsgärtner Yasuo Inomata als Zen-Garten neu abgestimmt. Alle Gestaltungselemente wie Skulpturen, Wasserläufe, Felsen und Pflanzen sind harmonisch aufeinander bezogen.

Av.a Berro Ecke Avenida Casares

GROSSE GRÜNE INSEL

Cementerio de la Chacarita

Sollen sich die anderen doch am Grab von Evita drängeln. Der Friedhof von Chacarita im geografischen Zentrum der Stadt ist fast zwanzigmal so groß. Hier finden Sie nicht nur genau so spektakuläre Mausoleen, sondern auch schier unendliche Weite und Ruhe.

Av. Guzmán 680

EDLER WIRD ES NICHT

Garten des Park Hyatt

Mag der Verkehr noch so über die Avenida Alvear tosen, biegen Sie einfach in den Palacio Duhau ab. Dort finden Sie eine Oase der Ruhe in seinem Garten, die Sie von außen nicht erahnen können. Noch besser: Im elegantesten Hotel von Buenos Aires sind Drinks sogar bezahlbar.

Av. Alvear 1661

ZUM KAFFEE IN BÜCHERN SCHMÖKERN

Eterna Cadencia

In dem Buchladen mit anspruchsvollem Sortiment und sehr charmantem Café kann man stundenlang lesen und dabei immer wieder die kunstvolle Lampengalerie über sich bewundern. Wer Lust auf mehr bekommt, kann an einem Literaturkurs oder einer Lesung teilnehmen.

Honduras 5574

MARITIME AUSZEIT

Muelle del Club de Pescadores

Buenos Aires liegt zwar am Río de la Plata, aber direkte Zugänge zum Wasser gibt es wenige. Umso mehr überrascht die Seebrücke, die über 500 m in den Fluss hineinragt, mit dem Vereinshaus des hiesigen Anglerclubs. Je weiter Sie aufs Meer hinausgehen, umso stiller wird es.

Av. Costanera Rafael Obligado s/n

EINMAL GANZ RAUS

Tigre Delta

Eine andere Welt beginnt dort, wo Buenos Aires endet. Denn unmittelbar an der Stadtgrenze erstreckt sich bei Tigre das Delta des Río Paraná, ein Naturparadies. Es gibt keine Straßen, keine Autos, nur Wasser und Inseln. Und unendlich viel Ruhe.

Estación Fluvial Tigre

Hoch hinaus in Dubai

Das Burj Al Arab ist das wohl luxuriöseste Hotel der Welt. Auch die Lage ist 1A.

Der Himmel ist die Grenze

Das Emirat hat 340 Tage Sonne im Jahr, lange saubere Sandstrände am Arabischen Golf, das Abenteuer Wüste direkt vor der Tür – und eine der imposantesten Skylines der Welt. Wenn Baukosten keine, Nachbarschaftsrecht noch kaum eine Rolle spielen, können Bauherren und Architekten Träume verwirklichen. Und so findet sich in Dubai eine weltweit einzigartige Hochhausarchitektur. Und wenn es zu eng wird, baut man, statt in den Himmel, eben auf's Meer hinaus.

Planung ist hier alles, ob Hochhaus-architektur oder Straßenführung.

1. TOUR 2. TOUR 3. TOUR

Flanieren durch Dubai

Gold und Goldschmuck spielten in beduinischen Gesellschaften seit alters her eine große Rolle. An dieser Tradition hält man auch heute noch in Dubai fest. Der Goldsouq der Stadt ist mit ca. 400 Läden der größte der Arabischen Halbinsel.

1. *TOUR*

Al Fahidi Historical Neighbourhood –
Das historische Dubai

Mit aufwendigen Restaurierungen der wenigen erhaltenen Lehmbauten und vielen Rekonstruktionen versuchte man, die historische ›Zeugen‹ im Stadtbild zu erhalten. Am besten ist dies gelungen im Historical Neighbourhood Al Fahidi.

2. *TOUR*

Burj Khalifa – **Das höchste Gebäude der Welt**

Auf einen Drink 585 m über dem Meeresspiegel? Im 154. Stock des welthöchsten Turms befindet sich die Lounge Burj Khalifa. Superlative charakterisieren auch sonst den Bau: Über 10 000 Menschen wohnen und arbeiten hier. 54 Aufzüge sausen parallel in den Himmel, der schnellste mit 65 km/h.

3. *TOUR*

Unterwegs mit dem Boot auf dem Creek –
Dubai zu Wasser

Eine Fahrt auf dem Creek – früher ein chaotisches Abenteuer auf den schaukelnden Abras, den kleinen hölzernen Booten, – ist heute eine Touristenattraktion und gibt zugleich Einblicke in die Architekturgeschichte der Megastadt.

Al Fahidi Historical Neighbourhood
Das historische Dubai

Mehr als 100 Jahre lang hieß das älteste Viertel Dubais Bastakiya. Seinen heutigen emiratisierten Namen verdankt es der Nähe zum Al Fahidi Fort. Im alten Bastakiya wohnten sunnitische Araber, die sich den Repressalien des schiitischen Herrschers in Persien, Naser ad-Din Shah, seit 1890 entzogen und Namen und Architektur ihrer iranischen Heimat mit an den Creek brachten. Heute finden Sie in der Al Fahidi Neighbourhood Cafés, Galerien und Museen.

Das historische Dubai mit seinen alten Lehmhäusern und verwinkelten Gassen im Schatten von Al Fahidi Fort und Großer Moschee gehört der Vergangenheit an. Als Mitte der 1970er-Jahre dank des Erdölbooms viele alteingesessene Familien aus dem engen Bastakiya-Viertel in neue moderne große Villen im Westen der Stadt zogen, waren die alten Häuser am Creek dem Verfall und später dem Abriss preisgegeben.

Lehm statt Palmwedel

Dabei waren die Häuser im Stadtteil Bastakiya gar nicht so alt. Fast alle wurden erst nach 1902 gebaut, als sunnitische Händler aus der iranischen Stadt Lingeh nach Dubai geflohen waren. Sie vereinbarten mit der britischen Kolonialmacht, dass die British India Steam Navigation Company fortan auch Dubai mit ihren Handelsschiffen ansteuerte. So entwickelte sich Dubai nach dem Ersten Weltkrieg zu einem kleinen bescheidenen, aber dennoch internationalen Hafen.

Die iranischen Einwanderer gaben ihrem neuen Zuhause den Namen jener südpersischen Provinz Bastak, die sie gerade verlassen hatten. Bald entstanden Häuser aus Lehm und Korallensteinen, die sich von den beduinischen Barasti-Hütten aus Palmwedeln deutlich in Komfort und Aussehen unterschieden. Ihre Häuser besaßen auch jene Windtürme, die den Neubürgern zu einem ähnlich angenehmen Wohnklima verhalfen, wie sie es aus ihrer Heimat kannten. Als Anerkennung ihres Entwicklungsbeitrags für das Emirat erhielten diese Familien 1971 anlässlich der Staatsgründung auch die Staatsbürgerschaft der VAE.

Geglückte Wiederbelebung

Inzwischen sind in Bastakiya alle historischen Häuser restauriert und rekonstruiert worden. Das Viertel trägt jetzt den emiratisierten Namen Al Fahidi Historical Neighbourhood, und in die historischen Bauten ist das Leben zurückgekehrt. So gibt es direkt am Eingang des Viertels ein kleines Briefmarkenmuseum, das Emirates Postal Museum. Gleich daneben war in einem 1930 erbauten Haus das Architectural Heritage Department der Stadtverwaltung untergebracht. Besuchenswert in Bastakiya sind auch das Coffee Museum, das auf eine spannende Zeitreise durch die Welt des Kaffees führt, und das Khanjar Museum (Bayt Al Khanjar), in dem Abdulla Ebrahim Salami seine in der VAE einmalige Sammlung historischer Krummdolche präsentiert.

An der anderen Seite des Viertels steht das älteste, 1895 errichtete und später mehrfach umgebaute Haus in Bastakiya, ein zweistöcki-

Im Centre for Cultural Understanding, einer Gründung von Sheikh Mohammed persönlich, erfahren Sie alles über die arabische Kultur. Nach Anmeldung sogar ganz praktisch bei einem traditionellen arabischen Festmahl beim gemeinsamen Essen mit Einheimischen. Gespräche über Kultur, Religion, Frauen … spannend!

ges, besonders schönes, großes Anwesen mit herrlichem Innenhof. Es beherbergt das Restaurant Bastakiya Nights.

Einblicke in Architektur und Alltag im historischen Dubai gewährt das Sheikh Mohammed Centre for Cultural Understanding (SMCCU), das ebenfalls in ein rekonstruiertes Haus eingezogen ist. Das SMCCU bietet ›Heritage Tours‹ durch das Viertel und im Innenhof des Gebäudes unterschiedliche traditionelle ›Cultural Meals‹, beispielsweise Frühstück oder Mittagessen, an.

Ein Viertel für Künstler

Unweit des SMCCU, mitten in Bastakiya, hat in einem restaurierten Haus ein liebenswertes kleines Hotel eröffnet, das XVA Art Hotel. Seine Zimmer sind wahre Schmuckstücke innenarchitektonischen Designs. Im Innenhof des XVA-Hotels, dessen Name den römischen Ziffern seiner Adresse entspricht, befindet sich ein sehr schönes Café. Helle Leinensegel schützen die Gäste hier vor zu viel Sonne.

Dass Bastakiya wieder ein attraktiver Stadtteil geworden ist, verdankt es auch seinen Künstlern, Ateliers und Galerien. Besonders aktiv ist die Galerie XVA des oben erwähnten Hotels, in dem die kunstsinnige Besitzerin ihren Traum verwirklicht hat, indem sie jeden Monat eine neue Ausstellung arabischer Künstler organisiert. Noch bevor Bastakiya seine heutige Anziehungskraft besaß, lockte bereits die Majlis Gallery Besucher ins Viertel. Neben der Galerie verführt das Arabian Tea House sein Publikum mit arabischer Atmosphäre in einem schönen Innenhof unter Bäumen. Das gleiche Ambiente bietet das benachbarte Local House.

S
SIKKAS

Ein Stück echter Orient: In der Al Fahidi Historical Neighbourhood heißen die Straßen und engen Gässchen *sikkas*, und die Häuser sind nummeriert. Ein System fortlaufender Hausnummern gibt es allerdings nicht.

In der Mittagshitze wird es ruhig in der Al Fahidi Historical Neighbourhood.

Burj Khalifa

Das höchste Gebäude
der Welt

Er überragt alles und stellt alle Hochhäuser der Welt in den Schatten. Wenn Sie zu Füßen des riesigen, aber sehr schlanken Burj Khalifa stehen, erkennen Sie kaum seine Spitze. Ursprünglich sollte er Burj Dubai heißen, seit der Finanzkrise 2009 trägt er den Namen seines damaligen Sponsors, Sheikh Khalifa Bin Zayed Al Nahyan, der Vater des heutigen Herrschers von Abu Dhabi.

Das Emirat Dubai steht für viele Weltrekorde, aber auch architektonische Waghalsigkeiten vor seiner Küste, wie die Palmen-Projekte oder die künstliche Inselgruppe The World. Seit 2010 verstärkt der Burj Khalifa als mit Abstand höchstes Gebäude der Welt diesen Ruf. Der gigantische Turm an der Sheikh Zayed Road inklusive der Antennen ist

Grandios überragt der Burj Khalifa das Viertel Business Bay.

stolze 828 m hoch, während es das Empire State Building in New York lediglich auf eine Höhe von 443 m bringt. Auf einer Grundfläche von 7000 m² hat er die Form der Wüstenblume Hymenocallis, deren dreiblättrige Blüte sich spiralförmig nach oben verjüngt. Außen ist er von einer silbern leuchtenden Glasfassade ummantelt und aus 50 km Entfernung sichtbar.

Von Babel nach Dubai

Der Turmbau zu Dubai wird häufig mit dem biblischen zu Babel verglichen, d. h. bewundert und zugleich skeptisch beurteilt: Für die einen ist er der verwirklichte Traum menschlicher Ingenieurkunst, für die anderen das Symbol menschlicher Hybris. Eines aber hatten die Bauherren zu Babel und Dubai gemeinsam: Sie bauten ihre Türme, »um sich einen Namen zu machen« (1. Buch Mose 11,4).

Schon im Januar 2008, zwei Jahre vor seiner Fertigstellung, war sein Rohbau mit 598 m Höhe bereits das höchste Gebäude der Welt und löste damit den 2004 im taiwanesischen Taipeh errichteten, 508 m hohen Turm Taipeh 101 ab. Damit Sie eine realistische Vorstellung von der Höhe des Burj Khalifa gewinnen können, hier ein weiterer vertrauter Vergleich: Er ist mehr als fünfmal (!) so hoch wie der Kölner Dom.

Der Bau war eine gigantische Herausforderung an die Ingenieure. Noch nie wurde Beton in solche Höhen gepumpt. Mit seiner schwindelerregenden Höhe muss er Wind, Wetter, Erdbeben und – seit den Ereignissen des 11. September 2001 in New York – auch dem Terror trotzen können.

Entworfen haben den Burj Khalifa die Architekten des US-amerikanischen Büros Skidmore, Owings & Merrill (SOM), gebaut wurde er im Auftrag des örtlichen Bauträgers EMAAR von der südkoreanischen Bauunternehmung Samsung, die wiederum mehr als ein Dutzend deutscher mittelständischer Unternehmen beteiligte. Bei aller Bewunderung, sogar die Baukosten von ca. 2 Mrd. Euro haben sich gerechnet. Die Nutzfläche aller Etagen beträgt insgesamt 4 Mio. m². Giorgio Armani hat in den Etagen 9 bis 16 sein erstes Luxushotel mit 144 Suiten errichtet. Darüber türmen sich Büroetagen und Wohnapartments (Schätzung der Erstverkaufspreise: zwei Zimmer ab 1 Mio. Euro, fünf Zimmer ab 3 Mio. Euro).

Egal, ob Sie sich für einen Besuch der Aussichtsplattform in 456 m (125. Stock) oder in 555 m (148. Stock) Höhe entscheiden, achten Sie darauf, dass der Himmel über Dubai an diesem Tag wolkenlos und dunstfrei ist. Wem der Besuch der Aussichtsplattformen des Burj Khalifa nicht genug Programm ist: Man kann in 456 m Höhe frühstücken oder in 585 m bei Cocktails die Sonne untergehen sehen.

Illuminierte Fontänen zu Füßen des Burj

Die Ikone des Emirats steht im Zentrum des neuen Stadtteils Downtown Dubai, architektonisch eine Mischung von Tradition und Moderne mit Gebäuden in traditioneller Golf-Architektur, Bürohochhäusern, neuen Luxushotels und großen Wasserteichen. Zu Füßen des Burj Khalifa erstrecken sich die Dubai Mall und The Dubai Fountain, deren farbig illuminierte Wasserfontänen bis zu 100 m aufsteigen, untermalt von Klassikhighlights sowie moderner arabischer und internationaler Musik (tgl. 13–13.30 und 18–23 Uhr alle 30 Min.).

Der Burj Khalifa ist schwindelhaft hoch und produziert sogar einen Höhenrausch der Fakten: Mehr als 10 000 Menschen wohnen und arbeiten hier. 54 Aufzüge befördern Bewohner und Gäste, der schnellste erreicht 65 km/h. 1 Mio. l Wasser werden pro Tag im Gebäude verbraucht, so viel wie in einer deutschen Kleinstadt, und 10 000 m³ Kühlwasser pro Stunde sorgen im Sommer für erträgliche Temperaturen. 22 Mio. Arbeitsstunden wurden zum Bau benötigt, 40 000 t Stahl und 330 000 m³ Beton verbaut; 30 Min. war das Material unterwegs, bis es die letzte Etage erreichte. Die Glasfläche beträgt insgesamt 142 000 m². Die Antenne schwingt bei starkem Wind 12 m aus. Ein Youtube-Video zeigt die Konstruktion.

Für das Auge kaum ganz zu fassen: Burj Khalifa

Unterwegs mit dem Boot auf dem Creek

Dubai zu Wasser

Alles begann am Creek (arab.: Al Khor): Den von der Golfküste weit ins Hinterland reichenden schmalen Meeresarm überquerten die frühen Dubai'in mit kleinen Ruderbooten, die später von hölzernen, von Dieselmotoren angetriebenen Fähren abgelöst wurden. Die etwa 15-minütige Fahrt ist ein sinnliches Vergnügen und vermittelt Ihnen en passant erste Einblicke in die Architekturgeschichte Dubais.

An der Mündung des Creek ließen sich vor 200 Jahren jene Beduinen nieder, deren Kindeskinder heute als Dubai'in zu den wohlhabendsten Menschen der Welt zählen. Der Creek teilte Dubai und hielt die beiden Stadtteile zugleich zusammen: Bur Dubai auf der südwestlichen und Deira auf der gegenüberliegenden Seite. In Shindagha, an der Spitze Bur Dubais, beginnt er und führt in Richtung Süden bis zum Vogelschutzgebiet von Ras Al Khor. Inzwischen wurde er künstlich ›verlängert‹ und ist als Dubai Water Canal vorbei an der Business Bay und dem Burj Khalifa mit dem offenen Meer am Jumeirah Beach (Water Canal Station) verbunden.

Ehemals ein kleines Abenteuer

Von Anfang an war die Überquerung des Creek für die Bewohner von Dubai Teil ihres Alltags. So ist es bis heute geblieben, obwohl es inzwischen mehrere Brücken und einen Autotunnel gibt. Mehr als 50 000 Menschen benutzen jeden Tag die hölzernen Boote, *abra* genannt, die zwischen ausgewiesenen Anlegestellen hin und herpendeln. Wurden früher am Freitag die Bewohner aus Deira zum Mittagsgebet in die Große Moschee in Bur Dubai kostenlos übergesetzt, so müssen heute alle Fahrgäste einen Dirham bezahlen.

Die Abras sehen aus, als seien sie 100 Jahre alt … aber doch ist alles hier wohlorganisiert.

Lange Zeit ging es auf den abras sehr chaotisch zu. Man musste mit viel Geschick an Bord springen, die Boote waren oft überfüllt, und der Kapitän sammelte das Fahrgeld während der Fahrt ein, während er das Ruder festklemmte. Ganz selten ging einmal ein unachtsamer Passagier über Bord – und wurde ganz schnell von den Mitfahrenden aus dem Creek gezogen. Ertrunkene gab es dabei glücklicherweise nie.

Heute hat die ›Roads & Transport Authority‹ (RTA) den Bootsverkehr auf dem Creek perfekt organisiert. Die Anlegestellen wurden mit neuen Pontons ausgerüstet, die man über einen trittsicheren Steg erreicht. Dabei passieren Sie ein Drehkreuz, das die Passagiere zählt und nach genau 20 Personen stoppt, um das Überladen der Boote zu verhindern. Nur den einen Dirham sammelt der Kapitän noch immer während der Fahrt ein.

Die schmalen Boote verfügen über schattenspendende Dächer. Zehn Passagiere auf jeder Seite, quer zur Fahrtrichtung, Rücken an Rücken. Daher sollten Sie vor Fahrtantritt entscheiden, ob Sie die Skyline des Deira- oder des Bur Dubai-Ufers während der Fahrt an sich vorübergleiten lassen möchten. Auf der kürzeren der beiden Linien – von der Bur Dubai Abra Station zur Deira Old Souq Station – dauert die Fahrt ca. 10 Min., auf der längeren – von der Dubai Old Souq Station zur Al Sabkha Station – 15 Min. Angesichts des zu vernachlässigenden Fahrpreises bieten die abras auch eine schöne Gelegenheit, den Creek und die Skyline Dubais mehrmals zu genießen.

Kamel mal anders: Der grüne Creekside Park mit der Childrens City zeigt, wie sehr die Bewohner Dubais ihre Oasen am Fluss lieben.

Zwischen Wolkenkratzern und kreischenden Möwen

An den Ufern des Creek spiegelt sich die Entwicklung der Stadt wider. Sie kommen zunächst auf der Bur-Dubai-Seite am historischen Bayt Al Wakeel vorbei, neben dessen renovierter Fassade die hohen Minarette der Dubai Grand Mosque in den Himmel ragen, dann am mächtigen weißen Palast, der das Gericht der Stadt beherbergt. Daran schließt sich das seit 2016 historisch rekonstruierte Al Seef an.

Auf der Deira-Seite des Creek stehen am Eingang des Deira Old Souq restaurierte Windtürme, und in südlicher Richtung schimmern die gläsernen Fassaden der modernen Banken- und Geschäftshochhäuser in der Sonne. Weiter unten an den Kais des Deira-Ufers ankern alte Dhaus in mehreren Reihen und warten auf ihre Be- oder Entladung. Stets begleiten Vögel die abras auf ihrer Fahrt über den Creek, wissen sie doch, dass es immer Passagiere gibt, die sie füttern. Die frechsten unter den Möwen schnappen die Brocken im freien Flug. Dies Schauspiel ist im Fahrpreis inbegriffen … Wenn es dunkel wird, hängen die Kapitäne eine Petroleumlampe an den Mast. Die Boote selbst sind dann kaum noch zu sehen, nur die kleinen Laternen gleichen Irrlichtern, die sich auf dem Creek hin und her bewegen.

> »ICH WEISS NICHT, OB ICH EIN GUTER ANFÜHRER BIN. ABER ICH BIN EIN ANFÜHRER UND ICH HABE ZUKUNFTS-VORSTELLUNGEN. (...) ICH BEOBACHTE, ICH DURCHSCHAUE, ICH PLANE UND GEBE DANN VOLLGAS.«
>
> Sheikh Mohammed Bin Rashid Al Maktoum, seit 2006 Herrscher von Dubai

Traditionspflege im Einklang mit Umweltschutz

Zurzeit verkehren ca. 150 abras auf dem Creek, deren schwere Dieselmotoren hohe Emissionswerte erzeugen. Seit Jahren läuft daher ein Projekt, um die Fähren auf Gas umzustellen. Noch hört man aber überwiegend das monotone Tuckern des Dieselantriebs. Egal mit welchem Motor: Die im Grunde anachronistischen abras wird es vermutlich noch lange geben, denn sie gehören zu den geliebten Traditionen des Emirats und sind aus Dubai kaum wegzudenken.

II

Pausieren in Dubai

Geht's noch größer? The Frame im
Zabeel Park ist sicherlich der größte
Bilderrahmen der Welt.

Zufrieden am Ende eines schönen Tages am Kite Beach

RAUS AUS DER MITTAGSHITZE

Zwischen 13 und 15.30 Uhr lähmt die Mittagshitze die Stadt. Dann kehrt auf Straßen und Plätzen spürbar eine allgemeine Ruhe ein, die Parkuhren gewähren freies Parken, und die einheimische Bevölkerung verbringt diese Zeit zu Hause. Und Sie? Suchen Sie in jedem Fall klimatisierte Gebäude auf. Machen Sie einen Bummel in einer der Shopping Malls, steigen Sie in einen klimatisierten Linienbus und fahren einfach quer durch die Stadt oder Sie leisten sich eine Behandlung im Spa des nächsten Luxushotels …

IMMER WIEDER SCHÖN

Al Mamzar Beach Park
Der Khor Al Mamzar, eine ins Festland reichende Meeresbucht, bildet den natürlichen Rahmen des öffentlichen Parks, der sich über eine Hügellandschaft ausdehnt und neben Meer und Strand auch Schwimmbäder, Cafés, Restaurants, Grillmöglichkeiten und einen großen Spielplatz bietet. Tagsüber können Sie hier auch ein Strandhaus mieten.
Al Khaleej Road, im Osten der Stadt

IDEALER RÜCKZUGSORT

Safa Park
Über drei Viertel des Parks sind gepflegte Rasenflächen mit hohen Bäumen und Blumenbeeten am Rande großer Seen. Im Park leben ca. 200 unterschiedliche Vogelarten … und das hört man. An seiner östlichen Seite erstreckt sich der Dubai Water Canal mit Blick auf Downtown Dubai und den Burj Khalifa.
Al Wasl Road

SPASS OHNE BREMSE

Zabeel Park
Der riesige Park ist zweigeteilt: ein Teil zum Spielen mit vielen tollen Geräten und Klettermöglichkeiten und ein Teil mit viel Rasen, Bäumen und Beeten. Am östlichen Rand des Zabeel Parks steht The Frame, ein 140 m hohes Gebäude in Form eines gigantischen »Bilderrahmens«, das den Blick über ganz Dubai ermöglicht. Eine weitere Attraktion ist ein Flohmarkt mit viel Kunsthandwerk und vielen schönen entbehrlichen Sachen.
Nahe Al Jafilya Metro Station und World Trade Center

BADEFREUDEN FÜR LAU

Wer kein Hotel am langen Jumeirah Beach oder auf The Palm Jumeirah gebucht hat, kann deren schöne Strände nur mit einem kostenpflichtigen Day Pass benutzen. Aber es gibt dort auch öffentliche Strände (public beaches), an denen man zwischen Sonnenauf- und -untergang kostenlos baden kann. Dazu gehören die große Strandanlage La Mer, der Jumeirah Public Beach, der Umm Suqeim Beach, ›Kite‹ Beach oder der Al Sufouh Beach nordöstlich des Zugangs zur Palm Jumeirah.

NICHT ENDEN WOLLENDES GRÜN

Creek Park
Der gepflegte Stadtpark mit schattenspendenden Bäumen, aufwendigen Bepflanzungen und viel Rasen erstreckt sich über mehrere Quadratkilometer. Etwa ein Drittel seiner Fläche nehmen Spielanlagen für Kinder ein, seine Infrastruktur (Bänke, Toiletten, Papierkörbe etc.) ist ohne Makel. Anziehungspunkte sind die Uferwege entlang des Creek, die Childrens City und das Dolphinarium an Gate 1.
Auf der Bur Dubai-Seite des Creek

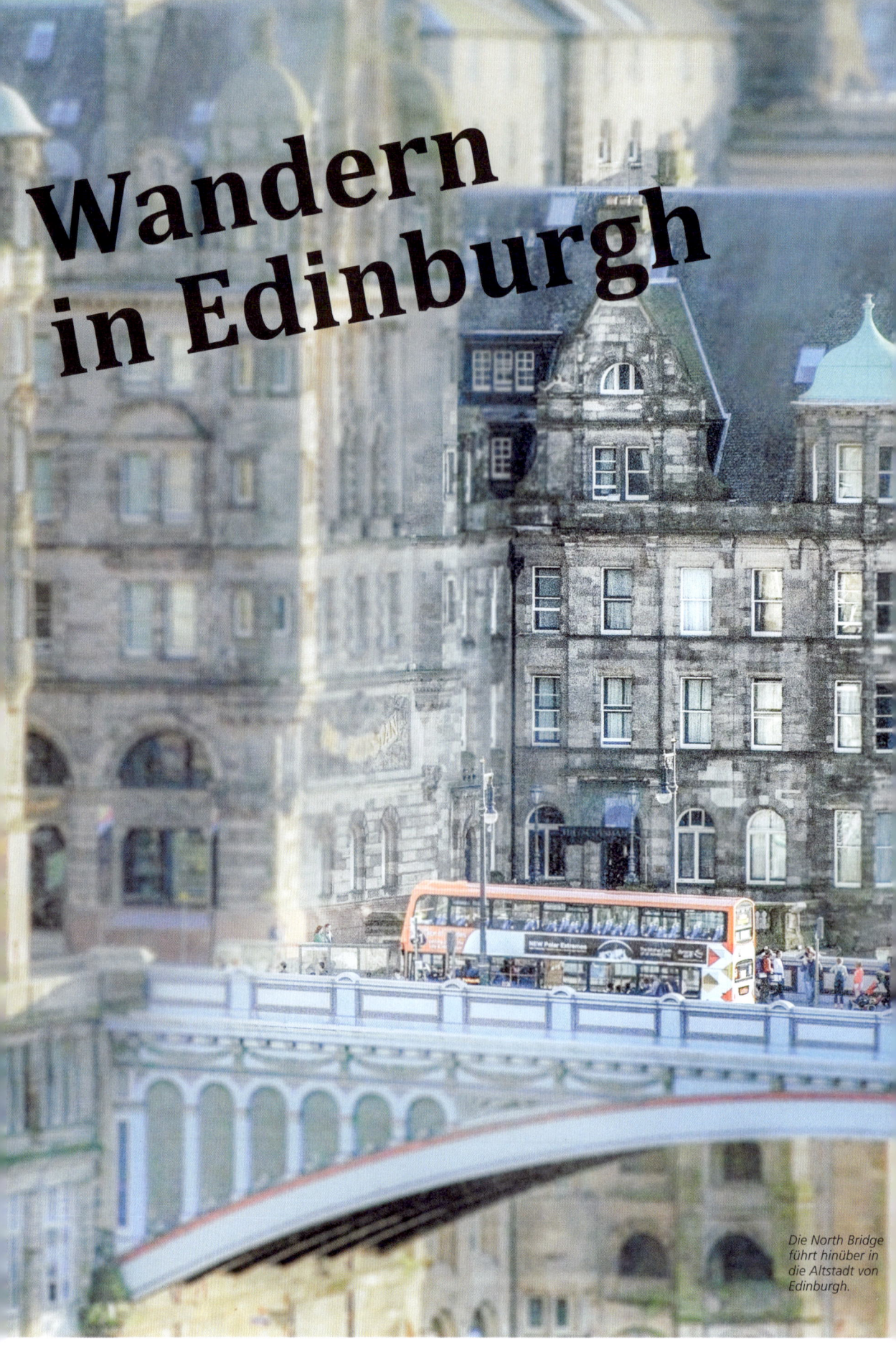

Wandern in Edinburgh

Die North Bridge führt hinüber in die Altstadt von Edinburgh.

Vulkankegel und grüne Täler

Nur 251 m ist er hoch, Edinburghs Hausberg Arthur's Seat.
Aber der Blick von hier oben ist einfach fantastisch! An vielen
Punkten lässt sich die beeindruckende Skyline der Altstadt
genießen. Vom Calton Hill aus erkennt man besonders gut,
wie sich die Old Town einem Reptilrücken gleich gen Westen
zum Edinburgh Castle hin erhebt. Machen Sie es wie die
Edinburgher: Setzen Sie sich einfach ins Gras und bewundern
Sie die Aussicht! Oder entspannen Sie auf dem Water of Leith
Walkway, der sich wie ein grünes Band durch die Stadt windet.
Und dann atmen Sie tief durch im Botanischen Garten!

Blick auf Edinburgh Castle bei Nacht

Vom Calton Hill aus erkennt man besonders gut, wie sich die Old Town gen Westen zum Edinburgh Castle hin erhebt.

1.
TOUR

2.
TOUR

3.
TOUR

Flanieren durch Edinburgh

1. *TOUR*

Highlands in der Stadt –
Arthur's Seat und Duddingston

Eine kleine Bergbesteigung gefällig? Es lohnt sich,
denn vom 251 m hohen Arthur's Seat ist der Blick auf
die Stadt fantastisch.

2. *TOUR*

Immer dem Bach nach –
Water of Leith Walkway

Nordwestlich der New Town verbindet der Water of
Leith Walkway den herrlichen Botanischen Garten mit
den Urban Villages Stockbridge und Dean Village.

3. *TOUR*

Den Puls der Stadt spüren –
Castlehill und Lawnmarket

Tauchen Sie in das bunte Treiben der Altstadt mit ihren
dunklen Gassen und pittoresken Hinterhöfen. Und probieren
Sie den Whisky in The Scotch Whisky Experience!

Arthur's Seat und Duddingston
Highlands in der Stadt

Nur 251 m hoch, aber kahl, zerklüftet und romantisch wie die schottischen Highlands ist Edinburghs Hausberg. Es lohnt sich nicht nur wegen des Ausblicks, der sich von ihm bietet, kurzfristig festeres Schuhwerk anzuziehen. In Duddingston wartet nämlich auch noch ein Dorfidyll mit einem wunderbaren Garten.

Der Edinburgher Hausberg ist von beinahe jedem Punkt der Stadt aus zu sehen. Der vor 350 Mio. Jahren erloschene Vulkan liegt inmitten des Holyrood Park, eines ehemaligen königlichen Jagdgebiets. Das ganze Bergareal ist von breiteren und schmaleren Trampelpfaden durchzogen, auf denen man gut nach Sicht wandern kann.

Auf geschmolzener Lava

Eine kleine Bergbesteigung gefällig? Dann tun Sie es diesen Gipfelstürmern gleich und erklimmen Sie Arthur's Seat.

Startpunkt ist das untere Ende der Royal Mile am königlichen Palast von Holyrood. Vom Eingang des Schottischen Parlaments geht über den Horse Wynd zum Kreisverkehr am Fuß des Berges. Dort biegt man nach links auf den Queen's Drive ein, der Arthur's Seat einmal komplett umrundet. Schräg rechts führt ein zunächst geteerter Weg bergan, der bald in einen Wanderweg übergeht. Das erste Ziel ist die spärliche Ruine von St. Anthony's Chapel. Weiter in Richtung Süden wird der Weg nun ein wenig steiler, wendet sich ein Stück nach links und erreicht ein kleines Plateau. Von dort wandert man nach rechts, hinauf zum Gipfel von Arthur's Seat. Der Rundumblick auf Stadt und Land ist phänomenal, auch wenn der Berg nicht sehr hoch aufragt.

Nach Duddingston

Hinunter geht es zunächst wieder zum Plateau, dann aber geradeaus weiter hinab zum Dunsapie Loch. Rechts über den Queen's Drive und dann links über Treppen hinunter führt der Weg ins pittoreske Dorf Duddingston. Sehenswert sind der älteste Pub Edinburghs, The Sheep Heid Inn, sowie die aus normannischer Zeit stammende Duddingston Kirk von 1124. Das eigentliche Highlight liegt aber versteckt auf der Rückseite der Kirche: Dr Neil's Garden ist ein malerisches Idyll, das von der Kirchenmauer hinab bis zum Vogelschutzgebiet des von Schilf eingerahmten Duddingston Loch reicht. Der Garten wurde in den 1960er-Jahren in mühevoller Kleinarbeit von dem Ärztepaar Nancy und Andrew Neil angelegt.

Über die Radical Road

Nun geht es wieder zurück zum Queen's Drive hinauf und diesen dann links an einigen Klippen entlang bis zum Abzweig der Radical Road schräg rechts. Dieser Panoramaweg unterhalb der imposanten Salisbury Crags wurde in den 1820er-Jahren auf Initiative von Walter Scott von arbeitslosen, ›radikalen‹ Webern angelegt. Der Weg offenbart einen schönen Blick Richtung Altstadt und auf das ungewöhnliche Parlamentsgebäude.

Duddingston Kirk neben dem Duddingston Loch am Fuße des Arthur's Seats.

2. TOUR

Water of Leith Walkway

Immer dem Bach nach

Wie ein grünes Band windet sich der Bach Water of Leith nordwestlich der New Town durch ein tief eingeschnittenes Tal. Hier verbindet der Water of Leith Walkway den herrlichen Botanischen Garten mit den Urban Villages Stockbridge und Dean Village.

Rund 4 km sind es vom Botanischen Garten zum Zielpunkt an der Roseburn Terrace. Ohne Unterbrechung ist man etwas mehr als eine Stunde unterwegs, doch bei ausführlicher Besichtigung des Botanischen Gartens und der Kunstmuseen sollten Sie lieber einen halben Tag einplanen.

Freizeit in der Stadt – am Water of Leith in Dean Village

Grünes Parkidyll

Der schon 1670 gegründete Royal Botanic Garden Edinburgh ist ein 26 ha großer wunderbarer Rückzugsort zum Durchatmen. Zur Rechten des Osteingangs befinden sich die großartigen Glasshouses, die leider bis 2028 umgebaut werden. Im zentralen Bereich bietet die Wiese vor Inverleith House, das regelmäßig für zeitgenössische Wechselausstellungen genutzt wird, einen herrlichen Blick über Edinburgh hinweg bis in die Pentland Hills. Unterhalb des Viewpoint erstreckt sich die dicht bewachsene Chinese Hillside. Im 2010 errichteten John Hope Gateway am Westeingang werden Ausstellungen zum Park gezeigt.

Quirliges Stockbridge

Vom Westausgang geht es links den Arboretum Place hinunter, dann rechts in die Arboretum Avenue (hier stößt auch der Water of Leith Walkway hinzu), noch mal rechts durch die St. Bernard's Row und links in die Deanhaugh Street im Herzen von Stockbridge. Dieser Vorort am Fluss gilt als eines der *urban villages.* Entlang der Hauptverkehrsader vom Royal Circus hinab durch die Deanhaugh Street und weiter über den Raeburn Place findet sich eine bunte und attraktive Mischung aus Szenecafés, Restaurants, kleinen Geschäften sowie einladenden Kneipen. Stockbridge ist in.

Verstecktes Dean Village

Weiter geht es durch die Saunders Street am Fluss entlang in einen grünen Tunnel, der das tief eingeschnittene Tal förmlich bedeckt. Eine kuriose Sehenswürdigkeit ist die antik wirkende Rotunde St. Bernard's Well. Der Legende nach wurde der mittelalterliche Ordensgründer Bernhard von Clairvaux hier durch das Wasser geheilt, im 18. Jh. gab es sogar Kurtourismus.

Wenig später ist im tiefen Tal das historische Dean Village erreicht. Bis zum Bau der Dean Bridge 1831, die hoch das Tal überspannt, verlief der gesamte Verkehr über die kleine Brücke im Ortskern zur Rechten. In Dean Village gab es schon ab dem 12. Jh. Mühlen, links vor der gelben Brücke das gelbe Haus von 1675 war einst ein Kornspeicher. Hinter der Brücke geht es links zum Well Court (1884/85), einem ungewöhnlichen Wohnhaus im Baronialstil, inklusive Turm und Innenhof. Der Verleger Sir John Findlay wollte so den Lebensstandard der Arbeiter heben und sein Haus ist inzwischen sogar eine Sehenswürdigkeit.

Stockbridge ist angesagt, immer mehr Lokale und kleine Läden eröffnen hier.

Moderne Kunst im Park

Weiter geht es am Water of Leith vorbei durch den grünen Tunnel zur Belford Bridge (in diesem Abschnitt war in den letzten Jahren aufgrund von Erdrutschen zumeist eine Umleitung durch das Wohnviertel auf der südlichen Flusseite ausgeschildert). Eine Treppe führt hinauf zum Parkeingang der Scottish National Gallery of Modern Art. Diese ist auf zwei sehenswerte Gebäude aus dem frühen 19. Jh. im neogriechischen Stil verteilt: Modern Two (ehemals Dean Gallery) an der Belford Bridge und auf der anderen Straßenseite Modern One.

Das Museum besitzt eine große Sammlung hochkarätiger Werke aus dem 20. Jh. von Künstlern wie Picasso, Gauguin, Munch, Kandinsky, Kokoschka, Miró, Dali, Magritte, Ernst, Barlach und Kollwitz. Um möglichst viele Werke zeigen zu können, wechseln die längerfristigen Ausstellungen alle ein bis zwei Jahre. Im Park stehen hochkarätige Skulpturen von Henry Moore, Joan Miró und Barbara Hepworth. Auch ein schönes Gartencafé gibt es auf der Rückseite. In der Modern Two werden Besucher vom übergroßen Koloss »Vulcan« von Eduardo Paolozzi (1924–2005) empfangen, der aus Edinburgh stammte. Sein – sehr chaotisch wirkendes – Atelier wurde in einem der Ausstellungsräume aufgebaut. Dazu gibt es Sonderausstellungen.

S
STOCKBRIDGE

Regelmäßig jeden Sonntag findet in Stockbridge von 10–17 Uhr auf der südlichen Flussseite Ecke Saunders und Kerr Street ein kleiner beliebter Markt statt.

Im grünen Tunnel

Von der Rückseite der Modern One führt eine Treppe wieder hinab ins Flusstal und jenseits der Fußgängerbrücke erreicht der Water of Leith Walkway nach rechts in knapp 10 Min. die Roseburn Terrace, die Hauptausfallstraße nach Westen. Mit den Bussen 12, 26, 31 geht es zurück zur Princes Street.

Castlehill und Lawnmarket

Den Puls der Stadt spüren

Die Royal Mile bildet das Rückgrat der Altstadt zwischen dem Castle und dem Palace of Holyroodhouse. Während auf der Königlichen Meile und in den bunten Souvenirläden oftmals sehr reger Touristenverkehr herrscht, offenbaren die dunklen Gassen und stillen Hinterhöfe ein ganz anderes Bild der Altstadt.

Wo anders als direkt vor dem Edinburgh Castle sollte die Royal Mile beginnen? Die Esplanade ist im Sommer die große Bühne für das spektakuläre Royal Edinburgh Military Tattoo. Über die Straße Castlehill können Sie direkt in das bunte Treiben der Altstadt ›eintauchen‹.

Das Wasser des Lebens

… kann man in The Scotch Whisky Experience kennenlernen und kaufen. Die wenigsten der hier erhältlichen über 400 Sorten kosten allerdings 26 000 £. So viel zahlen Sie nämlich für den 50-jährigen Glenfiddich. Besuchern, die keine Zeit haben, jenseits von Edinburgh eine Brennerei zu besichtigen, wird mit einer kürzeren Silver Tour und einer ausführlicheren Gold Tour in einer Art Geisterbahn die Geschichte und die Produktion des Wassers des Lebens nähergebracht. Am Ende der Tour gibt es dann natürlich auch eine bzw. vier Kostproben.

Die abendlichen Lichter verleihen der Royal Mile zusätzliches Flair. Zwar haben Shops und Museen dann geschlossen, doch Restaurants und Pubs laden immer noch zur Einkehr ein.

Zwischen Realität und Illusion

Sie wollen mal von oben einen Blick auf die Royal Mile und die Stadt werfen? Dann ist die Dunkelkammer der Camera Obscura and World of Illusions schräg gegenüber dem Whisky-Zentrum genau richtig. Die ungewöhnliche Konstruktion hoch oben im Turm wurde 1853 von der Optikerin Maria Theresia Short entworfen und vermittelt durch die Bündelung des natürlichen Lichtes bei klarem Wetter einen erstaunlichen Weit-, aber auch einen guten Direktblick auf das Straßengeschehen unten. Dazu können sich Besucher in verschiedenen Ausstellungsbereichen an Zerrspiegeln, Hologrammen, Wärmedetektoren und elektromagnetischen Lichtspielen ergötzen.

Highlands und Hochhäuser

Mit der Industrialisierung wanderten immer mehr Highlander in die großen Städte Edinburgh und Glasgow ab. Viele von ihnen sprachen zunächst nur Gälisch und kein Englisch. Für sie gab es in der Mitte des 19. Jh. errichteten Tolbooth Kirk gälische Gottesdienste, was der Kirche den Spitznamen Highland Kirk einbrachte. Heutzutage dient die ehemalige Kirche als Festivalzentrum. Hier endet auch der Castlehill und der Lawnmarket beginnt.

Ein Abstecher durch die Minigasse Upper Bow zur Rechten führt zu einer Terrasse oberhalb der Victoria Street. Beim Blick auf diese Straße erkennen Sie sofort, dass Edinburgh schon früh eine echte Hochhaussiedlung war. An den steilen Hängen ragen Häuser mit sieben, acht, manchmal bis zu zehn Stockwerken auf.

Abstecher in die Closes lohnen sich, auch für die interessanten ›Rückblicke‹ Richtung Royal Mile, hier vom Milne's Close aus auf den Lawnmarket.

Schöner wohnen im 17. Jh.

Zurück am Lawnmarket lebte im sechsstöckigen Gladstone's Land zu Beginn des 17. Jh. der wohlhabende Tuchhändler Thomas Gladstone. Er ließ das Haus umbauen und mit bemalten Holzdecken, geschnitzten Möbeln und behaglicher Küche einrichten. Aus dieser Zeit stammen auch die Arkaden über dem Bürgersteig. Verwaltet wird das historische Schmuckstück vom National Trust for Scotland. Im Erdgeschoss gibt es ein nettes, kleines Café. Der Lawnmarket war einst auch ein wichtiger Marktplatz zwischen Castle und der zentralen St. Giles' Cathedral ein Stückchen weiter.

Hinterhofleben – einst ganz bestimmt nicht ›cosy‹

Rechts und links des Gladstone's Land führen schmale, dunkle Durchgänge weg vom quirligen Geschehen auf der Royal Mile. Diese in Edinburgh *Closes* und *Wynds* genannten Durchgänge waren einst voller Leben und dicht bevölkert, denn in der Old Town wohnte man aufgrund des starken Platzmangels quasi Schulter an Schulter mit den Nachbarn. Man kann sich heute kaum noch vorstellen, wie beengt und dunkel es in diesen Gassen zuging. Und wenn dann noch jemand »Gardyloo!« (»Achtung, Wasser!«) rief, musste man schleunigst zur Seite springen, weil von oben jemand sein dreckiges Abwasser mitten auf die Gasse schüttete. Das Leben in Auld Reekie war deshalb alles andere als *cosy* (gemütlich), geschweige denn romantisch, und die Altstadt galt im 19. Jh. teilweise als Slum.

»ES GIBT KEINE STERNE, DIE SO LEUCHTEN WIE DIE STRASSENLAMPEN IN EDINBURGH. FALLS ICH DICH JEMALS VERGESSEN SOLLTE, AULD REEKIE, DANN SOLL MEINE RECHTE HAND IHRE SCHREIBKRAFT VERLIEREN.«

Robert Louis Stevenson, schottischer Schriftsteller

II

Pausieren in Edinburgh

Sonnen, chillen oder ein kleines Picknick. Am Scott Monument trifft man sich gern.

Bei Wind und Wetter: Auszeiten finden Mensch und Hund am Strand von Portobello.

SZENE-CAFÉ IN STOCKBRIDGE

The Pantry

Im bunten Szeneviertel Stockbridge lässt sich in diesem Café gut die Zeit verbringen. Das helle Pantry liegt am Rand des runden, parkähnlichen Circus Place und verfügt auch über einige Tische draußen an der Straße. Schon morgens gibt es Frühstückspecials, später auch Lunch-Snacks sowie ganztags leckeren Kaffee und Kuchen. Nebenan ist die **Patisserie Florentin,** ein kleines Café im Pariser Stil und eine weitere schöne Adresse für einen süßen Snack und einen guten Kaffee.

1–2 North West Circus Pl.

STERNEKÖCHE GANZ ENTSPANNT

Scran & Scallie

Die Sterneköche Tom Kitchin und Dominic Jack haben sich zusammengetan, um in Stockbridge ein entspanntes »public house with dining« zu eröffnen. Dafür wurden am Rande des Szeneviertels zwei Häuser zusammengelegt und eine schottisch angehauchte Bistrokarte entworfen. Neben Pubklassikern wie Steak

Pie auch Austern und vegetarische Gerichte. Beliebt ist am Wochenende auch das Frühstück – von Michelin gab es schon einen Bib Gourmand als Auszeichnung.

1 Comely Bank Rd./Mary's Pl.

BONJOUR EDINBURGH

Le Bistrot

Im zentralen Bereich der Royal Mile bietet das helle und freundliche Bistro im französischen Generalkonsulat direkt neben der St. Giles' Cathedral eine willkommene gastronomische Oase. Nicht nur die Hauptgerichte, auch die Kuchen sind sehr lecker. Die Stimmung und das Ambiente sind angenehm entspannt. Ein Hauch von Frankreich mitten in Edinburgh.

West Parliament Square

PARK MIT BURGBLICK

Princes Street Gardens

Das sollten Sie sich nicht entgehen lassen, wenn Ihnen die Füße vom Stadtrundgang wehtun. Gehen Sie einfach an der Princes Street in den angrenzenden Park, setzen Sie sich auf eine der endlos aufgereihten

Sitzbänke und genießen Sie das einmalige Panorama mit den historischen Hochhäusern der Altstadt und dem steil aufragenden Edinburgh Castle als Blickfang. Schöner kann ein Park mitten im Stadtzentrum kaum gelegen sein – hier finden Sie im Getümmel Ruhe und Entspannung. Es gibt zudem im westlichen Teil der Grünanlage eine Open-Air-Bühne, auf der im Sommer Konzerte stattfinden, und ein Café. Sehenswert ist die Blumenuhr am Abzweig zum Mound.

Princes St.

CHILLEN IM UNIVIERTEL

The Meadows

Nicht mit einer Traumlage gesegnet wie die Princes Street Gardens, aber dafür größer und komplett flach sind die Meadows, eine riesige Rasenfläche. Bei schönem Wetter wird hier Fußball gespielt, der Golfschläger ausgepackt oder einfach gepicknickt – beliebt vor allem auch bei den Studierenden der am Nordrand gelegenen Uni, die sich auf der Wiese in ihre Bücher vertiefen oder plaudernd mit Freunden die Zeit verbringen.

Zwischen Bruntsfield Pl. und Hope Park Crescent

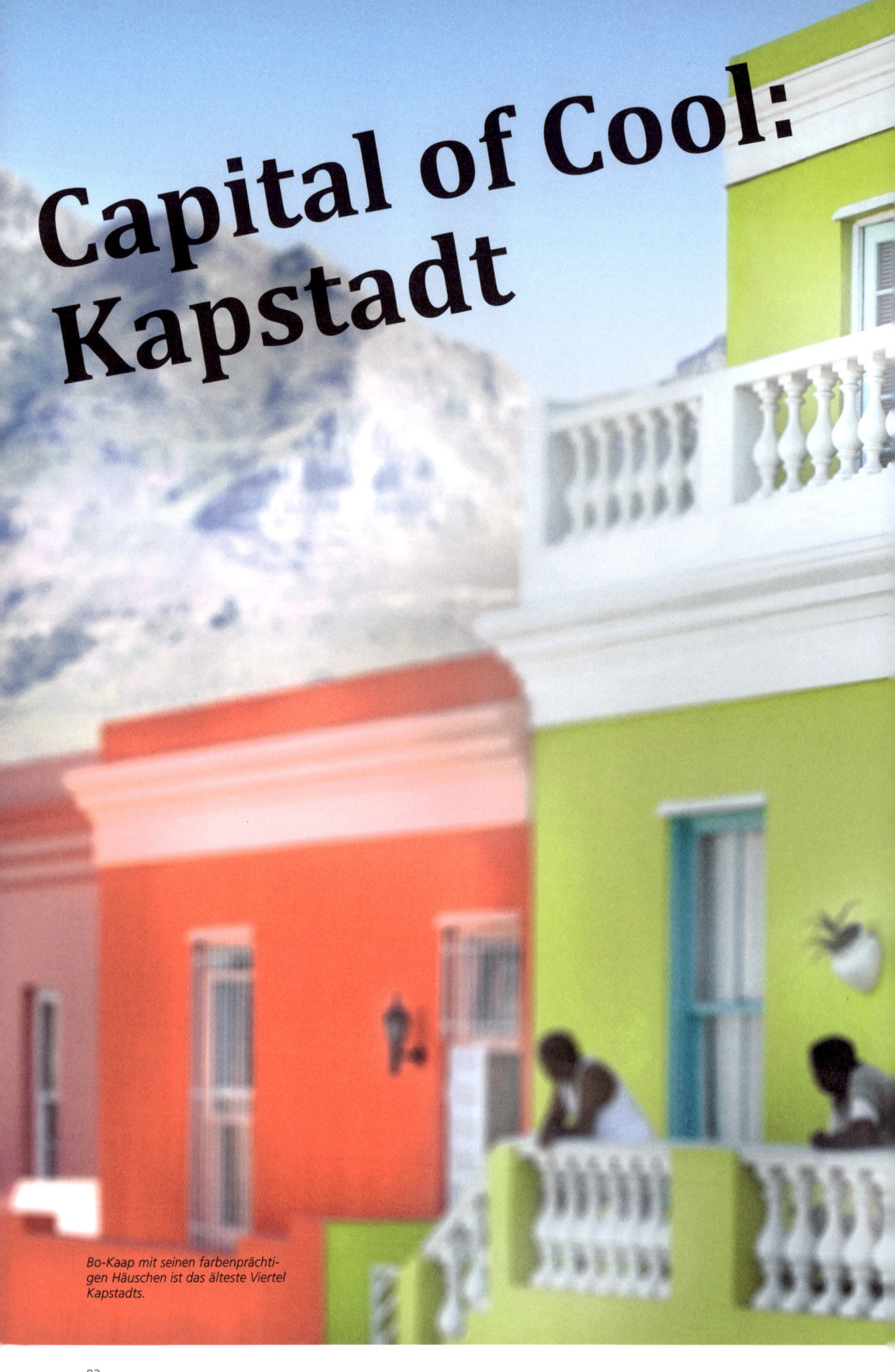

Capital of Cool: Kapstadt

Bo-Kaap mit seinen farbenprächtigen Häuschen ist das älteste Viertel Kapstadts.

Afrikas lebenswerteste Metropole

Kapstadt ist Afrikas südlichste, trendigste und coolste Metropole. Am Kap dominieren Beach, Freizeit und Sport, nicht
Arbeit, Geld und Karriere. Was zudem die Stadt so sympathisch
macht, ist, dass sie auf den ersten Blick nicht den Eindruck
einer Millionenmetropole vermittelt. Flankiert vom mächtigen, über 1000 m hohen Tafelberg, dem Signal Hill, dem Cape
Town Stadium und der Tafelbucht wirkt sie sehr überschaubar.
Besonders schön: Auf engstem Raum liegen praktisch alle
Sehenswürdigkeiten der ›Mother City‹ besucherfreundlich
beieinander.

Was für eine traumhafte Lage:
eine Stadt zwischen Meeressaum
und Tafelberg.

Ein Lichtermeer lässt nachts
die Megametropole glänzen.

1.
TOUR

2.
TOUR

3.
TOUR

Flanieren durch Kapstadt

1. TOUR

Victoria & Alfred Waterfront –
Hinein ins quirlige Leben

Das renovierte Hafenviertel ist Touristenmagnet Nr. 1. Trotz der Fülle zu Recht. Einfach perfekt zum Schauen, Shoppen, im Aquarium tauchen, auf dem Riesenrad picknicken oder ganz individuell übernachten.

2. TOUR

Woodstock – Dschungel in der City

Paradebeispiel für die urbane Erneuerung Kapstadts ist Woodstock. Einst komplett heruntergekommen, hat sich der Stadtteil inzwischen zum Trend-Spot entwickelt. Besuchen Sie Woodstock am Wochenende, dann wissen Sie, warum.

3. TOUR

Bree Street – Kapstadts Fressmeile

Kapstädter sind Genießer. Das Verwöhnaroma von Kaffee wird hier genauso zelebriert wie Craft-Bier, Designerbrote, Bioweine und Fleisch von Freilandrindern. Wobei sich in den letzten beiden Jahren vor allem die Bree Street in der City als die Fressmeile schlechthin einen Namen gemacht hat.

Victoria & Alfred Waterfront

Hinein ins quirlige Leben

Das renovierte, einst völlig heruntergekommene Hafenviertel firmiert heute unter dem Namen Victoria & Alfred Waterfront und ist eine der größten Erfolgsgeschichten Südafrikas: Mit Abstand die am meisten besuchte Attraktion im Land. Seit 1994 wurden hier viele hundert Millionen Rand investiert. Das große Areal ist sicher, perfekt zum Flanieren, Shoppen und Genießen. Im Trockendock wird nach wie vor gearbeitet, die Waterfront ist also kein steriles Kunstprodukt, sondern ein richtiger working harbour.

Der Hafenmeister sieht alles

Der schöne rote Clock Tower an der Waterfront ist das älteste noch erhaltene Gebäude am Hafen. Der viktorianische Turm im gotischen Stil wurde 1882 als Büro für den Hafenmeister gebaut, die Uhr aus dem schottischen Edinburgh importiert. Und die rote Farbe ist der Originalton, nach gefundenen Farbresten gemixt. Im zweiten Stock findet sich ein dekoratives Spiegelzimmer, das es dem Hafenmeister ermöglichte, sämtliche Hafenaktivitäten zu beobachten. Im Erdgeschoss ist ein Flutmesser installiert, der den Stand der Gezeiten für Schiffe checkte, die in den Hafen einliefen oder ihn verließen.

Man kommt an und schon geht es los. An der V & A Waterfront sorgen Straßenmusiker mit oder ohne Marimba für Stimmung.

Architekturikone der Waterfront

Der 1924 fertiggestellte Getreidesilo in der Waterfront war mit 57 m Höhe einst das höchste Gebäude südlich der Sahara. Er wurde 2001 außer Betrieb gesetzt und sollte eigentlich abgerissen werden. Zum Glück ist das nicht passiert. Vielmehr findet sich dort eines der ungewöhnlichsten Hotels des Landes: das Silo Hotel. Es hat 28 individuell designte Zimmer, einschließlich eines spektakulären 211 m² großen Penthouses. Die alten, rostigen Schächte und Maschinen wurden integriert und geben dem leider sehr teuren Hotel nun dieses einzigartige Ambiente. Das Beste sind aber die hinter die Betonstreben gelegten, gewölbten Fenster, die den Bau nachts wunderbar strahlen lassen. Restaurant und Rooftopbar sind auch für Nichtgäste zugänglich. Tipp: ein Sundowner auf dem Dach, dem höchsten Punkt der Waterfront mit atemberaubender Aussicht. Rechtzeitig reservieren!

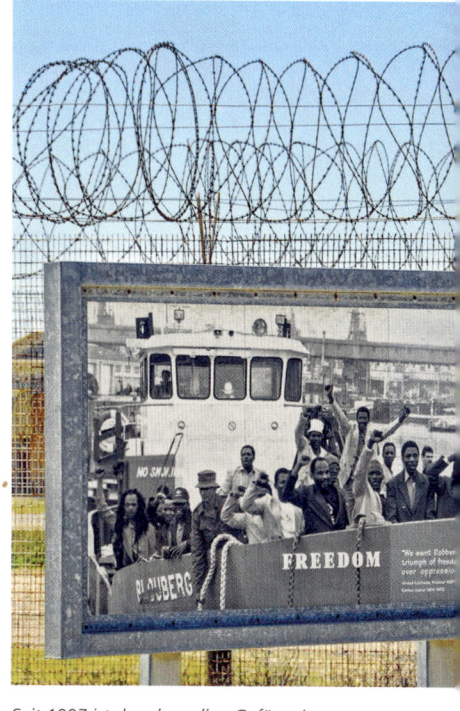

Seit 1997 ist das ehemalige Gefängnis auf Robben Island nationale Gedenkstätte und ein Mahnmal gegen die Apartheid. Vor allem Aktivisten der afrikanischen Freiheitsbewegung, darunter auch Nelson Mandela, wurden hier unter unvorstellbaren Haftbedingungen untergebracht.

Tauchen im Tank

Eines der vielen Besucher-Highlights der Waterfront ist das Two Oceans Aquarium, definitiv eines der schönsten Aquarien der Welt. Auf 4000 m² werden rund 3000 Meeresbewohner aus Atlantik und Indischem Ozean vorgestellt – vom Seepferdchen bis zum Pinguin. Sie wollten schon immer mal mit einer Seeschildkröte schwimmen? Oder einem Rochen hinterherschweben? Sicher, Kapstadts Meeresaquarium können Sie auch trockenen Fußes erkunden. Aber ebenso im Neoprenanzug – dort gibt es quasi einen Streichelzoo unter Wasser.

Picnic in the Sky

Das mitten an der Waterfront installierte Riesenrad The Wheel war ursprünglich nur temporär aufgebaut, doch dann wurde es so populär, dass es blieb. Die Aussicht auf Stadt, Hafen, Robben Island, Tafelberg und Waterfront ist natürlich super. Die 30 Kabinen haben Air Condition und gehen bis auf 40 m Höhe. Die Fahrt mit vier Umdrehungen dauert etwa 15 Minuten, zwei Kabinen sind rollstuhlfreundlich.

DER ABSOLUTE ROMANTIKTIPP

Holen Sie sich einen Picknickkorb am Kassenhäuschen des Riesenrads ab und füllen Sie ihn in der Waterfront mit Ihren Lieblingshappen. Das Management stellt dann einen Tisch in die Gondel und verlängert den Rundtrip auf 30 Minuten. Genug Zeit, um mit Aussicht zu snacken.

Rüber auf Mandelas Insel

Am Fish Quay gegenüber der Shoppingmeile, aber durch eine Brücke mit ihr verbunden, starten am Nelson Mandela Gateway die Schiffe zu einer der berühmtesten Gefängnisinseln der Welt: Robben Island. DIe Insel, auf der Nelson Mandela, Südafrikas erster schwarzer Präsident, zusammen mit anderen ANC-Mitgliedern von den 27 langen Jahren seiner Haftstrafe 18 verbüßte, ist heute Weltkulturerbe. Sollte man sich ansehen!

Vor Tausenden von Jahren, noch vor der letzten Eiszeit, war Robben Island von Steinzeitmenschen bewohnt. Genauso wie die Tiere brauchten sie keine Fähre: Der Meeresspiegel lag deutlich niedriger als heute, weswegen sie das Gebiet der Insel trockenen Fußes erreichen konnten. Erst als das Eis schmolz, hieß es schwimmen statt laufen.

2. TOUR

Woodstock

Dschungel in der City

Eine Safari in der ›Mother City‹? Ja, aber nicht im herkömmlichen Sinne. Im revitalisierten Stadtteil Woodstock finden sich jede Menge afrikanischer Tiere – in Form von Graffiti, geschaffen von lokalen und internationalen Künstlern. Zudem viele Galerien, Restaurants, Shops und samstags ein Gourmetmarkt.

Löwen und Zebras als Streetart

Gehen Sie also entlang der Albert Road auf Ihre eigene Kunstsafari. Herausragend sind die Arbeiten des in China geborenen DALeast. Seine charakteristischen, monochromen 3-D-Tiermalereien sehen aus, als wären sie aus Draht gefertigt. Er hat Paviane, Adler, Geparden und Impalas gemalt. Ein riesiges Werk von ihm, das Löwen zeigt, die Hyänen zähmen, findet sich im Innenhof der Side Street Studios.

Aus England stammt Masai, ein weiterer prominenter Spray-Künstler, der Wildlife auf Wände bannt und so das Augenmerk auf vom Aussterben bedrohte afrikanische Tierarten lenkt. Sein Berggorilla und Paradieskranich haben sich gut in den engen Straßen von Woodstock versteckt. Suchen Sie sie! Seine Rothschild-Giraffe findet sich in der Frere Street, wo Sie Ihre Graffiti-Safari kurz unterbrechen sollten: Das orangefarbene Tor mit dem schwarzen Totenschädel ist der Eingang zum Laden von Skull Gear. Hier gibt es Kunst und Wohndesign aus recycelten Objekten.

Eines meiner Lieblingsgraffitis ist der Zebra Suit vom ukrainischen Künstler AEC Interesni Kaski, an der Ecke Church/Wright Streets. Wenige Schritte weiter in der Sussex Street hat der Argentinier JAZ mit Not Eating sein Statement hinterlassen – im gleichen braunen Grundton wie der verrostete Lampenmast im Vordergrund. Eine große Raubkatze tötet da gerade einen Mann.

Das schöne Nashorn am oberen Ende der Hercules Street stammt von Binho Ribeiro aus São Paulo. Und der Australier Makatron hat den herrlichen Grünen Elefanten an der Ecke Cornwall/Gympie Streets geschaffen. Auch Faith47, die bekannteste Streetart-Künstlerin Südafrikas, ist vertreten: Ihr Gepard findet sich 5 Minuten östlich der Old Biscuit Mill, an der Ecke Voortrecker Road/Spencer Street. Neben Tieren kommen natürlich auch andere Motive in verschiedenen Stilrichtungen vor, darunter Sozialkritik und Protest-Slogans, der eigentliche Ursprung der Graffiti.

Und sonst?

Die Kultur-, Kunst- und Startup-Zentren Woodstock Exchange und The Old Biscuit Mill sind Treffpunkte der hippen Szene, beide auch mit guter Gastronomie. Samstags findet in der Keksfabrik der Neighbourgoods Market mit Dutzenden von Gourmetständen statt. Nett relaxen kann man im Woodstock Grill & Tap, einem hervorragenden Steak-Haus mit Mikrobrauerei. Toll hier: das Pils! Und echte ›Killer-Burger‹ werden bei Three Feathers Diner in cooler Diner-Atmosphäre serviert.

›Not Eating‹ nannte der Künstler sein Bild. Denn hier geht es nicht ums Essen, sondern ums Töten im Kampf um Lebensraum, der den Wildtieren immer mehr geraubt wird.

Früher wurden hier Kekse produziert, heute gibt's viel Regionales und Bio-Produkte: Neighbourgoods Market.

1. TOUR 2. TOUR 3. TOUR

Bree Street

Kapstadts Fressmeile

Die Bree Street hat Camps Bay, Long und Kloof Street jetzt den Rang als coolster Strip abgelaufen – wenn es um richtig gute Esstempel geht. In den neuen und vielen renovierten Gebäuden geht Kapstadts Schickeria am liebsten aus. Die Bandbreite des Angebotenen ist enorm, es gibt praktisch alles. Am beliebtesten sind zugleich mediterran und asiatisch angehauchte Gerichte, Fusionsküche genannt. Und Gourmet-Burger sind weiterhin voll im Trend.

Die Bree Street ist eine breite, lange Avenue, gesäumt von exotischen Bäumen, vielen historischen Bauten und ein paar modernen Business-Kästen, von coolen Bars und hippen Restaurants – nicht zu vergessen: Edelboutiquen. Hier kreuzen alle auf, die zur In-Crowd gehören (wollen): Geschäftsleute zum Lunch, bärtige Motorrad-Cruiser, Damen auf Shopping-Jagd.

Start an der Waterfront

Natürlich geht es hier international zu – alle Küchen der Welt sind vertreten. Beginnen wir mit Japan, bei Active Sushi on Bree. Dort wird nicht nur gutes, sondern auch das günstigste Sushi der Stadt serviert: schick und kunstaffin! Unter der gleichen Adresse findet sich Red!

Offen bis in die Puppen: Galeriebesuch am ersten Donnerstag im Monat in der Bree Street

An Kapstadts trendiger Waterfront brummt's: Der emsige Hafen ist immer noch in Betrieb, gilt aber mit seinen Boutiquen, Restaurants und Hotels inzwischen als Südafrikas Touristen-magnet Nummer 1.

The Gallery, ein Galerie-Café, das Kunst und Cappuccino bietet. Zum Frühstück gibt es normales Rührei oder das Campfire Breakfast: drei Eier mit Zwiebeln, Tomaten, Chillies und obendrauf Cheddar-Käse.

Verwöhnaroma

Beste Bohnen und Bücher kombiniert Folk Coffee Anthropology in einem alten Kolonialgebäude. Das relaxte Restaurant zelebriert Essen und Trinken als kulturelle Erfahrung – die ausliegenden Bücher können getauscht werden: *take one, leave another*.

Zwischen Europa und Amerika

Definitiv nur für Nicht-Vegetarier ist das französisch angehauchte La Tête. Die eher minimalistischen Portionen kommen in einem hübschen Pavillon im internationalen Stil auf den Tisch. The General Store serviert Veganes wie Gourmetsalate und Quiches zum Lunch.

Kapstadts Schickeria diniert derzeit am liebsten mediterran-asiatische Fusionsküche in der Villa 47. Burger & Lobster adelt das einstige Fast Food Burger mit Hummer zu einem Gourmetgericht. Aber selbst die ›normalen‹ Burger sind erstklassig.

Bei Love Thy Neighbour fühlen Sie sich sofort wie in Griechenland. Souvlaki, Oktopus vom Grill, Pitabrot …

Und dann geht es ab nach Amerika. Bei Max Bagels schmecken die runden Manhattan-Ikonen wie in New York! Gegenüber bei Mink & Trout gibt es in stilvoller Atmosphäre leckere Tapas und den herrlichen Chicken Pie mit Pilz- und Trüffelsauce. Zum Schluss ein echter Italiener: Bei Bocca an der Ecke Wale St. kommt die beste Pizza der Straße auf die Tische, dünnteigig und geschmacksintensiv. Tipp des Autors: Guido's über Nacht im nach Feierabend langsam auskühlenden Pizzaofen gegarte Braten *(arrosti)*.

BRAAI

Fast obligatorisch für jeden Kapstadt-Besucher ist die Teilnahme an einem traditionellen *braai*, bei dem sowohl Fleisch als auch Fisch auf den Grill kommen kann. Eine Spezialität sind die lecker gewürzten Bratwürste *(boerewors)*, die aus Rind- und Schweinefleisch, Speck, Salz, Pfeffer, Koriander, Muskatnuss, Nelken, Thymian, Cayennepfeffer, Essig, Knoblauch und Worcestersauce zubereitet werden. Dazu wird meist *mealie pap* mit Tomatensauce serviert.

II

Pausieren in Kapstadt

Die schönste Perspektive, um Kapstadt
und den Tafelberg zu sehen, bietet sich
vom Bloubergstrand aus

Näher kann man dem Ozean kaum sein als im Tintswalo Atlanctic. Bei einem Drink auf der Terrasse weht einem der Seewind um die Nase. Tief durchatmen – aaaah!

KAPSTADTS ›CENTRAL PARK‹

Company Gardens

Die grüne Lunge der Stadt und ein beliebter Platz für die Mittagspause. Wo einst Kraut und Rüben für die ersten europäischen Siedler am Kap angebaut wurden, stehen heute ganz besondere Pflanzen, darunter der älteste kultivierte Baum Südafrikas, der Saffron Pear Tree. Er kam zu Zeiten Jan van Riebeecks vor mehr als 350 Jahren auf einem Schiff aus Holland und ist mit seinen kleinen Früchten der Urform des Birnbaums sehr nah. Traditionell wurden die Blätter dazu benutzt, Wolle gelb zu färben; die Früchte kochte man zu Marmeladen und Pickles ein.

MIT DER SEILBAHN AUF DEN BERG

Table Mountain Cableway

Ruhepol Kapstadts ist der Tafelberg. Er liegt im nördlichsten Teil des sich bis ans Kap der Guten Hoffnung erstreckenden Table Mountain National Park. Lassen Sie sich mit einem Taxi kurz vor Sonnenaufgang zum Kloof Nek und dann zur unteren Station des Table Mountain Cableway (Ticket vorher online buchen)

chauffieren. Während der fünfminütigen Fahrt nach oben genießen Sie atemberaubende Blicke auf die City und über die Tafelbucht bis Robben Island. Der Tafelberg strahlt eine Ruhe aus, die sich über die gesamte Stadt auszubreiten scheint und neben dem mediterranen Klima dafür verantwortlich ist, dass hier alles so entspannt abläuft.

Fritz Sonneberg Road

LUNCH AM ATLANTIK

Tintswalo Atlantic Beach Lodge

Die herrliche Lodge direkt am Meer mit seinen nach Inseln benannten und dekorierten Häuschen liegt direkt unterhalb des berühmten Chapmans Peak Drive. Wer hier nächtigt, kann kaum glauben, dass das quirlige Kapstadt so nahe liegt. Wer nicht übernachtet, kann die Ab-vom-Schuss-Atmo mittwochs bei einem entspannten Lunch genießen.

KAPSTADTS JOGGER-PARK

Green Point Park

Direkt neben dem Cape Town Stadium – eine nachts beleuchtete architektonische Perle – entstand

die 85 ha große, öffentlich und kostenlos zugängliche Grünanlage des Green Point Park, die sogar einen 9-Loch-Golfplatz umfasst. Daneben gibt es kleine Seen, einen Spielplatz und einen Biodiversity Garden mit Lehrpfaden.

STRAND MIT TAFELBERG-BLICK

Bloubergstrand

Perfekt ist es, den Tag mit den Füßen im Sand des Bloubergstrands ausklingen zu lassen. Hier können Sie im Licht der untergehenden Sonne auch die besten Fotos vom Tafelberg und der erleuchteten City-Skyline schießen, mit der Tafelbucht im Vordergrund.

SUNDOWNER GANZ OBEN

Rooftop-Bar im Silo Hotel

Der beste und aussichtsreichste Platz für den in Kapstadt fast obligatorischen Sonnenuntergangsdrink, den Sundowner, ist ganz eindeutig die Rooftop-Bar im Silo Hotel an der Waterfront. Auch Nichtgäste können dort bei einem Gläschen Wein atemberaubende Views genießen.

Silo Square

Hygge
in Kopenhagen

Wo Fassaden und Schiffe sich im Wasser spiegeln: Kopenhagens Nyhavn.

Glücklichsein auf Dänisch

Ob hypermodern oder alten Traditionen verhaftet, Kopenhagen kann beides und kann vor allem eines: hygge. Das ist: den Augenblick genießen, alles Negative hinter sich lassen, das Leben nehmen, wie es gerade daherkommt. Dänische Lebensart eben. Einfach eintauchen und sich treiben lassen!

Runter vom Rad und rauf auf die Wiese: Kongens Have neben Schloss Rosenborg.

Flanieren durch Kopenhagen

Fast bei jedem Wetter genießen die Kopenhagener das Outdoor-Leben.

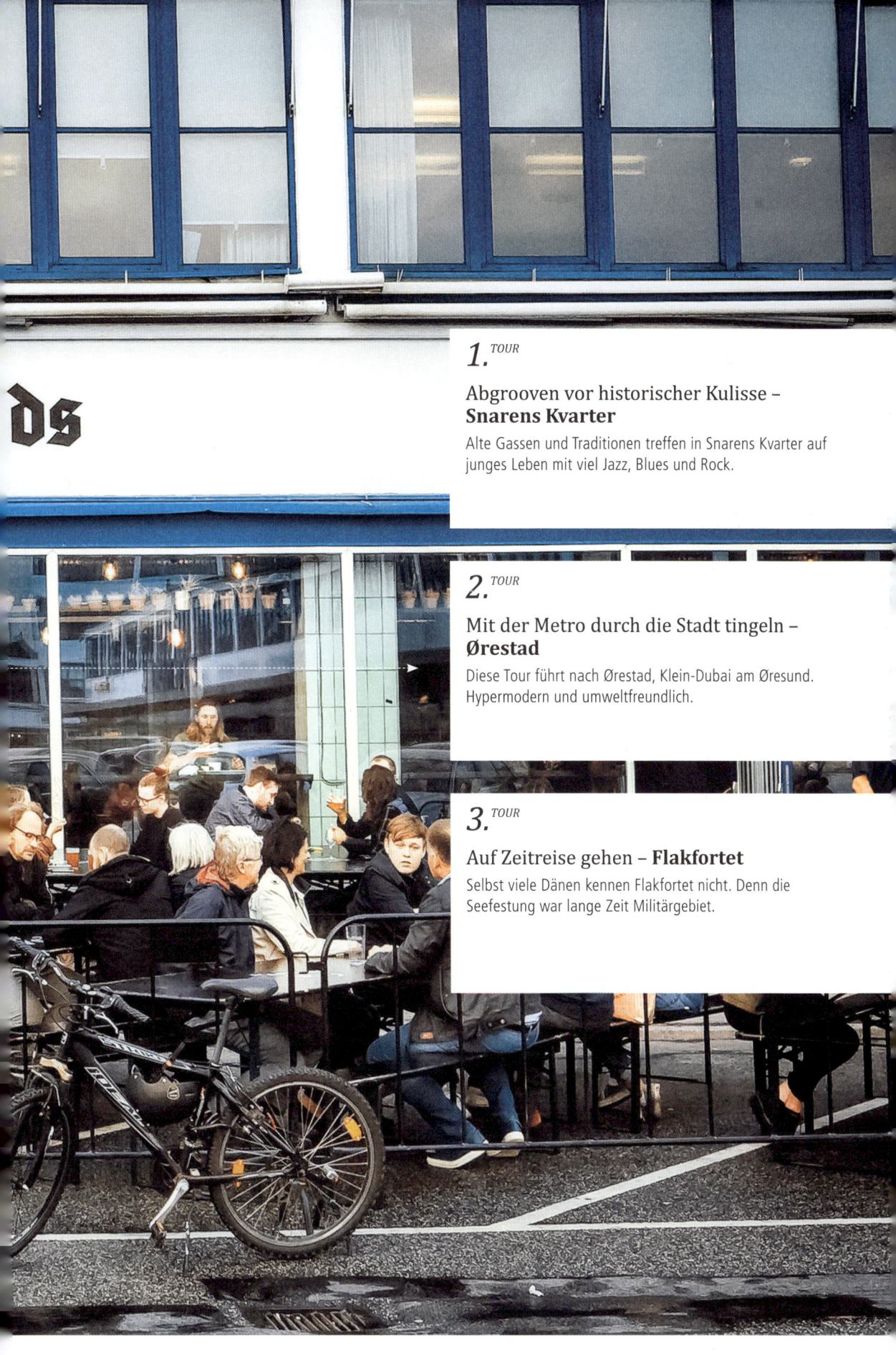

1. *TOUR*

Abgrooven vor historischer Kulisse –
Snarens Kvarter

Alte Gassen und Traditionen treffen in Snarens Kvarter auf junges Leben mit viel Jazz, Blues und Rock.

2. *TOUR*

Mit der Metro durch die Stadt tingeln –
Ørestad

Diese Tour führt nach Ørestad, Klein-Dubai am Øresund. Hypermodern und umweltfreundlich.

3. *TOUR*

Auf Zeitreise gehen – Flakfortet

Selbst viele Dänen kennen Flakfortet nicht. Denn die Seefestung war lange Zeit Militärgebiet.

Snarens Kvarter

Abgrooven vor historischer Kulisse

Kopenhagens älteste Gassen treffen in Snarens Kvarter auf junges Leben mit viel Jazz, Blues und Rock. Und mitten durchs Viertel zieht sich Strædet, ein alternativer Bypass zur oft überlaufenen Einkaufsmeile Strøget – einladender, origineller, innovativer und pfiffiger.

Shopping-Bummlern präsentiert sich Strædet gern mit doppeltem Boden: Viele Häuser haben Läden ein paar Stufen hinauf im Hochparterre und hinunter im Keller. In Kopenhagens Keimzelle haben Mag- und Hyskenstræde ihre Namen von *mag* und *hüsken*, Bedürfnisanstalten des Mittelalters, die auf Holzbrücken in den damaligen alten Sund ragten – die Notdurft fiel nach unten: Auf dieser ›Grundlage‹ steht die älteste Häuserzeile Magstræde 17–19.

Immer wieder neu

Äußerlich zur historischen Kulisse passend, innerlich Kontrast, wuchs hier Huset aus einem 1970 besetzten Jugendzentrum zum vielseitigen Kulturhaus heran, mit exzentrischen Kulturevents und Konzerten jenseits des Mainstream, mit Cafés, Bars, Restaurant, Theatersaal und Programmkino. Huset erfindet sich dabei immer wieder neu: Zuletzt boomte sein Bastard Café als Club für Gesellschaftsspiele.

Husets Haupteingang schaut in Richtung Vandkunsten, einem quirligen Platz mit Kneipen, Cafés, Clubs. In der Mojo Blues Bar beweist sich Nacht für Nacht, dass Blues nicht nur Musik alter schwarzer Männer ist, sondern aller Generationen und Hautfarben. Jeden Tag gibt's Livemusik, selten starten Konzerte vor 22 Uhr und dauern meist bis lange nach Mitternacht. Im Drop Inn ist die Musik rockiger und härter. Neben Bands mischen bekannte DJs das Traditionslokal auf, das aus einem Treff antifaschistischer Aktivisten in den 1930ern entstand. Wo so viel Musik ist, fehlt in Kopenhagen auch Jazz nie: Im La Fontaine hört man ihn an Wochenenden live, sonst ›aus der Dose‹.

Spielzeug für jedes Alter

Das La Fontaine liegt schon direkt an Strædet. Hier reihen sich Cafés und Restaurants aneinander, viele mit Tischen vor der Tür, und kleine, unabhängige Läden. Keine Ketten, keine globalen Namen. Im einem Kellerladen wartet bei Dansk Håndværk Holzspielzeug des Designers Lars Jensen auf Kinderhände – vom Greifring bis zum Kranwagen schlicht und solide in der Form, aber knallbunt. Klassiker ist der Geburtstagszug: Für jedes Jahr wird ein Waggon angehängt, der eine Kerze trägt. Wieder auf der anderen Straßenseite belegt Kila Jewels Copenhagen einen lang gestreckten Keller mit erschwinglichem Schmuck aus Edel- und Halbedelsteinen, teils von Native Americans Tribes. Eine Sonnenbrille für den Keller braucht man im Solvkælderen, so blinken edles Silbergeschirr und klassische Silberleuchter in diesem Traditionsgeschäft – seit 1955 eine Institution an diesem Standort.

Vor Hoppes Café & Bar sitzt man mitten im Strædet-Leben.

»WIE STETS NACH DREISSIG TAGEN BRICHT EINE NEUE WELT ENTZWEI. MICH HAT EIN MÄDCHEN HIER UMGARNT, EIN WUNDERWEIB! – VORBEI! VORBEI! NUN SITZ ICH STILL IM WAGEN. JEDOCH ICH WILL NICHT KLAGEN. VOR TASCHENDIEBEN WIRD GEWARNT. LEBE WOHL, DU SCHÖNES KOPENHAGEN.«

Joachim Ringelnatz

Strædet ist der Inbegriff für nette Läden und Cafés.

2.
TOUR

1.
TOUR

3.
TOUR

Ørestad

Mit der Metro durch die Stadt tingeln

Müde Beine? Quengelnde Kinder? Dann in die Metro Richtung Vestamager. Kids staunen, wenn sie in den führerlosen Zügen hinter der Panoramascheibe sitzen, und Sie sehen Kopenhagens Zukunft: Ørestad – Klein-Dubai am Øresund.

Hypermodern und umweltfreundlich sind die Schlagworte: Bis 2030 soll Ørestad fertig sein, eine 310 ha große Stadtlandschaft mit Parks, Seen und künstlichen Kanälen, die urbanes Leben mit kreativen Arbeitsplätzen vereint. Schon aus der Mitte der 1990er stammt ein Grundplan für Ørestad, Daniel Libeskind steuerte dann den Masterplan für ›Downtown Ørestad‹ bei, das Zentrum. Und die Chance, sich mit spektakulären Projekten auf dieser architektonischen Spielwiese zu profilieren, nutzten junge dänische Architekten, allen voran Bjarke Ingels, dessen Architekturbüro BIG heute ein Global Player der Branche ist.

Am Øresund, gleich ›um die Ecke‹ der Zukunftsstadt, gibt es zwei Meeresschwimmbäder, die klassische Helgoland Søbadeanstalt und hier das aus einer interessanten Holzkonstruktion bestehende Kastrup Sobad.

Bildung trifft Kultur

Aus der Innenstadt kommend wird die Metro auf Höhe der Universität von einer Untergrund- zur Hochbahn. Auffälligstes Gebäude im

Ganz schön zackig die Balkone der VM Husene in Ørestad – ob sie auch gesellig sind?

Bereich der Universität ist das kreisrunde Studentenwohnheim Tietgenskollegiet. Außen holzverkleidete Trutzburg, innen ein Hof für alle Bewohner – die Architekten nahmen die Tulou-Häuser in der chinesischen Provinz Fujian zum Vorbild. Der blau schimmernde Kubus neben der Metrotrasse ist das vom französischen Architekten Jean Nouvel entworfene Konzerthuset des Dänischen Rundfunks, Teil des Medienparks DR Byen. Die transparente Fassade dient oft als Leinwand für Licht- und Bildprojektionen und im Inneren ›schwebt‹ förmlich ein 1800-Plätze-Konzertsaal.

Spektakulär wohnen und lernen

An der Metrostation Bella Center ist Kopenhagens Messezentrum erreicht. Überragt wird es von Skandinaviens größtem Hotel: 812 Zimmer in zwei 76-m-Türmen, die sich oben voneinander wegdrehen – das Bella Sky Copenhagen ist doppelt so ›schief‹ wie der Turm von Pisa. Dann passiert die Metro zwei viel prämierte Wohnkomplexe, die Bjarke Ingels Ruhm begründeten: VM Bjerget mit 80 Luxuswohnungen, verteilt über zehn Etagen, alle mit kleinen Dachterrassen und angeordnet wie ein Bergdorf. Den ›Berg‹ darunter bildet ein Parkhaus. VM Husene nebenan haben einen Grundriss wie ein flach gedrücktes V und ein flach gedrücktes M. Diese Kombination soll allen 221 Wohnungen optimal Licht und Aussichten geben. Markenzeichen sind weit aus der Glasfront des V-Hauses ragende, dreieckige Stahlbalkone.

Die nahe Reformschule Ørestad Gymnasium ist eher innen ungewöhnlich als äußerlich spektakulär: Um eine über alle Etagen bis zum Dach schwingende Treppe ziehen sich offene Lern-, Relax- und Kreativzonen – Klassenräume gibt es nicht mehr.

Die große Acht

An einer Kette kleiner, künstlicher Seen endet die neue Welt. In Form einer gigantischen Acht stößt 8TALLET ans Ufer mit fast 500 Wohnungen unter seinem begrünten Dach, an dessen Rand ein ›Klippenweg‹ mit Panoramablick um den ganzen Bau führt. Von der Terrasse der Brasserie 8Tallet kann man bei Avocadomash, Veggie Burger oder Smørrebrød die unverbaubare Aussicht auf das Naturschutz- und Freizeitgebiet Kalvebod Fælled genießen. Gehen Sie einmal hinüber in diese andere Welt und schauen Sie von dort auf Ørestad: Ist das eine Zukunft, in der Sie leben möchten?

K
KIDS

Mit Kindern moderne Architektur erkunden? So verrückt ist die Idee nicht: Gehen Sie ganz im Süden von Ørestad über die letzten künstlichen Seen hinaus. Da können Kids auf dem Natur-Art-Abenteuer-Spielplatz ›Himmelhøj‹ toben, den Alfio Bonanno, ein bekannter Land-Art-Künstler, gestaltete. Hinterher gibt's im Traktørstedet Vestamager ein deftiges Frokost, das man auch gern auf eine der Picknickbänke mitnehmen darf (Granatvej 9).

Flakfortet

Auf Zeitreise gehen

Es ist einer dieser Orte ohne rennende Zeit, wo man die Füße hochlegt, die hektische Welt am Horizont wahrnimmt, aber selbst nicht mehr Teilnehmer dieser Hatz ist. Die 45 Minuten vom menschenüberfluteten Nyhavn bis zum Kai der alten Seefestung sind ein Sprung in eine andere Dimension.

Kaum zu glauben, aber selbst viele Dänen kennen Flakfortet nicht, die junge Insel mit militärischer Vergangenheit vor ihrer Hauptstadt. Schon die Ausfahrt aus dem Hafen vorbei an Schauspielhaus, Oper, Meerjungfrau und Trekroner ist Sightseeing pur. Auf dem Meer dann grandiose Ausblicke auf die dänische ebenso wie auf die schwedische Küste mit Skandinaviens höchstem Wolkenkratzer, dem auffälligen Turning Torso von Malmö, auf die monumentale Øresund-Brücke, auf Middelgrunden-Windpark und auf den Schiffsverkehr in einer der meistbefahrenen Meerengen der Welt.

HERRENPROGRAMM GEFÄLLIG?

Wenn die Lust auf Stadt abflaut: Der Øresund vor Kopenhagen ist bekannt für gutes Dorschangeln, aber je nach Saison beißen auch Hering, Makrele, Flunder und Scholle an. Fast täglich starten Schiffe von Spar Shipping ab Lautrupskaj im Kalkbrænderihavnen zu Angeltouren.

Mit 340 m Länge kann Flakfortet gerade noch den größten Kreuzfahrtschiffen Paroli bieten, wenn sie an der Insel vorbeiziehen. Bei der Höhe ist Flakfortet hingegen chancenlos: Nur 21 m ragt es aus den Wellen.

Die M/S Langø ist eine solide Fähre, die schon auf dem Nordatlantik im Einsatz war. Jetzt fährt sie im Sommer regelmäßig vom Nyhavn zur Festungsinsel Flakfortet und legt hier gerade an.

Helmuth, der Zurückgebliebene

Angelegt wurde die Seefestung von 1910 bis 1914 als Teil eines Befestigungsrings zum Schutz Kopenhagens auf einer künstlichen Insel. Das *flak* im Namen stammt nicht von Flugabwehrkanonen, sondern vom dänischen Wort für einen Sandgrund im Meer – auf so einem Flak entstand die Anlage. Militärisch erlebte sie nur eine unblutige Besetzung durch deutsche Truppen im Zweiten Weltkrieg. Führungen zeigen in den Katakomben Räume, die die Deutschen einrichteten und die nach Kriegsende niemand mehr nutzte. Lediglich der Zahn der Zeit hat den Pritschen zugesetzt. Einen Kameraden ließen die Besatzer bei ihrer überstürzten Abreise 1945 aber zurück. Seitdem spukt Helmuth als von Heimweh geplagter, aber ganz verträglicher Geist durch die alten Gänge.

Ebenso monumental wie märchenhaft präsentiert sich die Øresund-Brücke.

Und noch ein Tipp: Wer die Glyptotek
besucht, sollte unbedingt eine Pause in
deren Café einnehmen. Hier sitzt man
wunderbar unter Palmen.

II

Pausieren in Kopenhagen

Kopenhagen kann auch Badeort: Kalvebod Bølge für Sonnenbader und Flaneure liegt vor Glaspalästen von Banken und Versicherungen am Hafenufer.

KAFFEE ZELEBRIEREN

Coffee Collective

Kaffee steht im Fokus, Essbares spielt allenfalls für ein schnelles Früh-stück oder einen süßen Bissen am Nachmittag eine Rolle. Filterkaffee wird zelebriert, Espresso, Cortado, Cappuccino oder Latte sind perfekt zubereitet. Innen wird gern gesurft, und wenn man Menschen auf dem Skt. Hans Torv beobachten will, gibt's Plätze auf dem schmalen Trottoir.
Skt. Hans Torv 3

KRAFT TANKEN UNTER DER PLATANE

Gråbrødretorv

Bei Sonne kann es auf dem schönen Innenstadtplatz schon mal eng wer-den, aber wer ein Fleckchen auf ei-ner der Bänke um den dicken Stamm der Platane bekommt, dem sind Momente der Entspannung sicher. Von der überquellenden Strøget gibt es sogar den ›Geheimgang‹ Kringle-gangen neben der Helligåndskirke durch den Hof des Hauses an der Valkendorfsgade 32 direkt zum ›Platz der Grauen Brüder‹ – Franziskaner hatten hier vom 13. bis ins 16. Jh. ein Kloster. Von dem sind noch

Fundamente in der Kellerbar Peder Oxes Vinkælder erhalten, ansonsten umringen Bürgerhäuser aus dem 18. und 19. Jh. den Platz, die meisten mit Restaurants im Parterre.

ESSEN MIT AUSSICHT

Seaside Toldboden

Nur wenige Minuten Fußweg von der Meerjungfrau bietet der Food-Court im Toldboden-Gebäu-de Griechisches und Asiatisches, Austern, Steaks und natürlich Nordic Cooking. Jeder am Tisch kann beim Koch seiner Wahl ordern, gern auch mehrere Leckereien im Tapas-Stil. Und dann die Lage! Raumhohe Fenster zum Hafen hin und viele Plätze unter freiem Himmel am Wasser – traumhaft! An schönen Sommertagen lieber reservieren!
Nordre Toldbod 24

SHOPPINGPAUSE BIS ABSACKER

Hoppes Café og Bar

Hier sitzt man egal zu welcher Zeit am besten an einem der Fenster mit Blick auf das Strædet-Leben. Beliebt ist sonntags auch das Brunchbuffet.
Læderstræde 11A

CHILLEN UND CRUISEN

Ørstedsparken

Dieses kleine Idyll ist von lauten Straßen umrahmt, beherbergt in sei-nem Zentrum aber einen von einer nostalgischen Brücke überspannten See. Das größte Denkmal im Park erinnert an Namensgeber Hans Christian Ørsted, der als Vater der modernen Physik gilt. Ørstedspar-ken hat sich kaum verändert, seit er angelegt wurde, wohl aber das Publikum: Früher flanierte hier das aufstrebende Bürgertum, heute gilt der Park nach Einbruch der Dunkel-heit als schwule Cruising-Zone.

HAFENPROMENADE 2.0

Kalvebod Bølge

Zu Fuß läuft man gerade einmal 10 Min. vom Rathausplatz bis zur Hafenpromenade, wo sich Sonnen-anbeter, Skater, Hafenbader und Kajakfahrer einfinden. Design trifft hier alte Bautechnik: Die über das Wasser geschwungene Promenade ruht auf fast 300 Eichenpfählen, die in den Hafengrund gerammt wur-den! Hier starten auch Kajaktouren Richtung Hafen.

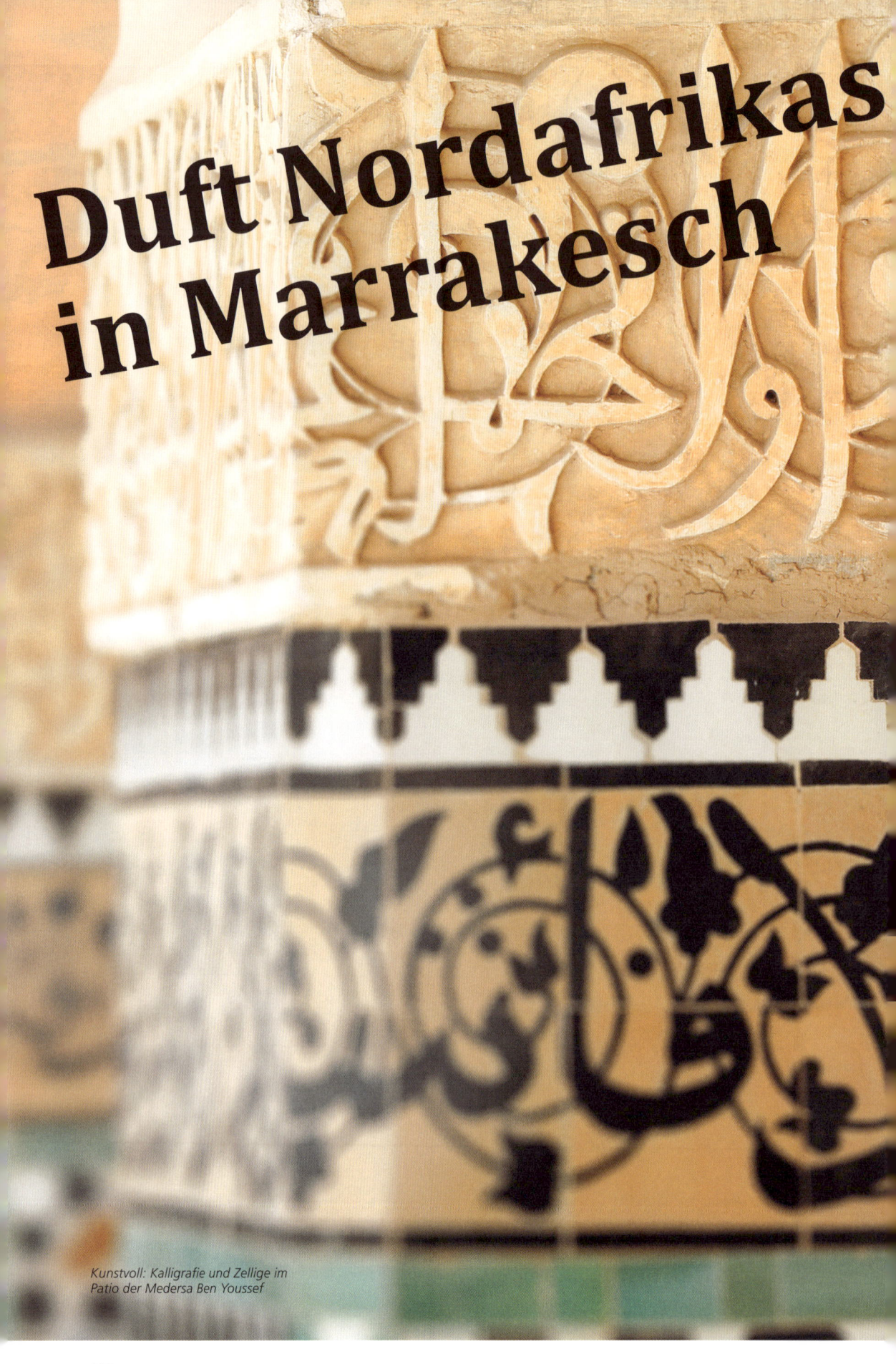

Duft Nordafrikas in Marrakesch

Kunstvoll: Kalligrafie und Zellige im Patio der Medersa Ben Youssef

Palmen vor Schneegipfeln

Marrakesch ist von seinem Ursprung und Charakter her
eine Oasenstadt, entstanden aus der riesigen Palmeraie. Als
malerische Kulisse dient der schneebedeckte Gebirgsriegel des
Hohen Atlas. Wer will, kann im Winter morgens von Marrakesch
zum Skifahren starten und sich nachmittags, in die Stadt zurückgekehrt, am Hotelpool aalen – Palmen vor Schneegipfeln.

*Schnell einen Blick seitwärts: In der
Medina gibt es viel zu entdecken.*

Flanieren durch Marrakesch

1. TOUR
2. TOUR
3. TOUR

Mit entwaffnender Selbstverständlichkeit wird die Djemaa El Fna schlicht »la place« genannt – der Platz, so als gäbe es keinen anderen, keinen zweiten.

1. TOUR

Place Djemaa El Fna – **Herzschlag der Medina**

Die Place Djemaa El Fna ist das quirlige Zentrum der Medina, Treffpunkt der Einheimischen und Händler, der Schlangenbeschwörer, Gaukler und Garküchen. Wer die Stadt entdecken will, der fängt genau hier an.

2. TOUR

Hivernage und Guéliz – **Marrakesch de luxe**

Kontrastprogramm: In der nur einen Fußmarsch von der Medina entfernten Neustadt lockt das moderne Marrakesch mit Luxushotels, Edelrestaurants und Dinnerclubs, mit Shoppingmalls und schönen Grünanlagen. Schick, hip und trendy.

3. TOUR

Das Kasbah-Viertel – **Die Nekropole der Saadier**

Reise ins Jenseits. Die lange verschwunden geglaubten Saadiergräber sind die Totenstädte der Familie des Sultans Ahmed El Mansour: Hunderte von reich geschmückten Gräbern und dazu die prachtvolle Mosquée de la Kasbah.

Place Djemaa El Fna
Herzschlag der Medina

Sie suchen den besten Einstieg in die Atmosphäre der Stadt? Dann ist dieser Platz der richtige Startpunkt. Die Place Djemaa El Fna ist bis heute das lebhafte Zentrum der Medina, der Treffpunkt der Einheimischen, wo Geschichte auf pulsierendes Leben trifft.

Die Djemaa El Fna, von der UNESCO als immaterielles Weltkulturerbe geschützt, hält eine einzigartige Balance aus Kalkül und Chaos. Die ›Versammlung der Toten‹ gilt als Afrikas berühmtester Platz. Ihr Name verweist auf eine blutrünstige Vergangenheit. Hier – sofort beginnt sich Geschichte aufzulösen in einem Reigen aus Gerüchten – wurden die eingepökelten Köpfe der Hingerichteten auf Stangen aufgespießt, der gaffenden Menge als Menetekel präsentiert. Vielleicht ist es bezeichnend für diesen Platz, dass sich seine Historie im Mythos verliert, dem Zugriff von Analyse und Wissenschaft entzogen.

Waren und Wandel, Karawanen und Handel

Gesichert ist allenfalls, dass dieser Platz seit Jahrhunderten ein Zentrum kultureller Begegnung ist, ein Passagenort, wo ein täglicher Transfer stattfand zwischen berberischen, arabischen und schwarzafrikanischen Kulturen und Traditionen. Hier kamen die legendären

Gebiss to go: Wo so viel gekauft und gegessen wird, findet auch der Zahnersatz-Verkäufer seine Kunden.

Karawanen aus dem Sahel an, hier wurden Waren, auch Sklaven, gehandelt und Geschäfte abgeschlossen, Elfenbein gegen Stoffe, Salz gegen Gewürze, Gold gegen Lebensmittel, Leder gegen Seide. Und hier wurde, schon damals, Zerstreuung und Unterhaltung gesucht nach den Strapazen der Wüste.

Einige Grundelemente blieben offenbar seit jeher unverändert. Bis heute ist der Platz für die Marrakchi, die Einwohner von Marrakesch, ein Ort, an dem vitale Bedürfnisse befriedigt werden: Man kauft hier ein, man isst hier zu Abend, man lässt sich hier unterhalten.

Die Herzkammer der Medina

Die Djemaa El Fna ist, als eine Art Herzkammer der Medina, der Ausgangspunkt aller Touren durch die Altstadt, weshalb es sich empfiehlt, von einer der umliegenden Dachterrassen aus einen Überblick über das Gelände zu gewinnen, nicht zuletzt, um zu erkennen, wo die Hauptadern durch die Medina auf den Platz münden. Zwischen dem Café de France und dem Restaurant Le Marrakchi zweigt die Rue de Banques ab, die in die Rue Riad Zitoun El Jedid übergeht, die ihrerseits auf die Place des Ferblantiers mündet. Eine parallel verlaufende Hauptachse durch die südliche Medina ist die Rue Riad Zitoun El Kedim, die neben dem alten CTM-Gebäude an einem Torbogen ihren Anfang nimmt und ebenfalls auf die Place des Ferblantiers mündet.

Direkt gegenüber dem Café de France liegt der günstigste Einstieg in die nördliche Medina; wer der Hauptgasse, der Rue Souk Semarine, strikt folgt, passiert etliche Spezialsouks und landet beim Musée de Marrakech in der Nähe von Moschee und Medersa Ben Youssef. Wer schließlich den Einstieg links neben dem Café Argana wählt, gelangt zum Stadttor Bab Ftouh und dann über die Rue Mouassine in die Souks Mouassine und Cherifia. Eine Art »Aorta« (Hubert Fichte) verbindet die Djemaa El Fna über die Place de Foucault mit der Koutoubia-Moschee, wo die kilometerlange Avenue Mohammed V ihren Ausgang nimmt.

Die Ordnung der Anarchie

So wie die zunächst unübersichtlich wirkende Place Djemaa El Fna mit der Zeit ihre topografischen Konturen enthüllt, so gibt der Platz auch allmählich seine spezifischen Gezeiten zu erkennen. Ab etwa 16 Uhr werden, auf einem farblich abgesetzten Areal, die Essensstände aufgebaut, die durchnummeriert sind und allabendlich am immergleichen Stellplatz installiert werden. Die Akteure, die die Bühne des Platzes bevölkern, nehmen genau bestimmte Rollen und präzise gefasste szenische Anweisungen innerhalb eines lebendigen Mosaiks ein. Wer zu verschiedenen Tages- und Nachtzeiten über den Platz flaniert, wird bald die dem vermeintlich anarchischen Getümmel zugrundeliegende Ordnung der Djemaa El Fna erkennen: Schlangenbeschwörer, Affendresseure, Wahrsager, Märchenerzähler, Wunderheiler, Wasserverkäufer, Musiker, Akrobaten, Hennamalerinnen, fliegende Händler, selbst die Schuhputzer gehen ihrem Metier Tag für Tag auf einer genau bestimmbaren Parzelle de Platzes nach.

Die Djemaa El Fna ist der organische Rahmen für eine Inszenierung aus Improvisation und Routine. Die Frage, wer oder was hier die Regie übernimmt, scheint kaum zu beantworten – mag sein, dass das Kollektiv aller Akteure an ihr teilhat. Das Ensemble dirigiert sich selbst.

Mich müssen die Orangensaftverkäufer auf der Place Djemaa El Fna gar nicht besonders aufwendig anlocken – mein erster Weg in Marrakesch führt immer zu einem von ihnen.

Hivernage und Guéliz

Marrakesch de luxe

Breite, palmengesäumte Prachtavenuen, kilometerlange Sichtachsen, Grünflächen und Parks, Luxushotels und Einkaufszentren, Banken und Behörden, Theater, Kasino und Kongresspalast – die Neustadt von Marrakesch, insbesondere die Viertel Hivernage und Guéliz, präsentieren verglichen mit der Medina eine gänzlich andere Welt.

Genau der richtige Parcours für eine Kutschfahrt: Sie können an der Djemaa El Fna starten, die Kutschen *(calèches)* warten gegenüber vom Club Med an der Place de Foucault. Dann nehmen Sie Kurs auf das Bab Jedid, passieren kurz davor das legendäre, 1923 eröffnete Luxushotel La Mamounia mit seinen weitläufigen Gartenanlagen und dem hoteleigenen Kasino und steuern über die etwa 2 km lange Avenue de la Ménara die berühmten Ménara-Gärten an. Direkt zu Beginn der Avenue liegt rechts die hypermoderne Menara Mall.

Linker Hand erstreckt sich die weitläufige Oliveraie de Bab Jedid, ein ausgedehntes Plantagengelände, das dem ökonomischen Kalkül der gerade in Marrakesch grassierenden Immobilienspekulation offenkundig noch entzogen ist, eine fast ländlich anmutende ›grüne Lunge‹ zwischen Stadtzentrum und Flughafen. Nördlich der Avenue de la Ménara liegt das Casino de Marrakech.

Erholung für die Marrakchis

Die Jardins de la Ménara sind, als Zufluchtsort der Sultane vor der sengenden Sommerhitze, bereits aus der Almohadenära des 12. Jh. verbürgt. Längst sind die Ménara-Gärten ein beliebtes Wochenendziel der Marrakchis: Ganze Familien picknicken hier im Schatten der Palmen- und Olivenhaine.

Für heute genug beim Lernen geschwitzt, die Ménara-Gärten versprechen ein wenig Erholung und Abkühlung.

Bis heute ist das Bassin de la Ménara als gewaltiges Frischwasserreservoir von Bedeutung, das über ein ausgeklügeltes hydraulisches System durch Zuflüsse aus dem Ourika-Tal gespeist wird. Der aus dem 19. Jh. stammende Pavillon an der Stirnseite des Beckens gehört zu den klassischen ›Maroc-typique‹-Fotomotiven, ein unverzichtbares Element in sämtlichen Marrakesch-Bildbänden. Vom Balkon des Pavillons bietet sich ein überwältigendes Panorama, der Blick schweift über die Gärten und Plantagen, bei klarer Sicht bis zu den Schneegipfeln des Hohen Atlas. Der Pavillonseite gegenüber ist inzwischen eine Tribüne aufgebaut – abends spielen hier Musiker auf, Romantiker genießen den Sonnenuntergang, Trommelwirbel erklingen und frisch Verliebte geben sich ein Stelldichein.

Pavillon am Bassin de la Ménara

Luxus – Quartier Hivernage

Die endlose Avenue Mohammed VI (der frühere Boulevard de France), angeblich die längste Prachtstraße Marokkos, durchzieht die gesamte Neustadt von der Peripherie im Süden bis zum Lycée Victor Hugo und dem Institut Français im Nordwesten. Die vierspurig ausgebaute Avenue säumen etliche Luxushotels (Royal Mirage, Le Meridien, Atlas Marrakech, Riad Menara, Les Idrissides).

Auf Höhe der Avenue Moulay Hassan I liegt der Kongresspalast, dem hypermodernen Hauptbahnhof gegenüber das Théâtre Royal, 2001 eröffnet. Den Prachtbau im neoklassizistischen Stil entwarf der aus Tunesien stammende Architekt Charles Boccara, der in Marrakesch etliche in der Architekturszene renommierte Bauten kreiert hat (z. B. die Hotelanlage Les Deux Tours in der Palmeraie). Im Theater finden Konzerte der marokkanischen Philharmoniker, Theater-, Tanz und Opernaufführungen sowie ab und an auch Ausstellungen statt.

In dem von den Straßenzügen Avenue de la Ménara, Avenue Mohammed VI, Avenue Hassan II und Boulevard El Yarmouk / Avenue Mohammed V eingefassten Karree befinden sich etwa ein Dutzend Luxushotels der Fünf-Sterne-Kategorie, der Stadtpark Jardin El Harti, die katholische Église des Saints-Martyrs (in der Rue Imam Ali) – wo sich sonntagmittags eine kleine christliche Gemeinde zum Gottesdienst trifft – sowie Gebäude der Stadtverwaltung (Appellationsgerichtshof, Zollverwaltung, Schatzamt, Industrie- und Handelskammer sowie ein Polizeikommissariat).

Genug alte Gemäuer und verwinkelte Gassen gesehen? Das Kontrastprogramm bieten Hivernage und Guéliz rund um die Place du 16 Novembre (Guéliz).

Hip – Quartier Guéliz

Flanieren, einkaufen, ausgehen – kaum ein Stadtteil eignet sich dafür besser als Guéliz, insbesondere zwischen der Place de la Liberté, der Place du 16 Novembre und der Place Abd El Moumen Ben Ali. In den von der Avenue Mohammed V abführenden Querstraßen, aber auch entlang der Avenue selbst finden sich unzählige Läden und Boutiquen, zumeist auf Mode, Accessoires, Lederwaren und Einrichtungsgegenstände spezialisiert.

Insbesondere die Mall Marrakech Plaza lädt zum Stöbern und Einkaufen ein. Inzwischen ist in der Nähe mit dem Carré Eden ein weiteres großes Einkaufszentrum entstanden. In Guéliz agiert meist ein junges, oft mehrere Fremdsprachen parlierendes Personal. Dem Shoppingvergnügen steht also nichts im Wege.

2.
TOUR

1.
TOUR

3.
TOUR

Das Kasbah-Viertel

Die Nekropole der Saadier

Ein meditativer Ort erwartet Sie hier, eine Stätte der Kontemplation, eine Oase der Stille im Gewusel der Medina. Und eine Begegnung mit muslimischen Totenkulten ebenso wie mit Jenseitsvorstellungen.

Neben der Dynastie der Almohaden haben vor allem die Saadier, die Marrakesch 1554 zur Hauptstadt ihres Reiches machten, Geschichte und Geschicke der Stadt entscheidend geprägt. Das Saadier-Reich, das in den späten 1660er-Jahren zerfiel (ihre letzte Bastion, Marrakesch, fiel 1669), markiert eine tumultöse Epoche: Von elf Saadier-Sultanen wurden acht ermordet.

Hinein ins Kasbah-Viertel

Die wuchtigen, beide aus dem 12. Jh. stammenden Stadttore Bab Er Rob und Bab Agnaou (eines der schönsten Tore, jüngst frisch restauriert) bilden die Zugänge ins alte Kasbah-Viertel, das Gebiet der einstigen Almohaden-Stadt. Noch auf diese Epoche, also in die Zeit des späten 12. Jh., geht die Mosquée de la Kasbah (Djemaa Al Qasaba, Kasbah-Moschee) zurück, die, obschon mehrfach umgebaut und er-

Aufwendige Stuckaturen an Säulenkapitellen und Durchgängen, feinste Keramikmosaike an den Wänden sind typische Dekorelemente der arabischen Baukunst.

weitert, ihren originalen Bauplan noch erkennen lässt. Von besonderer Bedeutung ist das geometrische Dekor der Minarettfassaden, das für spätere Moscheen stilbildend wurde. Wie alle Moscheen in Marrakesch bleibt das Gotteshaus Nicht-Muslimen verschlossen. Die Kasbah-Moschee wurde ebenso wie das Bab Agnaou aufwendig restauriert, der vorgelagerte Platz (Place Moulay El Yazid) umgestaltet und neu gepflastert.

Geschichtsklitterung

Gleich neben der Moschee liegt der Eingang zu den Tombeaux Saadiens, den Saadier-Gräbern, der bedeutendsten historischen Sehenswürdigkeit des Viertels. Die Nekropole wurde zwischen 1590 und 1600 angelegt und später vom zweiten Alaouiten-Sultan Moulay Ismail (1672–1727) mit hohen Mauern verschlossen. Moulay Ismail machte Meknes zur neuen Hauptstadt des Reiches und wollte – wie er auch mit der Schleifung des Palais El Badi augenfällig demonstrierte –, alle Erinnerungen an die Saadier auslöschen. Erst 1917, etwa 200 Jahre nach diesem Akt der Geschichtsklitterung, wurde die Nekropole wiederentdeckt – die Gräber waren unversehrt.

Im Kasbah-Viertel sind auch noch traditionelle Handwerker zu Hause, wie dieser Schuster.

Grabstätte der Großen – ein Ort der Stille

Im Freien verteilt finden sich wohl ca. 100 mit farbig gemusterten Kacheln (Zellige) verzierte Gräber, die alle nicht namentlich gezeichnet sind. Zwei als Säulenhallen angelegte Mausoleen ziehen besondere Aufmerksamkeit auf sich: In der einen Halle sind die bedeutendsten Saadier-Sultane bestattet, unter ihnen der legendäre Ahmed El Mansour (1578–1603). In seine Regentschaft fiel eine kulturelle Blütezeit Marrakeschs und eine Ära wirtschaftlicher Prosperität durch den lukrativen Gold- und Sklavenhandel mit den Königreichen der Sahelzone.

In der anderen Halle stehen die Sarkophage von Ahmed El Mansours Mutter, der weiblichen Angehörigen seiner Familie sowie der Lieblingsfrauen aus seinem Harem. Auffällig ist, dass sie nicht einheitlich, etwa in Richtung Mekka, ausgerichtet sind. Ebenso auffällig sind ihre unterschiedlichen Größen: An der Seite von Ahmed El Mansour wurden auch Persönlichkeiten aus seinem Gefolge sowie Prinzessinnen und Kinder bestattet – je größer die Sarkophage desto gewichtiger die Toten.

Die Saadier-Gräber illustrieren einen sakralen Raum, der mit farbigen Kacheln, Marmorsäulen, Schriftbändern, Gipsfriesen, Hufeisenbögen und geschnitzten Zedernholztüren und -decken prächtig ausgeschmückt ist. Innerhalb der hektisch betriebsamen Medina sind sie ein Ort kontemplativer Ruhe, der Stille und Konzentration. Ein Mahnmal, ein architektonisches Ensemble als Totengedenken.

Ein angenehmer Ort für eine Auszeit nach der Besichtigung der Gräber ist das gegenüberliegende Terrassencafé Nid' Cigogne mit seinem schönen Panoramablick. Der Name (Storchennest) bezieht sich auf die brütenden Störche auf den Mauersimsen in der Nähe.

> ### GEGEN JEDES LEIDEN IST EIN KRAUT GEWACHSEN
>
> Wer sich im Dar Al Baraka umtut, sollte sich hüten, die hier präsentierten Heilmittel als Ausdruck von Quacksalberei zu verurteilen. Es gibt in Marokko eine reiche Tradition medizinischen Wissens, die auf der Kenntnis von Heilpflanzen und Heilkräutern aufbaut.

II

Pausieren in Marrakesch

1937 entdeckte Jacques Majorelle die Farbe Blau. Erst bemalte er damit sein Atelierhaus, dann alles, was sich auf seinem Grundstück befand: Mauern, Zäune, Tore …

Selbst im wuseligen, oft auch anstrengenden Marrakesch lassen sich Parks und Gärten finden, die ein wenig Erholung und Abkühlung bieten.

EIN TRAUM IN FARBEN

Jardin Majorelle
Lust auf einen Spaziergang in einem wiederauferstandenen Paradies? Dann sollten Sie diesen Garten besuchen, den Yves Saint Laurent rettete und den Prinzipien arabischer Gartenbaukunst folgend in ein Märchen aus Licht und Farben, aus Wasserspielen und Pflanzen verwandelte. Palmengruppen und Bambushaine, Seerosenteiche und Kakteenanlagen, weiches Licht, durch Geäst und Zweige gefiltert, plätschernde Springbrunnen, Singvögel in den Baumwipfeln, Pergolas, Brunnen und Pavillons – das ummauerte Areal des Jardin Majorelle ist eine wunderbare Kombination aus tropisch wuchernder Vegetation und rational geplanter Struktur, ein Ort zugleich der Sehnsucht und der Vergänglichkeit.
Rue Majorelle

INSEL DER ENTSCHLEUNIGUNG

Les Bains de l'Alhambra
Sie sind luxuriöse Tempel der Körperpflege, Inseln der Entschleunigung – die Hamams, die von jahrhundertealten Traditionen inspirierten arabischen Badehäuser. Bäderkultur vom Feinsten können Sie in Les Bains de l'Alhambra erleben, einem exquisiten traditionellen Hamam. Angeboten werden Massagen, Peeling sowie verschiedenen Anwendungen mit diversen Essenzen, Seifen, Ölen und Badesalzen.
9, Derb Rahala

DER GEHEIME GARTEN

Le Jardin Secret
Wenn Sie nach den Exkursionen durch das Gewusel in den Souks allmählich schwächeln – Le Jardin Secret ist ein wunderbarer Rückzugsraum, ein Refugium zum Innehalten. Im Garten gibt es ein Café, vom Aussichtsturm bietet sich ein grandioses Panorama!
121, Rue Mouassine

MITTEN IN GUÉLIZ

Jardin El Harti
Einen Steinwurf von der lärmumtosten Place du 16 Novembre entfernt, liegt der Jardin El Harti. Der große, gepflegte Park ist ein Biotop für etliche exotische Pflanzenarten, ein echtes Refugium mitten im Trubel von Guéliz. Kinderstimmen vom Spielplatz statt Autolärm von den großen Ausfallstraßen, Parkbänke, gekieste Wege, Schatten unter den Baumgruppen, ein ruhiges, offenbar wenig frequentiertes Areal, gut geeignet für eine Auszeit …
Zugang über Rue Cadi Ayad oder Av. du President Kennedy

DER BERG RUFT

Tizi N'Ouche
Man muss hierhin wollen – aber für den, der hier ankommt, ist es ein Erlebnis. Für Wanderer ein steiler, beschwerlicher Anstieg, Selbstfahrer brauchen, zumal im Winter, ein geländegängiges Fahrzeug. Tizi N'Oucheg präsentiert sich inmitten kleiner, terrassierter Ackerparzellen als 600-Seelen-Weiler vor den grandiosen Landschaftspanoramen des Hohen Atlas. Ein dörflicher Kosmos, in dem mehrere Sozial- und Frauenprojekte initiiert wurden. Tierlaute, Landleben, abgelegene Gehöfte, der Horizont eine majestätische Bergwelt, die Großstadt Marrakesch ist weit weg. Man kann von hier aus Wanderungen oder Trekkingtouren in den Toubkal-Nationalpark starten oder den Ort als eine Art alpines Refugium nutzen, womöglich als Stätte innerer Einkehr.

Maritim in Marseille

Gott und die Welt

Marseille lässt sich ohne seinen Hafen nicht denken. Doch der war in jüngster Vergangenheit eher eine Bürde als eine Freude – bis sich Marseille durch das Städtebauprojekt ›Euroméditerranée‹ neu erfand: Wo die Fähren nach Korsika oder Nordafrika anlegen, haben international prominente Architekten von Jean Nouvel bis Zaha Hadid Marseille eine hypermoderne »façade maritime« verpasst. Und über Allem wacht das Auge Gottes in Form der Kathedrale Sainte-Marie-Majeure.

Spektakulär ist nicht nur die Treppenanlage der Villa Méditerranée am Hafen. Innen können Besucher dank innovativer Museumstechnik die Kopie der prähistorischen Grotte Cosquer mit ihren fantastischen Wandmalereien erkunden als würden sie durch das Original tauchen.

Haarsträubend – von wegen! Die Aussicht von Notre-Dame-de-la-Garde aufs Mittelmeer und die Stadt ist grandios.

Flanieren durch Marseille

Die Passerelle, ein skulpturaler Beton-steg, verbindet das MuCEM am Hafen mit dem mittelalterlichen Fort St-Jean.

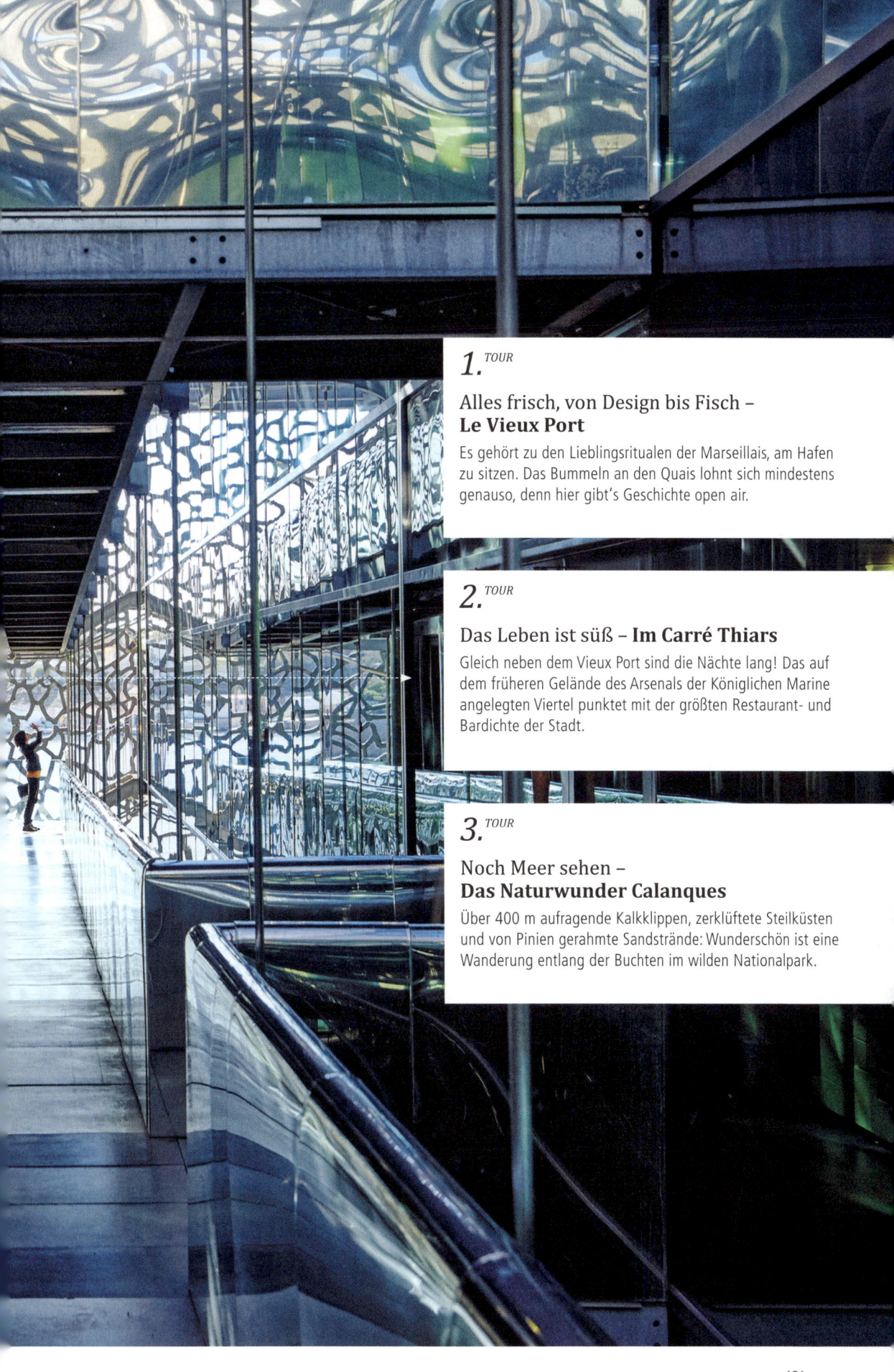

1. *TOUR*

Alles frisch, von Design bis Fisch –
Le Vieux Port

Es gehört zu den Lieblingsritualen der Marseillais, am Hafen zu sitzen. Das Bummeln an den Quais lohnt sich mindestens genauso, denn hier gibt's Geschichte open air.

2. *TOUR*

Das Leben ist süß – Im Carré Thiars

Gleich neben dem Vieux Port sind die Nächte lang! Das auf dem früheren Gelände des Arsenals der Königlichen Marine angelegten Viertel punktet mit der größten Restaurant- und Bardichte der Stadt.

3. *TOUR*

Noch Meer sehen –
Das Naturwunder Calanques

Über 400 m aufragende Kalkklippen, zerklüftete Steilküsten und von Pinien gerahmte Sandstrände: Wunderschön ist eine Wanderung entlang der Buchten im wilden Nationalpark.

Le Vieux Port

Alles frisch, von Design bis Fisch

Vom Quai des Belges schweift der Blick über schaukelnde Jachten, zwei Forts, schicke Bars, die neudesignten Kais und im selben Zug zu den Bürgersteigen, breit wie Flaniermeilen. Doch die größte Aufmerksamkeit beanspruchen die Fischverkäuferinnen. Vor ihnen liegen auf einem Bett aus Eis Doraden, Rotbarben, Thunfisch, Seebarsch, Drachenkopf, Seeteufel, Sardinen.

»DIE LUFT IN DIESER STADT IST IM GROSSEN UND GANZEN EIN WENIG SCHURKISCH.«

Madame de Sévigné, französische Schriftstellerin des 17. Jh.

Der geschäftige Hafen ist seit Jahrhunderten der Platz, an dem Fisch angelandet und verkauft wird. Seit Sir Norman Foster im Vieux Port Hand angelegt hat, kommt dieser in ganz neuem Gewand daher.

Unweit des Métro-Eingangs zur Station Vieux Port/Hôtel de Ville erinnert am Quai des Belges eine Bodenplakette an die Gründung von Marseille 600 v. Chr. durch Griechen aus Kleinasien. Der britische Stararchitekt Sir Norman Foster hat die Kais dahinter zum verkehrsberuhigten, baum- und strauchlosen Plateau aus weißem Granit umgestaltet. Am Quai des Belges ist die Weite mit der spiegelgleißenden, futuristischen Ombrière möbliert. Unter dem gigantischen Schattendach machen Skater Pause, lümmeln sich Verliebte, warten Touristen auf die Fähre zu den Frioul-Inseln. Nebenan bieten die Fischerfrauen ab 8 Uhr den Fang an, der ihren Männern nachts ins Netz gegangen ist.

Quai des Belges heißt der Kai erst seit 1915: Mit dem Namen sollte an den Widerstand der Belgier gegen die Deutschen im Ersten Weltkrieg erinnert werden. Die Kirche St-Ferréol auf der Nordseite des Kais wurde im Baufieber der Belle Époque um einige Querschiffe verkürzt. Hinter der geweißelten neobarocken Kirchenfassade verbirgt sich ein gotischer Innenraum.

Geschichte open air

Die Gartenanlage des Jardin des Vestiges ist die älteste griechische Ausgrabungsstätte Frankreichs. Bei Abbrucharbeiten stieß man hier auf Reste der griechischen Siedlung Massalia inklusive Bollwerken, Stadttor und Hafen. Das Areal gehört zum Musée d'Histoire de Marseille, dem Museum zur Stadtgeschichte im ungeschlachten Centre Bourse, und verlängert als eine Art Open-Air-Saal die Dauerausstellung – eine gute Gelegenheit, in die Römerzeit einzutauchen und gleichzeitig einen Moment der Entspannung nahe des quirligen Stadtzentrums zu genießen.

Im Norden viel Neues

Wiederaufbaublöcke aus den 1950er-Jahren prägen den Quai du Port auf der Nordseite des Hafenbeckens. Mitten drin: das von den Sprengungen 1943 verschonte barocke Hôtel de Ville. Das im Genueser Barock 1656–1673 erbaute alte Rathaus ist ein zweiflügeliger Bau mit noblem Mittelbalkon. Auf der Rückseite blieb eines der wenigen Reederpalais der Stadt erhalten: Die Maison Diamantée von 1570 verdankt ihren Namen den in Form von geschliffenen Diamanten vorkragenden Fassadensteinen. Ein Schlenker über die Place Vivaux, und wir stehen vor dem Musée des Docks Romains. Das Museum wurde über den ausgegrabenen römischen Hafenanlagen eingerichtet.

Jeden Morgen bringen Marseilles Fischer die Grundlage für die berühmte Bouillabaisse an Land: Doraden, Rotbrassen, Sardinen …

Sonne satt!

Als Wohnlage sind die nüchternen Häuserzeilen am Quai du Port nicht nur wegen des Hafenblicks begehrt – die Sonne scheint fast den ganzen Tag auf den Kai! Großzügige Wohnungen, in denen es an luxuriöser Ausstattung wie Parkett und bodentiefer Fensterfront nicht fehlt, zeichnen die in den 1950er-Jahren erbauten Blöcke aus. Loggien, Balkons und Skulpturenschmuck lockern das Ensemble auf.

Auf ein Glas …

Die *Marseillais* lieben es inbrünstig: das alte Pendelbötchen namens ›César‹, das von der barocken Pracht des Hôtel de Ville am Quai du Port rüber zur umtriebigen Place aux Huiles am Quai de Rive Neuve auf der Südseite des Hafenbeckens tuckert. Wieder gibt es viele Cafés – deren Terrassen allerdings lange Stunden im Schatten liegen. Macht nichts: Es gehört zu den Lieblingsritualen der *Marseillais,* am Hafen zu sitzen, um mit Blick auf den Mastenwald ein Glas zu trinken. Kurzum, auch hier brummt's. Erst recht, wenn sich am Kai Scharen von Besuchern vor oder nach einer Aufführung im Théâtre National de Marseille La Criée tummeln. Das für seine experimentierfreudigen Inszenierungen bekannte Theater residiert in der ehemaligen Fischauktionshalle La Criée, und so wird es auch von den meisten *Marseillais* genannt. Ringsherum laden Caféterrassen mit knallbunten Stühlen dazu ein, eine kleine Pause einzulegen.

Groß war 2008 die Bestürzung, als die betagte, 50 Passagiere fassende alte Fähre der Linie ›Le Ferry-Boat‹ den Dienst quittierte. Zwei Jahre später nahm ein neues Boot Fahrt auf. Das mit Sonnenenergie betriebene Vehikel ist genauso lang wie die gute alte ›César‹, trumpfte jedoch mit hypermodernem Design auf. Und erwies sich bald als sehr reparaturanfällig. 2013 wurde die alte ›César‹ nach aufwendiger Restaurierung schließlich wieder eingesetzt. Seither sind beide Fähren in Betrieb, die Passage kostet 50 Cents.

Im Carré Thiars

Das Leben ist süß

Zwischen Place aux Huiles und Cours d'Estienne d'Orves brummt es. Die vielen Flaneure lassen keinen Zweifel daran, dass im Carré Thiars die größte Restaurant- und Bardichte der Stadt zu finden ist. Das im Schachbrettmuster angelegte Viertel entstand vor gut 200 Jahren auf dem Gelände des Arsenals der königlichen Marine.

Ein Kanal trennte das Viertel von der Stadt, erst in den 1920er-Jahren wurde das Becken zugeschüttet. Die Maison du Capitaine in Hausnummer 21–23 ist eines der wenigen verbliebenen Zeugnisse aus der Zeit des Arsenals. Hier residierte der oberste Befehlshaber über Galeeren und Sträflinge. Heute stellt die Maison de l'Artisanat et des Métiers d'Art unter den wuchtigen Gewölben und dem beeindruckenden Gebälk der Kapitanerie in thematischen Ausstellungen provenzalisches Kunsthandwerk aus.

›Une metamorphose marsaillaise‹

Das Ende des Arsenals war der Startschuss für eine umgreifende Veränderung. 1784 wurden die acht *îlots* genannten Häuserblöcke um die Place Thiars mit dreistöckigen Lagerhäusern bebaut. Im Erdgeschoss entstanden Lager und Kontore, die zum Wohnen bestimmte

Was heute so friedlich und charmant daherkommt, war früher das Arsenal. Hier begannen die Qualen für die Galeerensklaven, die im Anschluss monatelang zu fünft in einem nur 2,30 m langen und 1,30 m breiten Abteil auf den Galeeren leben und arbeiten mussten.

erste Etage wurde mit schlichtem Fassadenschmuck wie etwa Säulen an den Fenstern verziert. Mit dem Zuschütten des Kanals 1923–26 verloren die Lagerhäuser ihre Direktverbindung zum Vieux Port. Das Carré Thiars durchlief erneut eine Umwandlung. Fisch- und Gemüse-händler zogen in die Lagerhäuser. Wichtiger noch, Journalisten, Verleger, Schriftsteller kamen. Die Redaktion der Tageszeitung »La Marseillaise« fand hier ihren Sitz, schließlich auch die literarische Zeit-schrift »Les Cahiers du Sud«, in der von Paul Éluard, Marguerite Your-cenar über Céline bis zu Paul Valéry oft erstmals Artikel erschienen.

Eine Frau packt an

Mit der heutigen Gestalt des Viertels ist kein Name enger verbunden als der von Jeanne Laffitte. Die Verlegerin und Sammlerin antiquari-

Zehn Tage lang wird die Seifenmasse aus Olivenöl, Natron, Alkali und Meer-salz bei 100 °C gekocht, dann muss sich die Masse eineinhalb Tage setzen und wird im Anschluss mehrmals mit klarem Wasser gewaschen. Getrocknet wird sie an der frischen Luft, so manches Mal hilft der Mistral dabei. Schließlich wird sie geschnitten und gestempelt – ›et voilà‹: Da haben wir die echte Savon de Marseille.

scher Kostbarkeiten setzte sich in den 1970er-Jahren für den Abriss eines monströsen Parkhauses ein, das den Cours d'Estienne d'Orves verschandelte. Ihre Kunstbuchhandlung Les Arcenaulx in Nr. 25 ist bis heute die tonangebende Adresse zu Geschichte, Kultur und Küche von Marseille und der Provence. Im selben Gebäude betreibt ihre Schwester Simone ein Restaurant, das mit seinen Bücherregalen wie eine Bibliothek wirkt, und einen Salon de Thé mit viel Verweilqualität. Wer wissen möchte, wie das Carré Thiars einmal ausgesehen hat, kann die Fotos und Erklärungen im Porche des Arcenaulx, dem Bogen-durchgang zwischen Buchhandlung und Restaurant, studieren.

Durch die Nacht

Das südliche Ende des Cours d'Estienne d'Orves trifft auf die zum Vieux Port abknickende Place aux Huiles, an der früher das Olivenöl für die Seifenmanufakturen von Marseille vom Schiff gelöscht wurde. Auf der Platzmitte thront die Büste des Komponisten Vincent Scotto (1874–1952), dem Frankreich 4000 Chansons verdankt, darunter das durch Josephine Baker berühmt gewordene »J'ai deux amours«. Bäu-me beschatten die Terrassen von Bistros, Cafés und Bars. Abends steht man vor den Eingängen von Jazzklubs und Musikkneipen Schlange. Lang wird die Nacht in jedem Fall – denn das Viertel mutiert mit fort-schreitender Nacht von der Restaurant- zur Ausgehmeile.

Das Naturwunder Calanques

Noch Meer sehen

Im 9. Arrondissement überrascht ein Küstenabschnitt von wilder Schönheit. Gut 400 m ragen die Kalkklippen der Calanques empor. Die in der letzten Eiszeit entstandenen, an die 2 km tiefen Buchten zerschneiden eine 28 km lange Felsküste. Kein Haus, kein Mast stört das Bild schroffer Klippen und zugewucherter Talfurchen. Seit 2012 sind die Calanques Nationalpark.

Die zwei Dutzend Buchten zwischen dem Stadtrand von Marseille und dem Hafenstädtchen Cassis sind fast ausnahmslos naturbelassen und unbewohnt. Einige wenige kann man mit Bus oder Auto erreichen, die meisten nur zu Fuß oder mit dem Boot. Felsnadeln rahmen das türkisfarbene, smaragdgrüne oder nachtblaue Wasser der Buchten. Bereits in der Antike abgeholzt, entwickelte sich im subariden Klima der ausgeglichenen Steinlandschaft eine endemische immergrüne Vegetation, die Brutkolonien von Zugvögeln Schutz bietet. Habichtsadler, Wanderfalken, Uhus, Felsenschwalben, Blaumerlen oder Fahlsegler bevölkern die Felsen. Perleidechse und Mittelmeergecko hasten über den Weg. Mit etwas Glück kreist sogar ein Bonelli-Adler über den Köpfen.

Erst seit 1975 steht das gesamte Gebiet unter rigorosem Naturschutz, seit 2012 sind die Calanques sogar Nationalpark. Autos haben auf den Staub- und Schotterpisten des Hinterlands nichts mehr zu suchen, bei Brandgefahr werden Teile des Gebiets auch für Wanderer abgeriegelt.

Nichts für Weicheier: von Calanque zu Calanque

Der mit einem rot-weißen Doppelbalken markierte Fernwanderweg GR 98 folgt ab der Calanque Callelongue der Felsküste. In Kehren und Kurven geht es von einer Calanque zur nächsten, mal hoch über Steilfelsen oder am Strand entlang bis ins Hafenstädtchen Cassis. Gouffé-Kraut wuchert an Geröllhängen. Wo sich in Felsklüften Humus sammeln konnte, sprießen Zwergiris, Rosmarin, Kermeseiche, Myrte und Steinlorbeer. Achtung: Die 23 km lange Wanderung ist anstrengend (8–9 Std.). Unbedingt Wasser, Verpflegung, Kopfbedeckung und ein Handy mitnehmen!

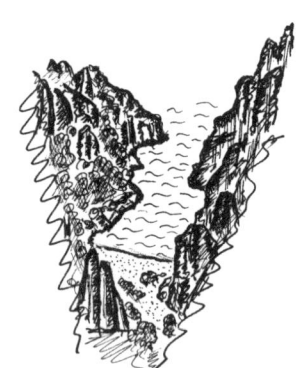

Die Calanque d'En-Vau

Wanderer, kommst du nach Sormiou ...

Von Callelongue über einen breiten Geröllweg ist in knapp einer Stunde die Calanque de Marseilleveyre erreicht. Das Szenario mit der Strandbar Chez le Belge, ausgeblichenen Holztischen und windzerzausten Bougainvilleen erinnert an Griechenland. In der Calanque de Sormiou überschatten Pinien den Sandstrand. Dahinter bilden Fischerhütten ein kleines Dorf. Ein paar Restaurants gibt es ausnahmsweise auch. Von den Tischen auf der Sonnenterrasse des Le Château (reservieren!) ist der Blick in die Bucht und auf den Strand zudem umwerfend. Wanderer, kommst Du nach Sormiou, so sind die Verführungen zu bleiben, groß!

Comics aus der Altsteinzeit

Das Cap Morgiou schiebt sich kühn ins Mittelmeer. Ein Stichweg führt an die Spitze des Kaps. Zu seinen Füßen liegt die nur per Boot erreichbare Calanque de la Triperie. Aus ihrer Tiefe schlug 1991 die Nachricht von der Neuentdeckung einer Grotte wie eine Bombe ein. Eine weitere Grotte zwischen Marseille und Cassis wäre eigentlich nichts Besonderes gewesen. In die Schlagzeilen aber geriet die Grotte, weil die in 37 m Meerestiefe zugängliche, von dem Tauchlehrer Henri Cosquer entdeckte und nach ihm benannte Grotte Cosquer mit altsteinzeitlichen Felszeichnungen bemalt ist. Die Bilder können es mit denen von Lascaux aufnehmen. Der Zugang ist streng verboten.

Gut so, denn wir haben noch einige Kilometer und Calanques vor uns. Oder doch erst mal Pause machen? In der vom Kap abgeschirmten Calanque de Morgiou stehen erneut schlichte *cabanons*. Dazu kommt die Bar Le Nautic, auf deren Terrasse der gegrillte Fisch und ein Gläschen Rosé noch einmal so gut schmecken …

Wer ist die Schönste am ganzen Strand?

Weiter in Richtung Cassis folgt die Calanque de Sugiton mit FKK-Strand, einem Inselchen zum Draufgucken und wild zerklüfteten Klippen, dann die Calanque du Devenson, die 318 m hohe Uferklippen überragen. Apropos Klippen: Nicht jede Calanque ist leicht zugänglich: In die Calanque de l'Oule herunterzukraxeln, die als Nächste folgt, empfiehlt sich nur für geübte Kletterer.

Als Krönung der Wanderung und schönste Calanque gilt die Calanque d'En-Vau. Felsnadeln wie der ›Gottesfinger‹ rahmen die Bucht, ein dramatisches Szenario. Glasklares türkisfarbenes Wasser schwappt an den Strand. In der Hochsaison oder an Wochenenden ist allerdings jeder Quadratmeter belegt, da Ausflugsschiffe Badegäste in der Bucht absetzen. Ähnlich verhält es sich mit dem von Pinien gerahmten Sandstrand der benachbarten Calanque de Port-Pin.

Die Calanque de Port-Miou, die längste Calanque, liegt bereits kurz vor Cassis und zählt nach dem verheerenden Waldbrand von 1990 heute mehr Schiffsmasten als Bäume. Die Bucht wurde zudem zu Anfang des 20. Jh. als Steinbruch genutzt und hat dadurch ihren natürlichen Charme verloren. Schon wenig später tauchen die ersten Häuser von Cassis auf. Geschafft!

Ob der Einsiedler, der die Grotte de l'Ermite im Calanques-Nationalpark bewohnte, den fantastischen Sonnenuntergang zu schätzen wusste?

Lust auf einen *cabanon?* Das könnte schwierig werden. In der Calanque de Sormiou etwa gehören alle *cabanons* den Nachkommen von Marie de Sormiou, die die Bucht 1885 erworben hat. Die begehrten Hütten sind unverkäuflich und bleiben über die Generationen in derselben Familie. So wie in den anderen Calanques auch.

Krönung der Wanderung ist die Calanque d'En-Vau. Felsnadeln wie der ›Gottesfinger‹ rahmen die Bucht, ein dramatisches Szenario.

II

Pausieren in Marseille

Mitten im Stadtzentrum überrascht der
Parc Longchamp mit unendlich viel Grün
und einer monumentalen Wasserkaskade

Marseille ist bemüht, viele grüne Tupfen ins Stadtbild zu pflanzen.

STADT. LANDPARTIE.

Campagne Pastré
Marseille ist ein trockenes Pflaster. Erst der im 19. Jh. gebaute Canal de Marseille hat das Wunder ermöglicht, die krautige Garrigue am Fuß des Massif de Marseilleveyre in einen üppig bewaldeten Park mit zwei Teichen zu verwandeln. Wobei die Grenzen zwischen Park und Natur fließend sind. Die 112 ha große Campagne Pastré geht mit Pinien, Kermeseichen, Olivenbäumen und Ginster fast nahtlos in die wilde Schönheit des Massivs über – Wanderwege laden zum Aufstieg ein. Eine 900 m lange zentrale Allee führt auf das ehemalige Landgut der Gräfin Pastré zu, eine ziegelrote, schlossähnliche Bastide, in der ab 1940 aus Paris geflohene Künstler wie der Maler Fernand Léger oder der Dramatiker Eugène Ionesco Zuflucht gefunden haben.
157, Av. de Montredon

WO EINST DIE TIERE WOHNTEN ...

Parc Longchamp
Ursprünglich gehörten zu dem im 19. Jh. angelegten Park ein Zoo und ein Botanischer Garten. Der Zoo wurde 1987 geschlossen, im Jahr darauf der auf der Fläche angelegte Park eröffnet. Geblieben sind auf den 8 ha Grünflächen der maurisch inspirierte Giraffenpavillon, der Musikpavillon, Statuen, das Planetarium, ein Aquädukt und die große Kaskade. Letztere setzt das Palais Longchamp in Szene: Der zweiflügelige Prachtbau steht über gewaltigen unterirdischen Wasserkatakomben. Die beiden Flügel dienen als Museen. Vor dem Bogen des zentralen Pavillons steht eine Skulptur, die den Fluss Durance darstellen soll. Dessen Wasser kommt, von einem Kanal geleitet, genau an dieser Stelle in Marseille an.
Eingänge: Boulevard Montricher und Boulevard du Jardin Zoologique

EIN GARTEN FÜR DIE KAISERIN

Jardin du Pharo
1852 kam Louis Napoléon Bonaparte nach Marseille, sah das Gelände hoch über der Einfahrt zum Vieux Port, und beschloss zu bauen. 1858 wurde der Grundstein für das Palais du Prado gelegt und mit dem Park ringsherum begonnen. Gedacht war das Ganze als Geschenk für Kaiserin Eugénie. Die jedoch konnte dies nie genießen. Denn bevor die Arbeiten beendet waren, hatte man den Gatten vom Thron gestürzt. Dumm gelaufen. Das Palais ist heute Kongresszentrum, der offiziell Parc Émile Duclaux genannte Jardin du Pharo *the place to picknick* mit umwerfender Aussicht auf den alten Hafen und die neue Seafront.
Boulevard Charles Livon

ZUM BÄUME UMARMEN ...

Parc du 26ème Centenaire
Marseilles jüngster Park wurde auf dem Gelände des ehemaligen Prado-Bahnhofs angelegt. Wo früher Güterwagen rollten, stehen heute 1500 seltene Bäume, darunter 26 nordamerikanische Mammutbäume, die auf die 2600-jährige Geschichte der Stadt verweisen. Auch der Rest ist Programm. Vier Themengärten stehen für das Völkergemisch der Stadt. Anstelle eines früheren Bahnsteigs wurde ein Kanal angelegt. Links und rechts fächeln Palmen. Superschön: Im Pavillon du Thé kann man unter dem luftigen Dach der alten Bahnhofshalle ein Glas trinken oder mittags etwas essen.
Rond-Point Zino Francescatti

Stolzes Neapel

Fußballdevotionalien in allen Ausführungen schmücken eine Gasse in den Quartieri Spagnoli: Der SSC Neapel ist nach 33 Jahren wieder Italiens Fußballmeister.

Geschichte auf Schritt und Tritt

Alle waren sie hier: Griechen, Römer, Normannen, Staufer, Franzosen, Ungarn, Österreicher und Spanier. Und von allen hat sich etwas erhalten im lebendigen Alltag von heute. Neapel – ein großes, einzigartiges Freilichtmuseum!

Weit geht der Blick vom Belvedere im Park Villa Floridiana hinaus aufs Meer.

1.
TOUR

2.
TOUR

3.
TOUR

Flanieren durch Neapel

Eine Windrose als Mittelpunkt: Fast stellt die fantastische Architektur und Marmordekoration der Galleria Umberto I die Auslagen der Läden in den Schatten.

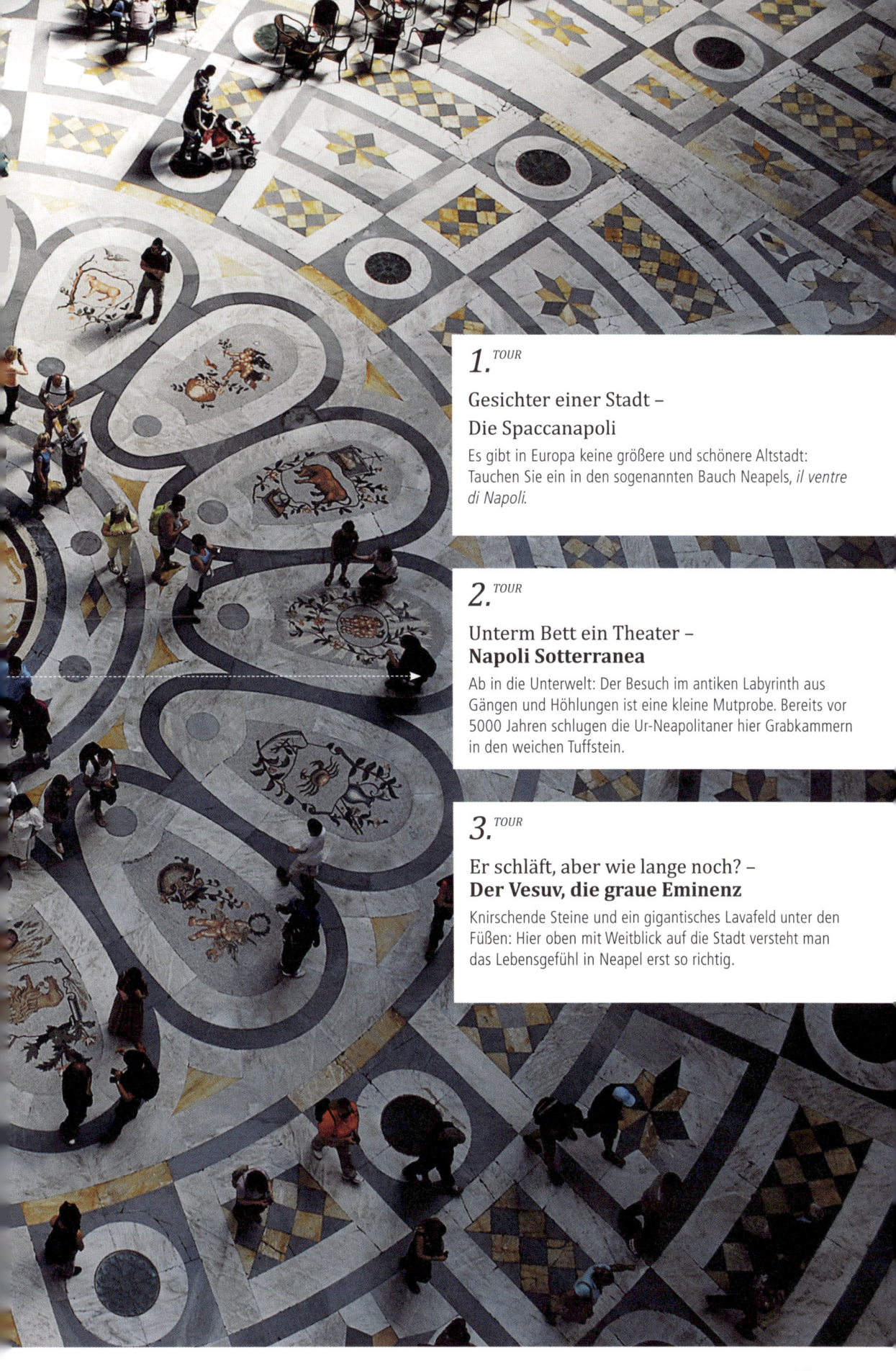

1. TOUR

Gesichter einer Stadt –
Die Spaccanapoli

Es gibt in Europa keine größere und schönere Altstadt: Tauchen Sie ein in den sogenannten Bauch Neapels, *il ventre di Napoli*.

2. TOUR

Unterm Bett ein Theater –
Napoli Sotterranea

Ab in die Unterwelt: Der Besuch im antiken Labyrinth aus Gängen und Höhlungen ist eine kleine Mutprobe. Bereits vor 5000 Jahren schlugen die Ur-Neapolitaner hier Grabkammern in den weichen Tuffstein.

3. TOUR

Er schläft, aber wie lange noch? –
Der Vesuv, die graue Eminenz

Knirschende Steine und ein gigantisches Lavafeld unter den Füßen: Hier oben mit Weitblick auf die Stadt versteht man das Lebensgefühl in Neapel erst so richtig.

Die Spaccanapoli
Gesichter einer Stadt

Sie ist das Gegenteil vom Klischee der verwinkelten Gassen. Die Spacca-napoli verläuft wie mit dem Lineal gezogen 3 km lang durch den Kern der Altstadt. Von den Quartieri Spagnoli bis zu La Forcella hin trägt die wichtigste der drei Hauptstraßen im Centro antico jeweils einen ande-ren Namen. Abwechslung gibt es aber nicht nur beim Namen: Tauchen Sie ein in den Menschenstrom, der hier auf engstem Raum sprudelt.

»Neapel ist wie New York und New York ist wie Neapel«, sagte Andy Warhol, als er 1979 die Stadt besuchte. So wie der Broadway New York diagonal teilt, spaltet die Spaccanapoli Neapel in zwei Teile. Dabei zieht sie nicht nur geografisch einen Schnitt längs durch die Metropole am Golf, sie zeigt auch einen Querschnitt der verschiedenen Altstadtgesich-ter und endet im verruchten Camorra-Viertel Forcella. Als Via Pasquale Scura entspringt sie in den Quartieri Spagnoli im höheren Teil Neapels. Von dort oben wird ihr Name – ›Spalterin Neapels‹ – besonders an-schaulich. In ihrem Verlauf streift sie das bunte Marktviertel Pignasecca, zu dessen geschäftiger Lebendigkeit Sie einen kleinen Abstecher unter-nehmen können, kreuzt die Via Toledo und ist ab dort für uns der Ausgangspunkt, um ihrer Gradlinigkeit zu verfallen. In diesem Abschnitt wird sie Ihnen als Via Maddaloni, Via Benedetto Croce und Via San Biagio dei Librai – oder eben als Spaccanapoli – in Erinnerung bleiben.

Schmal, geschäftig, eng – und über dem Kopf immer ein Stück Himmel: die Spaccanapoli

Ein wenig mehr Raum für Größe

Ihren Anschein des Unscheinbaren verliert die Spaccanapoli spätestens auf der Höhe der Piazza del Gesù Nuovo. Da öffnet sie sich, um Raum zu gewähren für eines der drei wichtigsten Säulendenkmäler der Stadt. Die Guglia dell'Immacolata ist ein herausragendes Beispiel für neapolitanische Bildhauerkunst des 18. Jh. Versuchen Sie mal, das Monument zu fotografieren: Dann haben Sie wahrscheinlich im rechten Bildhintergrund die Chiesa del Gesù Nuovo, deren abweisende Stachelfassade sich übrigens auch für Nahaufnahmen gut eignet.

Der Alltag als Raumwunder-Erlebnis

Gegenüber an der Ecke befindet sich das Touristeninformationsbüro der Altstadt, denn ab hier beginnt der Teil der Spaccanapoli, in den es besonders viele Besucher zieht: Die Via Benedetto Croce ist Einkaufsstraße des Altstadtalltags – mit Bars, Eis- und Konditoreiläden, einem SSC-Napoli-Sportgeschäft (Via B. Croce 14), Antikem, Mode und Schmuck.

Versteckte Pracht

Manchmal weist ein kleines Schild darauf hin, dass sich hinter einem jahrhundertealten Innenhof ein noch älterer Palazzo verbirgt. So gibt es hier etwa den opulenten Palazzo Filomarino della Rocca aus dem 16. Jh. (Via B. Croce 12). In seinem Innenhof sehen Sie, welch großzügig angelegten Lebensraum sich der neapolitanische Adel einst gönnte – verborgen hinter einem mächtigen Holztor.

Des Bettlers Andenken

Anschließend öffnet sich die Spaccanapoli plötzlich wieder nach links, ein weiterer Platz mit einem weiteren Säulenbau in der Mitte – imposant, überraschend, harmonisch: Sie stehen auf der Piazza San Domenico Maggiore. Die Menschen, die hier nach *spiccioli,* Kleingeld, oder nach Zigaretten fragen, sind keineswegs fehl am Platz. Der Namensgeber der Piazza, der hl. Dominikus, gründete den Bettelorden der Dominikanermönche. Zu seinem Andenken steht die Säule mitten auf dem Platz, allabendlich Treffpunkt für Studenten, Touristen, Jugendliche aus der Altstadt und Paradiesvögel.

Trödeln und Trödel

Von der Piazza San Domenico bis zur Via Duomo verläuft der engste und trödeligste Teil der Spaccanapoli. Vor gut 2000 Jahren lag genau unter Ihnen der Decumanus Inferior – die südlichste der drei antiken Stadtachsen. Die antike Nil-Statue an der gleichnamigen Piazzetta, die ägyptische Siedler hier aufstellten, erinnert noch daran.

Eine weitere Besonderheit der Spaccanapoli ist das berühmte Puppenkrankenhaus, in dem jene Puppen repariert werden können, die es seit dem Siegeszug des Plastikspielzeugs kaum noch irgendwo gibt. Im Ospedale delle Bambole werden seit mehr als 200 Jahren mit viel Fingerspitzengefühl kranke und verkümmerte Puppen sowie altersschwache Pulcinella-Figuren restauriert.

Madonnen, Sirenen, Ungeheuer, Teufel und Engel – die Straßenkünstler Neapels lassen Kontraste krachen: Mythos und Moderne, Alt und Neu, Klischees und Ungewöhnliches, und das in allen erdenklichen Farben.

»NEAPEL IST EIN PARADIES, JEDERMANN LEBT IN EINER ART VON TRUNKNER SELBSTVERGESSENHEIT. MIR GEHT ES EBENSO, ICH ERKENNE MICH KAUM, ICH SCHEINE MIR EIN GANZ ANDERER MENSCH. GESTERN DACHT ICH: ›ENTWEDER DU WARST SONST TOLL, ODER DU BIST ES JETZT.‹«

Johann Wolfgang von Goethe

2.
TOUR

1.
TOUR

3.
TOUR

Napoli Sotteranea

Unterm Bett ein Theater

Steigen Sie hinab in die Unterwelt Neapels. Dort verbirgt sich im weichen gelben Tuffgestein ein unterirdisches System aus Hohlräumen und Gängen, das bereits in der Antike angelegt wurde.

140 Stufen führen hinab in die Unterwelt. Professionelle Höhlenforscher nehmen sie im Laufschritt. Aus eigener Erfahrung sagen wir, dass auf dem feuchten Boden etwas Vorsicht allerdings nicht schadet. Die Treppe an der Piazza San Gaetano ist einer von 60 Eingängen in den Untergrund, die erst im Zweiten Weltkrieg ins Tuffgestein geschlagen wurden. Damals hatte man die seit dem 19. Jh. in Vergessenheit geratenen antiken Hohlräume unter der Stadt als improvisierte Luftschutzkeller wiederentdeckt. Etwa eine halbe Million Neapolitaner suchten bei Bombenalarm in 200 ›Höhlenbunkern‹ Unterschlupf vor 28 000 Bomben – manchmal tagelang.

Ein Schweizer Käse aus Stein

Schon die alten Griechen höhlten den Untergrund Neapels aus, um Material für die Bauten an der Oberfläche zu gewinnen.

Vor 30 Jahren gründete der Höhlenforscher Enzo Albertini den Verein Napoli Sotterranea mit dem Ziel, »die Steine erzählen zu lassen«. Der Hauptdarsteller in der unterirdischen Stadtgeschichte ist der gelbe Tuff – weiches, poröses Gestein vulkanischen Ursprungs, auf dem

Neapel erbaut ist. Seit der frühen Antike wurden darin Wasserkanä-
le, Brunnenschächte, Zisternen und Steinbrüche angelegt, sodass ein
unterirdisches Netz mit riesigen Hohlräumen und feinen Tunnel-
adern entstanden ist – wie ein Schweizer Käse nimmt dieses nun
eine Gesamtfläche von 2 km² ein und trägt etwa zwei Drittel der
Altstadt. Viele Abschnitte dieser Parallelwelt waren lange Zeit von
Schuttmassen verschüttet, nachdem die Brunnenschächte ab dem
19. Jh. zu Müllschluckern degradiert worden waren.

Aus Tuff geboren

Nach 30 zurückgelegten Höhenmetern stehen Sie plötzlich in einem
Labyrinth aus Gängen und Höhlungen. Manch ein Tunnel ist so nied-
rig, dass Sie Ihren Kopf einziehen müssen. Bei einer Temperatur von
14 bis 16 °C und einer Luftfeuchtigkeit von konstanten 70 % erfahren
Sie, dass bereits vor 5000 Jahren die Ur-Neapolitaner Kammern in den
Tuffstein schlugen, um ihre Toten zu begraben. Aber erst die Griechen
perfektionierten den Tuffabbau. Sie nutzten im 5. Jh. v. Chr. den weichen Stein als Baumaterial zur Errichtung ihrer neuen Stadt: Neapolis.
Je mehr Tuff ans Tageslicht gefördert wurde, desto schneller wuchsen
Tempel und Befestigungsanlagen. Mehr als 1000 solcher Steinbrüche
gab es in der Antike, und jeder nach oben beförderte Steinblock wog
an die 300 kg.

Auch die Kochkunst der neapolita-
nischen Pizzaioli zählt seit 2018 zum
UNESCO-Kulturerbe.

Brunnenputzer und Zisternen

Das unterirdische Wasserversorgungssystem wurde teils vom Regen-
wasser, teils von einem gigantischen Aquädukt gespeist, das Wasser
aus dem weit entfernten Hinterland in die Stadt transportierte. Erst im
17. Jh. erreichte dieses System seine Grenzen, sodass ein spendables
Adelshaus neue Wasserleitungen bauen ließ. Damals verfügte jeder
Palazzo über seine eigene Zisterne. Professionelle Brunnenputzer stie-
gen zur Wartung in die Schächte hinunter, zogen den Stopfen raus,
ließen das Wasser im Tuff versickern, reinigten die imprägnierten
Wände und füllten die Zisterne neu auf. Heutzutage geht es mit einer
Kerze in der Hand, die man sich an einem Bunsenbrenner anzünden
kann, durch einen unbeleuchteten Gang zu einer solchen Zisterne –
eine kleine Mutprobe, die mit einem Blick auf das geheimnisvoll beleuchtete Wasser belohnt wird.

Neros Gesang

Eine Gasse weiter, in der Vico Giganti, führt die Besichtigungstour in
einen sogenannten *basso* – eine kleine Erdgeschosswohnung. Unter
dem dortigen alten Bett kommt eine Falltür zum Vorschein und öffnet den Durchgang zu den Mauern des antiken römischen Theaters,
in dem Kaiser Nero die Bürger von Neapolis mit seinen Liedern quäl-
te. Nero war ein miserabler Sänger. Ab dem 13. Jh. verleibten sich
Palazzi nach und nach die Theaterreste gleichsam wie Kannibalen
ein. Archäologen legen die antiken Mauern des Teatro Romano
inmitten der umstehenden Häuser zurzeit wieder frei. Diese
›Bühnen‹-Baustelle wird immer mal wieder für Besucher geöffnet:
Dort erwartet Sie ein geradezu umwerfendes archäologisch-archi-
tektonisches Schauspiel!

1995 erklärte die UNESCO Neapels
Altstadt zum Welterbe. Die Denk-
malpflege macht auch vor dem
Straßenbelag nicht halt: Müssen
die schweren Steinquader in den
decumani (historischen Straßen)
ausgetauscht werden, dann ge-
schieht dies immer noch größten-
teils in Handarbeit: Die Arbeiter
schlagen – im Knien – jede einzelne
Anti-Rutschkerbe des Basaltblocks
eigenhändig mit Hammer und
Meißel in den Stein hinein.

Für den Aufstieg zum
Vesuv braucht man ein
wenig Puste.

Der Vesuv, die graue Eminenz

Er schläft,
aber wie lange noch?

Vielleicht versteht man erst hier oben das Lebensgefühl in Neapel besser – mit knirschendem Lavastein unter den Füßen und die Metropole im Weitblick. Der Vesuv verkörpert die Vergänglichkeit des Lebens. Zwar bringt er blühende fruchtbare Landschaften hervor und eine paradiesische Silhouette, dennoch reicht ein Grummeln und jeder weiß, dass im nächsten Augenblick alles vorüber sein könnte.

Der graue Riese mit der Doppelspitze im Golf von Neapel ist der einzige aktive kontinentale Vulkan Europas. Nach dem letzten Ausbruch 1944 fiel er in einen Dornröschenschlaf, dessen Ende die Vulkanologen rechtzeitig vorhersagen zu können hoffen. Der Vesuv ist zwar der besterforschte Vulkan der Welt, aber auch der am dichtesten bevölkerte (20 Kommunen mit etwa 400 000 Einwohnern). Die ersten Ausbrüche fanden vor 25 000 bis 17 000 Jahren statt. Bei der gewaltigen Eruption von 79 n. Chr., die Pompeji und Herkulaneum verschüttete und den Vesuv zum Vulkan-Star machte, wurde der ursprüngliche Monte Somma zerstört und es entstand der Große Kegel (Gran Cono) des Vesuvs. Deswegen trägt der Vulkan heute noch den Doppelnamen Monte Somma-Vesuvio. An der höchsten Stelle misst der Vesuv 1281 m, der Monte Somma 1132 m.

Lavawege mit antikem Suchspiel

Der Aufstieg auf den Vulkan, der in der neapolitanischen Volkskultur respektvoll *'a muntagna* genannt wird, beginnt bei dem Piazzale auf 1000 Höhenmetern. In Serpentinen gehen Sie auf einer breiten Aschepiste bis zum eigentlichen Kraterrand. Feste Schuhe und ein wenig Kondition genügen zur Begehung, und am besten eignen sich klare Frühlings- oder Herbsttage.

Gegenwärtig gewährt der Krater einen 200 m tiefen und 600 m breiten Einblick. Das Panorama reicht vom Golfo di Gaeta im Norden bis zur Sorrentinischen Halbinsel im Süden. Sie können den Krater etwa bis zur Hälfte entlanglaufen: Am Ende des Aschepfades stehen Sie oberhalb des sogenannten Agro Nocerino-Sarnese, jener fruchtbaren Ebene, die vom Meer bis weit hinter den Vesuv reicht. Mit etwas Geduld entdecken Sie in diesem Flachland rings um das Flüsschen Sarno auch die Ruinen von Pompeji. Bereits in der Antike war die Ebene ein wichtiges Anbaugebiet für Obst und Gemüse.

Trotz seiner Schläfrigkeit gibt der Vesuv ständig Lebenszeichen von sich. Am Kraterrand steigen Dampffäden empor und lassen erahnen, dass der Vulkan mehr kann, als ein paar Fumarolen in die Umgebung zu pusten. Schautafeln erklären Geschichte, Zusammensetzung und Eigenarten des berühmten Berges. 3 Mio. Menschen leben im potenziellen Ausbruchgebiet des Vesuvs. Evakuierungspläne liegen für den Fall der Fälle bereit. Klar ist bislang nur, dass eine neuerliche Eruption höchst explosiv sein könnte, denn das gigantische Magmafeld in 8 km Tiefe ist wie von einem Stopfen verschlossen.

So hielt ein Künstler im 19. Jh. einen Ausbruch des Vesuvs fest. Ziemlich beeindruckend!

II

Pausieren in Neapel

Malerischer geht es kaum: Am Castel dell'Ovo jagt ein Fotomotiv das nächste.

WINDIGE PERSPEKTIVE

Castel dell'Ovo

Eine frische Brise weht immer über das massive, aber gar nicht furchteinflößende Castel. Bestaunen Sie die jahrtausendealten Säulen und Treppengänge, aber vergessen Sie nicht, die Nase in den Wind zu halten und das Panorama von der obersten Plattform zu genießen!

UNTERWASSERPARK

Parco Sommerso di Gaiola

Eine steiler Fußweg führt hinunter zu der kleinen – nach dem vorgelagerten Inselchen benannten – Bucht aus Tuffstein. Mit Anlegesteg (zum Sonnen), Kieselstrand und klarem Wasser ist alles Nötige für ein Bad vorhanden, denn Flora, Fauna und versunkene antike Ruinen stehen hier in einem Meerespark unter Naturschutz.

ARTENVIELFALT

Orto Botanico

Joseph Bonaparte ließ den Botanischen Garten 1807 zu Forschungszwecken als ›Königlichen Garten der Gewächse‹ anlegen. 12 ha Fläche sind aufgeteilt in Klimazonen und Lebensräume mit Wüstenpflanzen, Kakteen, Farngewächsen, Macchia und Pinien sowie einer duftenden Sammlung von Zitrusbäumen.
Via Foria 223

PARADIESISCH

The Florist Bar

Paridisieollo (›Kleines Paradies‹) heißt das kleine Gebiet direkt neben dem Botanischen Garten. Stadt und Land treffen hier aufeinander, fruchtbare Gärten, versteckt hinter hohen Tuffmauern. Und in der Florist Bar gibt es Selbstgemachtes mit vielen Zutaten aus dem eigenen Garten: Obstsäfte und -kuchen, herzhafte Bruschetta, Salate, sonntags ein Garten-Brunch, abends fruchtige Cocktails. Perfekt für eine Pause!
Via Michele Tenore 8

ZUM LUSTWANDELN

Villa Floridiana

Ein Park als Geschenk für seine nicht standesgemäße zweite Ehefrau – König Ferdinand war spendabel und verbrachte hier manch laue Sommernacht mit ihr. Die verschlungenen Wege führen zu einem herrlichen Ausblick über den Golf – und zum Museo Duca di Martina für Porzellan-, Keramik- und Emaillekunst.
Via D. Cimarosa 77

DER SCHÖNSTE PARK

Bosco di Capodimonte

Vor einigen Jahren wurde der 134 ha umfassende Bosco zum ›schönsten Park Italiens‹ gekrönt. Das einstige königliche Jagdrevier ist mit seiner ins Szene gesetzten Landschaftsarchitektur eine Wohltat in Grün – und Blau: Hinter den Baumkronen blitzt das Azur des Meeres und des fernen Vesuvs hervor.

WELLEN-GANG

Pontile Nord

Ganze 900 m ragt der ehemalige Verladepier der früheren Stahlwerke von Bagnoli auf das Meer hinaus und hat als moderne maritime Flaniermeile eine neue Bestimmung gefunden. Der Rest der Bucht ringsherum wartet noch auf seine Renaturierung.
Sbarcatoio Nisida, Bagnoli

Big, bigger New York!

Wer kennt sie nicht, die legendären New Yorker Yellow Cabs?

New York ist (nicht nur) Manhattan

In New York erlebt man auf vier oder fünf Kilometern so viel wie anderswo auf Hunderten oder Tausenden Meilen. Alles folgt dem Prinzip der Dichte: die Architektur, die Lebensweise, die Kultur. Seit mehr als 120 Jahren baut New York in die Höhe, um so viel Geschäft und Leben wie möglich auf die kleine Insel Manhattan zu packen. Für Besucher hat das einen enormen Vorteil: Alles ist hier schnell und bequem erreichbar. Zu Fuß, per Subway, mit den gelben Taxis und auch per Fahrrad gelangt man im Nu von A nach B.

Gigantisch: Auf der Manhattan Bridge rollen auf zwei Etagen sowohl Autos wie Schienenfahrzeuge.

2.
TOUR

1.
TOUR

3.
TOUR

Flanieren durch New York

1. *TOUR*

Freiheitsstatue und Ellis Island –
Tor zur Neuen Welt

Seit 1886 empfängt die Freiheitsstatue alle Schiffsreisenden, ein Geschenk Frankreichs zum hundertjährigen Bestehen der USA. Vom Kopf der Lady Liberty aus bieten sich atemberaubende Aussichten.

2. *TOUR*

Times Square –
Eine Bühne mitten in Manhattan

Nirgendwo wuseln Mensch und Auto so durcheinander wie auf dem Time Square, begleitet vom Rhythmus der flackernden Werbescreens. Ein Teil des Platzes ist inzwischen Fußgängerzone – mit Tribüne, Tischen und Stühlen.

3. *TOUR*

Brooklyn – **Trendsetter jenseits der Brücke**

Wer wirklich New York kennenlernen will, der muss auch mal raus aus Manhattan – Brooklyn erkunden. Denn in Brooklyn gibt es sie noch, die Boheme, die aus Manhattan wegen der absurd hohen Lebenshaltungskosten verschwunden ist.

Trotz Hochhausfülle bleibt das Empire State Building ein unverkennbares Wahrzeichen von New York.

1. TOUR

2. TOUR

3. TOUR

Freiheitsstatue und Ellis Island

Tor zur Neuen Welt

Dem Charme dieser Dame erlagen bereits Millionen Menschen: ›Lady Liberty‹, die Freiheitsstatue, steht als Symbol für das Versprechen von Amerika wie kaum etwas anderes. Und von ihr eröffnet sich ein grandioser Blick auf die Skyline von Manhattan, die grenzenlose Möglichkeiten verheißt.

Der Blick vom Schiff aus auf die Freiheitsstatue war die erste Aussicht auf die Neue Welt, die Millionen von Neuankömmlingen aus Russland, Polen, Deutschland, Irland und Italien bis 1954 erhaschten. Sie alle wurden durch die Quarantänestation Ellis Island geschleust, bevor sie einen Fuß ans Ufer ihrer neuen Heimat setzen durften. Wenn Sie mit der Hafenfähre hier landen, können Sie dieses Gänsehaut-Gefühl der tief empfundenen Hoffnung nachvollziehen, das jene ›unterdrückten Massen‹, die in der berühmten Inschrift im Sockel der Freiheitsstatue von Dichterin Emma Lazarus besungen werden, einst beseelte.

Ellis Island ist heute eine der größten Touristenattraktionen New Yorks. Jeden Tag machen Fähren von der Anlegestelle am Battery Park

Die Statue of Liberty: nicht nur Fackel-, sondern vor allem Hoffnungsträgerin für Generationen von Einwanderern aus aller Welt

Für all die Migranten aus Europa, die in der Hoffnung auf ein Leben in Würde und Wohlstand nach Amerika strebten, kam mit Lady Liberty Land in Sicht – nach einer wochenlangen Schiffspassage. Wer heute mit der Fähre durch die New Yorker Bucht schippert, erlebt genau denselben Anblick.

an der Südspitze Manhattans alle 45 Minuten die Rundtour mit Halt auf Ellis Island und an der Freiheitsstatue. Zur Hauptreisezeit zieht sich die Warteschlange quer durch den Park. Wenn Sie nicht gleich morgens um halb neun da sind, können Sie bis zu zwei Stunden anstehen. Das sollte Sie allerdings nicht abschrecken, die Tour lohnt sich – und das nicht nur wegen des Ausblicks.

Unter den Zacken der Krone

Im 1990 restaurierten Ellis-Island-Gebäude werden Sie Schritt für Schritt die Prozedur nachvollziehen, die Einwanderer durchlaufen mussten, bevor sie in Amerika an Land gelassen wurden. Viele Millionen Amerikaner kommen außerdem hierher, um in der Datenbank nach ihren Vorfahren zu suchen. Sie können hier genau erfahren, wann ihre Familie eingereist ist und woher sie kam. Die Hälfte aller US-Bürger haben Verwandte, die über Ellis Island immigrierten, und es ist rührend zu beobachten, wie sie versuchen, sich in die Situation ihrer Vorfahren zu versetzen, die voller Hoffnung, aber auch Furcht die Schwelle zur neuen Welt überschritten.

Ebenso lohnend wie der Stopp bei Ellis Island ist derjenige an der Freiheitsstatue. Denn Sie können in die Krone der 93 m hohen Skulptur steigen, die Frankreich Ende des 19. Jh. den Vereinigten Staaten geschenkt hat. Die Aussichtsplattform hat einen atemberaubenden Blick auf Manhattan, aber nur Raum für rund zehn Menschen. Der Aufstieg zur Plattform ist mit ein wenig Anstrengung verbunden, 354 Stufen gilt es auf einer schmalen Wendeltreppe zu erklimmen.

Keine Lust auf lange Schlangen?

Wer sich für die Fähre nach Ellis Island und zur Freiheitsstatue nicht die Beine in den Bauch stehen, aber trotzdem den klassischen Blick vom Wasser aus auf die Skyline von Lower Manhattan genießen möchte, nimmt die Pendlerfähre nach Staten Island. Die Fähre durchquert 24 Stunden am Tag die New Yorker Bucht. Und kostenlos ist sie auch noch. Das Terminal liegt am Ostende des Battery Park, nur wenige Meter von der Anlegestelle der Ellis-Island-Fähre entfernt.

2. TOUR

Times Square

Eine Bühne mitten in Manhattan

Schrill flimmernde Megascreen, hupende Taxis und Menschen, Menschen, Menschen machen hier jede Nacht zum Tage. New York ist die Stadt, die niemals schläft? Glaubt man am Times Square sofort: Wenn Manhattan ein Zentrum hat, dann liegt es am Times Square – der weltberühmten Kreuzung von Broadway und Seventh Avenue an der 42nd Street.

Totgesagte leben bekanntlich länger und so hat auch der Times Square, benannt nach der großen New Yorker Zeitung, die hier bis vor Kurzem noch residierte, in den vergangenen 25 Jahren eine massive Veränderung erfahren. Das Herz des weltberühmten New Yorker Theaterdistrikts wurde nach den 1960er-Jahren immer schäbiger. Prostitution und Drogenhandel regierten das Straßenbild. Wer heute nachempfinden möchte, wie es in den gefährlichen Zeiten am Times Square zuging, dem sei die TV-Serie The Deuce von Martin Scorsese auf HBO empfohlen.

Heute ist der Streifen im Zentrum von Manhattan von eleganten, modernen Wolkenkratzern gesäumt. Einzige Ausnahme ist das Paramount Building am Broadway zwischen 34ter und 44ter Straße, ein klassischer New Yorker Wolkenkratzer aus den 1920er-Jahren.

Vorhang auf für die Stadt

Die Neuerungen gefallen nicht jedem. New Yorker beklagen, dass der Times Square eine reine Erlebnismeile für Touristen geworden ist. Viele meiden die Gegend, wenn sie können, alleine schon, weil man hier im Gedränge gerne mal stecken bleibt. Und die New Yorker, die es immer eilig haben, hassen nichts mehr als das.

Doch als Besucher lohnt es sich, wenigstens einmal hierherzukommen. Die Masse an Menschen, die sich hier durchdrängeln, ergeben mit dem Lichterrausch und dem Treiben der Straßenhändler und Gaukler einen überwältigenden Ansturm auf die Sinne.

Inzwischen haben auch die Stadtplaner erkannt, dass die Attraktion des Times Square der Platz selbst ist. Deshalb haben sie mitten auf der Verkehrsinsel am Broadway, am Father Duffy Square, eine Tribüne aufgebaut, die einzig und allein dazu dient, das Treiben auf dem Platz und das Leuchten der Bildschirme zu bestaunen.

Zudem wurde der Broadway auf einzelnen Abschnitten, darunter auch am Times Square in eine Fußgängerzone verwandelt und mit Stühlen und Tischen bestückt. Es ist ein außergewöhnliches städtebauliches Experiment, das überraschend gut funktioniert. Sich hier niederzulassen und das Spektakel der Werbefilme und Leuchtbänder zu betrachten, ist die angenehmste Art, den Times Square auf sich wirken zu lassen.

Wem dies nicht Spektakel genug ist, der kann sich am Theaterkiosk TKTS, der im Herzen des Times Square steht, Karten für jedes der Musicals oder Bühnenstücke kaufen, die in den 39 klassischen Thea-

Falls Ihr erster Eindruck vom Times Square so aussieht, geht es Ihnen wie vielen. Der fulminante Überfall auf die Sinne will erst einmal verarbeitet werden.

tern rund um den Platz laufen. Hier gibt es am Tag der Aufführung günstige Tickets für eine der großen Revuen, deren Besuch zu einem New-York-Urlaub einfach dazugehört: In den Traditionstheatern rund um den Broadway laufen ständig Dutzende Aufführungen von Musicalklassikern wie »Das Phantom der Oper«, »Chicago« und »Der König der Löwen« ebenso wie ernsthafte Bühnenstücke.

Seit 2022 können Sie sich sich im neuen, interaktiven Museum of Broadway über die Geschichte des Musical- und Theater-Entertainments informieren und in Bild und Ton Höhepunkte der berühmtesten Broadway-Shows nacherleben.

Klassisch aufgetischt

Direkt am Times Square gibt es vorwiegend Fast-Food-Restaurants, die überteuert und nicht besonders empfehlenswert sind. An der 46th Street zwischen der Eighth und Ninth Avenue reihen sich die Restaurants auf, die traditionell vor und nach dem Theaterbesuch frequentiert werden. Hier isst man ordentlich, zumeist italienisch oder amerikanisch, aber gleichzeitig auch vergleichsweise teuer.

Ein klassisches New-York-Erlebnis findet man am Times Square allerdings bei Sardi's, einer fast 100 Jahre alten Legende des Theaterdistrikts, berühmt für die Hunderte von Karikaturen prominenter Schauspieler und Showgrößen an der Wand, die alle hier einmal zu Besuch waren.

Ähnlich zeitlos ist der Rum Room im Edison Hotel, einer alteingesessenen Cocktail-Lounge im Theaterviertel, die jüngst von einem jungen, neuen Besitzer modernisiert wurde, ohne das elegante Flair des alten Times Square zu verlieren.

Das Barbetta auf der Restaurant Row im Theater-Distrikt ist eine New Yorker Institution. Es ist mit bald 120 Jahren das älteste New Yorker Lokal im Familienbesitz. Der Besuch des kitschig eingerichteten Raums mit seinen Samtvorhängen und Gips-Statuen im Stil eines italienischen Kellerlokals ist eine Zeitreise in die Ära, als man zum Theaterbesuch noch Frack und Zylinder trug.

Pause vom Dienst: Der Polizist gönnt sich einen Happen im McDonalds am Times Square. Die harten Zeiten, als in der Gegend Prostitution und Drogenhandel an der Tagesordnung waren, sind aber vorbei; New York hat am Times Square ordentlich aufgeräumt.

DESNU...WAS?

Wenn Sie nicht wissen, was ein »Desnuda« ist, erleben Sie am Times Square Anschauungsunterricht live: Um die Schausteller, die Comicfiguren und die halb nackten »Desnudas«, die sich am Times Square gegen Trinkgeld mit Touristen ablichten lassen, ist in letzter Zeit jedoch ein Streit entbrannt. Sie gehören zum Zirkus des Times Square dazu, die Stadt weist jedoch ausdrücklich darauf hin, dass es keine Verpflichtung gibt, ihnen etwas zu bezahlen.

Entertainment wie in alten Zeiten

Etwas näher am Times Square, an der 44th Street/ Ecke Eighth Avenue, liegt einer der berühmtesten New Yorker Jazzklubs: Das Birdland ist nach dem großen Jazzsaxofonisten Charlie ›Bird‹ Parker benannt, der hier regelmäßig spielte. Es bietet Abend für Abend Konzerte mit einigen der besten Musiker der Stadt.

Das Iridium ist einer der letzten Überreste aus der Zeit, als an der 52ten Straße ein Jazzclub neben dem anderen stand. Hier spielt die erste Liga der heutigen Jazzwelt in einem schummrigen Kellergewölbe. Beide sind *supper clubs*, das bedeutet, man muss zusätzlich zum relativ günstigen Ticketpreis etwa für mindestens 20 Dollar verzehren.

Brooklyn
Trendsetter jenseits der Brücke

Sie suchen das coolste Nachtleben der Stadt, die angesagtesten Cafés und Kneipen, die ausgefallensten Geschäfte, das Neueste in Kunst und Musik und die besten Restaurants? Dann müssen Sie Manhattan verlassen und den Weg über den East River antreten.

Die Zeiten, in denen Manhattan das Zentrum des New Yorker Universums war, sind lange vorbei. Der schwindelerregende Anstieg der Lebenshaltungskosten hat in den vergangenen 30 Jahren viele Kreative aus Manhattan vertrieben. Die kulturelle Elite der Stadt ist nach Brooklyn ausgewandert, das für sich genommen der kulturell spannendste Ort der gesamten USA ist.

Brooklyn erschließt sich allerdings nicht so leicht wie Manhattan. Die interessanten Viertel sind verstreut und dezentral. Da ist einmal das einstige Lagerhallenviertel DUMBO, unmittelbar unterhalb der Brooklyn Bridge, in dessen Lofts sich kreative Firmen und Künstler angesiedelt haben, und das vor Cafes und Galerien nur so wimmelt. All das zusammen bringt das St. Ann's Warehouse, ein Zentrum für experimentelles und Avantgarde-Theater direkt unter der Brooklyn Bridge. Mit dem neu gestalteten Park am East River ist DUMBO auch ein wunderbares Ziel für warme Sommerabende.

Inspiration im Vorbeigehen: Im Brooklyner Stadtteil Williamsburg liegt die Kunst quasi auf beziehungsweise an der Straße.

Hipster-Speerspitze

Dann sind da Williamsburg und das angrenzende Greenpoint, die sich nördlich der Williamsburg Bridge am East River entlang in Richtung Queens ziehen. Williamsburg ist das Zentrum der jungen Boheme. Rund um die Hauptader des Viertels, die Bedford Avenue, gibt es die coolsten Boutiquen und die coolsten Kneipen.

Foodies mit Hang zum Extravaganten sind hier ebenfalls richtig gelandet. Das Epizentrum der hippen Brooklyner Restaurant-Avantgarde ist Roberta's Pizza. Einige Zutaten werden im eigenen Dachgarten angebaut, das Brot wird selbst gebacken, und eine Internet-Radiostation sendet direkt aus dem Restaurant. Und ja, die berühmte Pizza von Roberta gibt es auch. Kult ist der klassische Diner aus den 1920er-Jahren unter der Williamsburg Bridge. Die ausgehängte Karte mit traditionellen Diner-Gerichten wie ›Suppe‹ und ›Burger‹ täuscht darüber hinweg, dass hier Gourmetküche produziert wird.

Außerdem sind hier die maßgeblichen Klubs und Dance Floors der Stadt beheimatet. Die Brooklyn Bowl verbindet Live-Hip-Hop, Jazz Funk und Soul mit einer klassischen Kegelbahn. Erstaunlicherweise geht das Konzept auf! Beliebt bei Jüngeren ist auch der Megaklub Schimanski in Anlehnung an den kultigen Tatort-Kommissar. Das zeigt, dass die deutsche Techno-Szene in New York sehr angesagt ist.

Seit Jahrzehnten eine renommierte Adresse jenseits von Manhattan: Die Brooklyn Academy of Music ist ein Zentrum aller Kunstformen an mehreren Standorten im Stadtviertel.

Schön flanieren

Die etablierteren Viertel von Brooklyn sind Brooklyn Heights und Park Slope. Im idyllischen Villenviertel Brooklyn Heights unmittelbar südlich der Brooklyn Bridge lebt das alteingesessene Brooklyner Großbürgertum. Das hübsche Viertel und vor allem die Flusspromenade laden zum Flanieren ein.

Ähnlich verhält es sich mit Park Slope am Westrand des Prospect Park, das eine prachtvolle alte Bausubstanz und eine lebendige Restaurant- und Kneipenszene vorzuweisen hat. Am Nordrand des Parks findet sich das interessante Brooklyn Museum. Es ist etwas kleiner und bescheidener als die großen Museen in Manhattan wie das MoMa und das Metropolitan. Dafür ist es praktisch nie überfüllt. Zu sehen gibt es trotzdem reichlich, das Brooklyn Museum hat eine sehr eindrucksvolle ägyptische Sammlung, sehr gute Impressionisten sowie eine interessante Auswahl an zeitgenössischer Kunst.

Distinguiert kreativ

Weiter in Richtung Süden auf der anderen Seite der Atlantic Avenue findet sich das etwas unschön als BoCaCo zusammengefasste Viertel Boerum Hill-Caroll Gardens und Cobble Hill. BoCaCo ist ein Wohnviertel für eine etwas erwachsenere Szene von Leuten in kreativen Berufen – Verlagsmenschen und politisch engagierte Technologie-Arbeiter. Attraktiv sind hier vor allem die Smith Street und die Court Street mit ihren vielen guten und günstigen Restaurants.

Ein Topladen im Viertel ist die Brooklyn Academy of Music (BAM): Seit den 1980er-Jahren die erste Adresse in New York für Avantgarde-Musik, -Theater und -Ballett. Das dazugehörige BAM-Cinema, untergebracht in einem ehemaligen Konzertsaal, ist zudem eines der interessantesten Programmkinos von New York.

Ganz klar – die größte Sehenswürdigkeit von Brooklyn ist natürlich die Brooklyn Bridge, die den Stadtteil an Manhattan anbindet. Ein Spaziergang über die Brücke ist sicherlich ein Highlight für jeden, der New York besucht. Doch auf der Promenade ist es mittlerweile fast immer sehr voll, besonders in den frühen Abendstunden. Wer dort Einsamkeit sucht, geht vielleicht besser am frühen Morgen.

Pausieren in New York

Die New Yorker Parks durchbrechen das strenge Straßenraster und mit ihm das Hasten und Hetzen, die das Tempo und den Rhythmus der Stadt bestimmen. Der Schritt verlangsamt sich und die Sinne werden offen für das Spektakel der Straße. Für ein spontanes Konzert etwa, wie hier am Washington Square, das einen für ein paar Minuten mit den Mit-New-Yorkern zusammenbringt.

Gute Bücher, guter Kaffee, gute Leute: der Housing Works Bookstore in SoHo

Housing Works Bookstore

Wo kann man das sonst noch in New York tun: Einen ganzen Nachmittag zwischen den Regalen zu sitzen, Milchkaffee zu schlürfen und sich dabei in ein Buch oder eine Zeitung vertiefen. Der Housing Works Bookstore ist der perfekte Ort für eine solch stille Versenkung mitten im Trubel der großen Stadt. Der antiquarische Buchladen ist ein Refugium für Studenten, Journalisten und Schriftsteller. Und nicht selten bleiben sie bis zum Abend, wenn hier interessante Lesungen und literarische Veranstaltungen stattfinden. Das Beste: Jeder Cent, den man hier ausgibt, ist für einen guten Zweck gedacht, der Buchladen und das Café werden von einer gemeinnützigen Initiative gegen Obdachlosigkeit betrieben.
126 Crosby St.

Central Park

Asphaltwüste, Menschenmassen, stinkender Verkehr? Wenn sie mal eine Pause von ihrer Stadt brauchen, kommen die New Yorker hierher. Der Central Park, der riesige Landschaftsgarten mitten in Manhattan, bietet ein Refugium der Ruhe und Beschaulichkeit. 342 ha Platz haben die New Yorker zwischen 59th und 110th Street, um den Schritt zu verlangsamen, zu flanieren, Sport zu treiben, Mensch zu werden. Im Sommer wird der Park zu einer riesigen Freilichtbühne mit Opern und Popkonzerten sowie kostenlosen Shakespeare-Stücke.

Wave Hill

In die Bronx zu fahren, um eine Oase der Ruhe und Beschaulichkeit zu finden, das klingt zunächst mal nicht ganz schlüssig. Doch hoch über dem Hudson River, mit einem bezaubernden Ausblick über den Fluss und die felsige Steilküste am anderen Ufer, liegt hier ein verborgenes Park-Paradies. Halb Grünanlage, halb botanischer Garten lädt Wave Hill dazu ein, zu schlendern, zu träumen oder einfach nur auf der Wiese zu liegen, zu lesen und ab und zu den Blick über den Fluss schweifen zu lassen.
W 249th St.

Hudson-Promenade

Der Central Park ist ein Juwel, aber wenn man zum Joggen, Radfahren oder einfach nur Flanieren einen Park sucht, der nicht völlig vom Leben der Stadt abgetrennt ist, ist man auf dem Streifen entlang des Hudson zwischen 72ter und 125ter Straße besser aufgehoben. Man sieht die Frachtkähne den Fluss entlangschippern, in der Entfernung wölbt sich majestätisch das gigantische Stahlskelett der Washington Bridge über den Hudson. In Richtung Süden erhascht man Blicke der Skyline und das Treiben im Park ist so bunt, wie auf dem Broadway. Da sind Musiker, die ihr Instrument proben, Kids, die Skateboard üben und vielleicht ein wenig Hasch rauchen. Paare sitzen verliebt auf den Bänken und genießen die spektakulären Sonnenuntergänge, während auf den Felsen am Ufer gestresste Männer und Frauen versuchen, beim Meditieren Frieden zu finden. Und am Segelhafen an der 79ten Straße kann man die ganze Szenerie von einer Terrasse aus bei einem Bier auf sich wirken lassen.
Hudson-Ufer zwischen 72th und 125th St.

Savoir-vivre in Paris

Der Eiffelturm, eigentlich nur temporär für die Pariser Weltausstellung 1889 gebaut, steht glücklicherweise noch immer.

Die Weltstadt als Kunstwerk

… und Kunst in der Weltstadt. Keine Stadt ist so oft gemalt oder literarisch verewigt worden wie Paris, und viele herausragende Bauwerke bieten Raum für Museen oder zeitgenössische Kunst, vom Louvre über den Ex-Bahnhof Gare d'Orsay bis zum Grand Palais. Dessen grandioses Glasdach wölbt sich aber keineswegs nur über spektakuläre Ausstellungen, auch Modedefilees werden hier mit Pomp, Pop und Lightshows in Szene gesetzt. Denn in Paris ist nicht nur die Kunst, auch Mode, Essen und das ganze Leben sind Kunst!

Auf Motivsuche für gute Fotos: Der Friedhof Père Lachaise ist hierfür ein Geheimtipp.

Flanieren durch Paris

1. TOUR
2. TOUR
3. TOUR

Zum Tangotanzen an die Seine! Oder zum Joggen, Faulenzen, Durchatmen, Sonnenbaden, Picknicken und Feiern an den Quai … Ein Spaziergang am Flussufer ist der einfachste Weg, die Stadt zu entdecken.

1. *TOUR*

Der Montmartre – **Alles wie gemalt**

Montmartre kann ein Traum sein, wenn man sich nur ein paar Schritte von Sacré-Cœur entfernt. Rund um die große Basilika und die benachbarte Place du Tertre gibt es auch noch idyllische Ecken – ganz so wie aus »Amélies Welt«.

2. *TOUR*

Unterwegs mit dem Batobus – **Die Entdeckung der Langsamkeit**

Paris von der Seine aus betrachten. Auf dem Wasser unter den berühmtesten Brücken hindurchgleiten, vorbei an Notre-Dame, Jardin des Plantes, Grand Palais, Eiffelturm und Musée d'Orsay. Aussteigen zwischendrin lohnt!

3. *TOUR*

Die Rue Oberkampf – **Schlaflos in Paris**

Wohin zieht es die Partyszene? Für viele lautet die Antwort: ins Viertel um die Rue Oberkampf im Osten von Paris, ins legendäre Café Charbon und in die vielen Cafés, angesagten Clubs und Lokale drum herum.

Der Montmartre
Alles wie gemalt

Das Künstlerviertel hat zwei Gesichter: eines, das jeder zu kennen glaubt, weil es zum hübschen Klischee geworden ist, und ein anderes, geradezu dörfliches. Inmitten der Großstadt bildet der Hügel eine kleine Welt für sich, mit einer steilen Marktstraße, der Rue Lepic, und der belebten Rue des Abbesses, dazwischen enge Gassen, steile Treppen, verträumte Ecken.

Wadentraining

Die Métro-Station Blanche ist ein guter Startpunkt, um mit dem Spaziergang hügelaufwärts zu beginnen. Einst war der ›Balkon von Paris‹ für populäre Tanzveranstaltungen bekannt, für seine Cabarets und die Künstler, die hier an der Butte Montmartre lebten, Utrillo, Toulouse-Lautrec, Picasso, Van Gogh. Gleich hier am belebten Boulevard am Fuße des Montmartre steht man vor dem legendären Revuetheater Moulin Rouge, in dem sich noch immer allabendlich der Vorhang hebt. Seit 1889 schon existiert die ›Rote Mühle‹ im Pigalle-Viertel, die auch schon die Kulisse eines Kinofilms mit Nicole Kidman bildete. Heute sind die Revuen mit den langbeinigen und oft barbusigen Tänzerinnen vor allem eine Attraktion für Touristen aus dem Ausland.

Oh, là, là – Artistik auf dem Hochseil, pardon: an der Straßenlaterne, und das mit atemberaubendem Blick vom Montmartre-Hügel über die ganze Stadt.

Amélies Welt

Steil geht es die Rue Lepic hinauf und hinein in die Welt von Amélie Poulain, Titelheldin eines Kinomärchens von Jean-Pierre Jeunet, der das Frankreich der kleinen Leute feiert. Statt Kunstinteressierten auf den Spuren von Van Gogh, Toulouse-Lautrec und Picasso pilgern nun die Filmfans zum Montmartre und schießen Handyfotos vom Café des 2 Moulins, in dem Amélie als Kellnerin jobbte. Durch die belebte Rue des Abbesses mit netten Bistros, vielen Lebensmittelläden, einem originalen Jugendstil-Métro-Eingang und der Backsteinkirche Saint-Jean de Montmartre bummelt man gemächlich bis zur Rue Chappe.

… und unten Paris!

Noch weiter hinauf führt der Weg, ab der Rue André Barsacq über Treppen. Parallel dazu gibt es rechter Hand den Funiculaire, einen Schrägaufzug, mit dem man den Höhenunterschied komfortabler überwinden kann. An der Place Émile Goudeau, einem hübschen, von Bäumen beschatteten Platz, befand sich einst das Atelier von Picasso.

Oberhalb erreicht man Sacré-Cœur. Die im neoromanischen Stil 1919 errichtete Basilika oben auf dem Montmartre-Hügel ist ein Wahrzeichen der Stadtsilhouette. Über Treppen oder mit dem Funiculaire gelangt man hinauf und erlebt den eigentlichen Reiz der Kirche – den einmaligen Blick auf Paris. Auch wenn hier ganze Reisegruppen für ein Foto posieren, man kann sich gar nicht satt sehen und schwört sich, wiederzukommen.

Der unangefochtene Treffpunkt für Verliebte in der Stadt der Liebe ist ›Le mur des je t'aime‹ an der Place des Abbesses. In mehr als 300 (!) Sprachen sind an dieser Wand Liebesschwüre verewigt. Wem das nicht reicht, der schickt noch eine Liebeserklärung per Handy hinterher …

Nischenwelt

Die einstmals berühmten Porträtmaler auf der Place du Tertre mussten der Außengastronomie der Lokale rundherum weichen, nur ein paar Unbeirrbare halten sich im touristischen Gedrängel. Das kleine Musée de Montmartre erinnert an die dörfliche Vergangenheit des Viertels und die Künstler-Bohemiens, die hier um 1900 lebten. Seit 2014 ist das charmant rekonstruierte Atelier der Malerin Suzanne Valadon Teil des Museums. Vom hübschen Garten blickt man auf den benachbarten Weinberg.

Zur Weinlese auf den Montmartre

Gewissermaßen im Schatten von Sacré-Cœur liegt der Weinberg von Montmartre, ausgerechnet am Nordhang. Trinkbar ist der Rebensaft durchaus, aber der stolze Preis pro Flasche wird denn doch als Spende für gute Zwecke deklariert. Jedes Jahr im Oktober wird die Weinlese für den ›Clos Montmartre‹ von einem Fest mit Feuerwerk begleitet.

Um die Ecke geschaut

Montmartre und Pigalle zählen abseits der Touristenspots und mit ihren kleinen Galerien und Modeläden auch zu den hipsten Vierteln der Stadt. Mit einem Bummel vom Stoffmarkt Saint-Pierre am Fuß der Treppenanlage unterhalb von Sacré-Coeur durch die benachbarten Straßen wie Rue d'Orsel, Rue de Steinkerque und andere kann man den Sightseeing-Spaziergang perfekt ausklingen lassen.

Unterwegs mit dem Batobus

Die Entdeckung der Langsamkeit

Perspektivenwechsel: Wer gerne Boot fährt, hat in Paris Gelegenheit, auf der Seine entlangzuschippern und sich die Stadt vom Schiff aus anzusehen. Und tatsächlich eröffnet sich vom Wasser aus ein ganz neuer Blick auf die Metropole.

Auf dem Weg nach Norden fließt die Seine in einem großen Bogen durch die französische Hauptstadt. Entlang der Flussufer und auf den Seine-Inseln reihen sich die Sehenswürdigkeiten aneinander – da macht ein Boot schon Sinn! Die Boote pendeln zwischen neun Haltestellen, an denen Sie nach Belieben aus- und wieder zusteigen können.

Die Haltestelle bei Notre-Dame liegt am Quai de Montebello und gleich nach dem Start drängen die große Kathedrale und die beiden Seine-Inseln ins Bild. Der Quai Saint-Bernard rechter Hand wurde als Musée de la Sculpture en Plein Air vornehmlich französischen Bildhauern gewidmet. Einige Skulpturen von César, Ipousteguy, Zadkine und Brancusi säumen die Uferpromenade, auf der an schönen Sommerabenden Tango getanzt wird.

Königs-Kräuter

Es lohnt sich, gleich am Jardin des Plantes das erste Mal auszusteigen. Der botanische Garten wurde im 17. Jh. unter Ludwig XIII. auf Anregung seiner Leibärzte als königlicher Kräutergarten für Heilpflanzen angelegt und schon 1640 für die Öffentlichkeit freigegeben. Zum botanischen Garten gehören schöne alte Glasgewächshäuser aus dem frühen 19. Jh., ein kleines Labyrinth, eine Menagerie (Zoo) und das Museum für Naturgeschichte mit der großartigen Grande Galerie, das man sich für einen regnerischen Tag vorbehalten kann. Alte Alleen und farbenprächtige Blumenanlagen, darunter ein Rosarium und ein Irisbeet, sind im Frühjahr, Sommer und Herbst eine echte Augenweide.

Italienische Gastarbeiter

Der nächste Halt Hôtel de Ville liegt unterhalb des Pariser Rathauses, das Franz I. Anfang des 16. Jh. im Stil der Renaissance erbauen ließ. Bei seinen Feldzügen nach Oberitalien hatte der König diese neue Kunstform kennengelernt. Er holte italienische Baumeister und Künstler nach Frankreich, u. a. Leonardo da Vinci. Mit dem Bau des Hôtel de Ville beauftragte er den Architekten Domenico von Cortona. 1871 wurde das Rathaus niedergebrannt, aber schon bald darauf erheblich größer wiederaufgebaut (der Originalbau entsprach nur etwa dem heutigen Mittelteil). 18 Jahre lang war hier der spätere Staatspräsident Jacques Chirac Bürgermeister von Paris, dann residierte dort ab 1995 für weitere sechs Jahre sein Parteifreund Jean Tiberi. Als 2001 nach fast zweieinhalb Jahrzehnten mit Bertrand Delanoë ein linker Bürgermeister in das Rathaus einzog, kam das einem Erdrutsch gleich. Seine Nachfolgerin Anne Hidalgo, seit 2014 im Amt, setzt seither mit

Sightseeing ganz entschleunigt: Statt die Highlights mit der Métro einzeln anzusteuern, nehmen Sie doch einfach das Boot und lassen sich Zeit. Wie man sieht, kann das auch ganz schön sein ...

ökologischen Projekten beim Umbau von Paris zu einer modernen Metropole wichtige Akzente. Vom Hôtel de Ville sind es nur ein paar Schritte zum Centre Pompidou.

Pomp und Pracht im Palais

Nächste Haltestelle: ›Place de la Concorde‹ an der Belle-Époque-Brücke Pont Alexandre III. Der elegante Bogen über die Seine ist ein Meisterwerk der Ingenieurbaukunst und zugleich die pompöseste Brücke der Stadt. Kandelaber, Putten, Nymphen – das üppige Dekor steht ganz im Zeichen der Belle Époque. Gebaut wurde die Brücke anlässlich der Weltausstellung im Jahr 1900, heute ist sie ein beliebtes Fotomotiv, etwa mit dem Glasdach des Grand Palais im Hintergrund.

> ### KEIN PLATZ MEHR FÜR LIEBESSCHLÖSSER
>
> Der Pont des Arts, der in unmittelbarer Nähe zur Haltestelle am Quai Malaquais liegt, ist all seiner Liebesschlösser – es waren Hunderttausende! – beraubt worden. Kein großer Verlust, wie die Pariser finden. Wie auch immer, von der Brücke haben Sie einen einmaligen Blick: Seineaufwärts liegt die Île de la Cité wie ein Schiff im Strom – fest vertäut am Pont Neuf. Flussabwärts schimmert die Glaskuppel des Grand Palais über dem Tuilerien-Park.

Auch Grand Palais und Petit Palais entstanden zur Weltausstellung im Jahr 1900. Das Grand Palais verbirgt seine Eisenkonstruktion hinter einer historistischen Steinfassade, doch die riesige Glaskuppel, eine beeindruckende Konstruktionsleistung, verleiht dem Bauwerk eine überraschende Leichtigkeit. Beim derzeitigen Umbau soll eine öffentliche Passage durch das Bauwerk entstehen. Im kleineren Palais mit Neorokokofassade gleich gegenüber zeigt das Musée du Petit Palais städtischen Kunstbesitz aus Schenkungen von privater Hand. Zu den Exponaten gehören Gemälde von Cézanne, Courbet, Delacroix, Ingres, Manet, Sisley sowie Skulpturen und Kunsthandwerk. Von hier sind die Champs-Élysées nur einen Steinwurf entfernt.

Nach dem Stopp am Eiffelturm und am Musée d'Orsay lohnt an der letzten Haltestelle am Quai Malaquais ein ausgiebiger Bummel durch das belebte Stadtviertel Saint-Germain, von dem es heißt, hier wisse man zu leben und zu lieben …

Literaten unter sich

Der große Barockbau mit Kuppel am Quai de Conti ist das Institut de France. Es beherbergt die fünf großen Akademien Frankreichs, darunter die Académie Française, deren Aufgabe es seit 1635 ist, über Sprache und Literatur zu wachen. Durch die ›Unsterblichen‹, 40 auf Lebenszeit gewählte Philosophen und Dichter, Historiker und Theologen, soll die intellektuelle Elite Frankreichs vertreten sein. Nur wenn ein Mitglied stirbt, wird ein Nachfolger gewählt. An den unergründlichen Auswahlkriterien der häufig verspotteten, zugleich aber auch angesehenen Institution scheiterten sogar Balzac und Zola, Stendhal, Flaubert und Proust. Und erst seit 1980 Marguerite Yourcenar (1903–87) unter die ›Unsterblichen‹ gewählt wurde, gehören auch Frauen der fast 400 Jahre alten Akademie an.

Stille Betrachtung in der Cour du Mûrier der École des Beaux-Arts. Einem Maulbeerbaum verdankt der Innenhof seinen Namen. Erst im 19. Jh. ließ der Architekt Félix Duban die Wände bemalen und Kopien von antiken Skulpturen aufstellen.

Ateliers und Hörsäle der École des Beaux-Arts befinden sich seit 1616 am Quai Malaquais. Rund um die Kunstakademie haben sich viele Galerien angesiedelt, vor allem in der Rue Mazarine, Rue Bonaparte, Rue des Beaux-Arts und Rue de Seine. Der Bummel führt bis zur belebten Rue de Buci, in der einige hübsche Caféterrassen zum Verweilen laden.

Die Rue Oberkampf
Schlaflos in Paris

Seit das Café Charbon die Rue Oberkampf zur angesagten Clubbing-Adresse machte, sind viele weitere Szenekneipen und Musikclubs dorthin gezogen. Die leicht ansteigende Straße gehört zu Ménilmontant, dem Pariser Stadtteil, in dem einst Édith Piaf aufwuchs.

Paris ist ständig in Bewegung, verändert sich. Was auch generell gilt, trifft für das Nachtleben ganz besonders zu. Noch vor ein paar Jahren war das Bastille-Viertel en vogue und als nächtliche Amüsiermeile beliebt, vor allem die Rue de Lappe und ihre Nachbarstraßen. Doch sobald Touristen und Vorstädter überhandnehmen und Szenekneipen wegen steigender Mieten kurzlebiger werden, zieht das Völkchen der *branchés,* der Pariser Trendsetter, weiter und sucht sich ein neues Lieblingsquartier zum Ausgehen. Zum Beispiel Ménilmontant im Nordosten der Stadt: Früher war das Viertel ein eher schäbiges Quartier fernab des (reichen) Zentrums. Die Mieten waren günstig, denn vor allem Einwanderer aus Asien, Nord- und Schwarzafrika bevölkerten diesen vernachlässigten und eher armen Stadtteil zwischen dem 11. und dem 20. Arrondissement (Belleville).

Der Vorreiter …

Vor einigen Jahren machte das Café Charbon den Anfang – eine junge Crew ›entstaubte‹ ein altes Bistro mit sehenswerter Einrichtung und verlieh der Rue Oberkampf neuen Auftrieb. Der große, hohe Raum mit der Patina von hundert Jahren Rauch, mit Kachelboden und dekorativen Regaleinbauten über der Bar hat es schon in mehrere Bildbände und Filme geschafft. Vorne trifft man sich zum Essen oder auf einen Cocktail, dahinter, im Nouveau Casino, gibt's nach Mitternacht Livemusik oder kleine Plattenlabel laden zur Party ein.

… die Mitläufer …

Dem Beispiel folgten andere, zahllose neue Lokale und auch einige kleine Restaurants eröffneten. Zum Café Charbon (in Nr. 109) kam

Die Außenwand des Café Charbon wird alle zwei Wochen neu gestaltet. Le M.U.R. lädt seit über zehn Jahren Street-Art-Künstler dazu ein – mehr als 360 Graffiti, Paste-ups oder gesprühte Murals waren schon zu sehen.

u. a. La Mercerie gleich gegenüber (in Nr. 98), eine Pizzeria, in der aber auch DJs für einen lauten, eklektischen Sound sorgen und die Happy Hour zwischen 19 und 21 Uhr die Pariser Preise etwas mildert.

Angesagt ist eine extravagante Mischung aus Sperrmüll-Recycling, Vintage und Hippie-Ambiente, wie man sie eher in Amsterdam oder Berlin vermuten würde – für das sonst sehr stylishe Paris ist dieser ›Shabby Chic‹ eher ungewöhnlich. An einem lauen Sommerabend am Wochenende bummeln hier junge Leute von Bar zu Bistro, bevor es zum Konzert oder Tanzen geht.

... und die Konkurrenz?

Kein Wunder, dass sich auch in den Nachbarstraßen etwas tut, so beispielsweise in der Rue Saint-Maur und in der Rue Jean-Pierre Timbaud. In einem ehemaligen Gewerkschaftsgebäude wurde dort die Maison des Métallos eröffnet, ein Kulturzentrum, das Filme zeigt und Ausstellungen oder Konzerte organisiert.

Und dann ist da noch der ›Lebensmittelladen‹ Alimentation Générale, der den Lokalen in der Rue Oberkampf Konkurrenz macht. In dem großen Raum – auch im Flohmarktstil gehalten – gibt's nicht nur Bier und Cocktails, sondern zudem oft Livemusik von Newcomern; dann muss man für den Eintritt zwischen 6 und 21 € berappen.

Ebenfalls halb Restaurant, halb Club, mit südamerikanischem Touch ist das Favela Chic in der Rue du Faubourg du Temple. Aufgetischt wird brasilianisches Essen und viel Cachaça in den Cocktails. Zum Brasil-Pop rockt zu später (oder sehr früher) Stunde das Publikum.

II

Pausieren in Paris

Gepflegtes Grün und Blütenpracht:
Jardin du Luxembourg

Einfach mal loslassen – warum nicht gleich um die Ecke am Canal Saint-Martin?

HERRLICH ALTMODISCH

Jardin du Luxembourg

Nicht nur die Studenten der nahe gelegenen Sorbonne lieben den schönen Park zwischen Quartier Latin und Saint-Germain. Unter den blau-violett blühenden Glyzinien an der Orangerie treffen sich die Schachspieler, am großen Wasserbassin werden Modellsegelboote an Kinder verliehen, die Tennisplätze sind zu jeder Tageszeit gut besucht, eine Imkerschule bietet Kurse an, Jogger drehen ihre Runden. Die französische Gartenarchitektur – geradlinige Wege, Balustraden, geometrisch angelegte Rasenflächen und Beete – liefert den charmanten Rahmen für rund 80 Büsten und Figuren. Trotz der vielen Besucher gibt es auch verträumte Winkel: Die Fontaine de Médicis, ein Brunnen im Stil italienischer Grotten, liegt etwas versteckt im Schatten großer Bäume. Das Palais du Luxembourg wurde zu Beginn des 17. Jh. von Salomon de Brosse im Stil florentinischer Paläste für Maria von Medici, die Witwe Heinrichs IV., erbaut und dient heute als Sitz des Senats sowie für Wechselausstellungen.
6. Arrondissement

INDUSTRIE-AMBIENTE

Parc André Citroën

Wo früher Autos gebaut wurden, erfreut heute der 14 ha große Park am Quai Javel Anwohner und Besucher. Auf dem ehemaligen Werksgelände entstand eine Grünanlage mit zwei Glaskuben, die als Gewächshäuser dienen. Die große Rasenfläche, die von Wasserbecken gerahmt wird, umgeben mehrere Themengärten. Einige weitere, wie der schwarze und der weiße Garten, sind Farben gewidmet, daneben gibt es aber auch wild wachsende Ökowiesen.
15. Arrondissement

NÄSCHEN HOCH!

Parc Monceau

Den kleinen Park im eleganten 8. Arrondissement besuchen vor allem adrette Kinder und ihre Au-pair-Mädchen. Über die Parkanlagen verteilen sich Säulenreihen und andere Architekturfragmente. Am Parkrand: Musée Cernuschi (chinesische Kunst) und Musée Nissim Camondo, das Privathaus eines Sammlers aus dem 19. Jh.
8. Arrondissement

TREFFPUNKT DES HIPPEN PARIS

Canal Saint-Martin

Zahlreiche Schleusen, eine Wendebrücke und steile, eiserne Fußgängerstege, von denen man den Bootsbetrieb beobachten kann, lassen den von Bäumen gesäumten Canal Saint-Martin fast holländisch wirken. Seit einiger Zeit hat die Szene das Viertel entdeckt, Cafés, Kneipen und Musikclubs öffneten. Bei schönem Wetter, vor allem an lauen Sommerabenden, ist hier richtig viel los.
10. Arrondissement

PSSST ...

Parc des Buttes-Chaumont

Hier finden Jogger und Skater (begrenzten) Auslauf und Liebespaare die Kulisse zum Küssen. Hoch über See und Hängebrücke thront ein Tempelchen, in der künstlichen Tropfsteinhöhle braust ein Wasserfall. Der schöne Park ist noch immer ein Geheimtipp für Paris-Besucher – und der Blick über die Stadt eine Attraktion. Beliebt: das hübsche Lokal Rosa Bonheur im Pavillon Weber.
19. Arrondissement

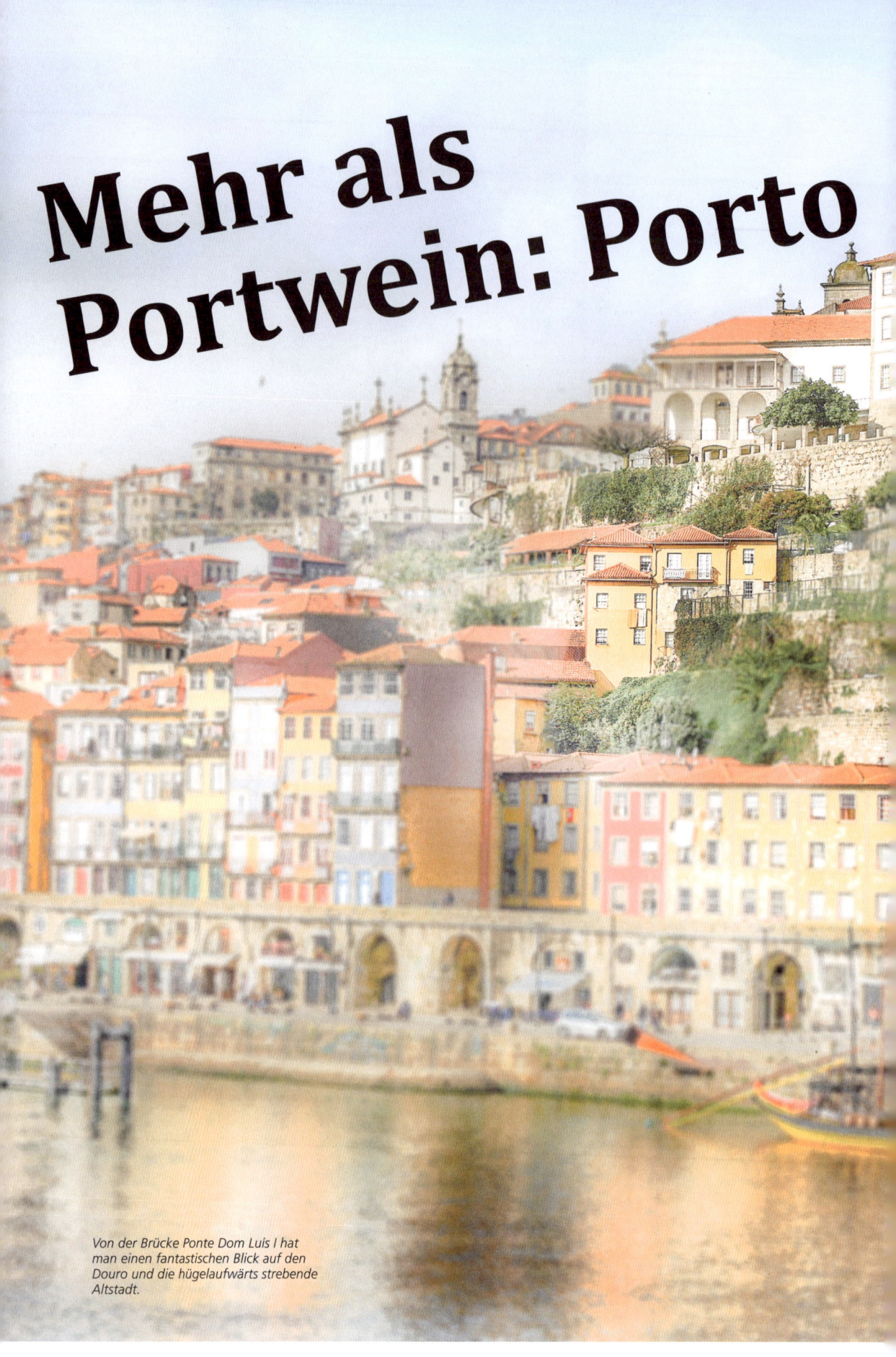

Mehr als Portwein: Porto

Von der Brücke Ponte Dom Luís I hat man einen fantastischen Blick auf den Douro und die hügelaufwärts strebende Altstadt.

Südlicher Zauber, kühler Charme

Auf Schritt und Tritt wechselt die Stimmung in der pulsierenden Stadt der Vielfalt. In fröhlich-bunten Farben und mediterranem Flair präsentiert sich das alte Handelszentrum am Flussufer. Von dort ziehen sich malerische Gassen aufwärts zur geschäftigen Oberstadt, die sich in das strenge Grau des Granits hüllt.

Eng und steil sind die Gassen im Altstadtviertel Ribeira.

Unten entlang oder oben drüber?
Porto eröffnet häufig verblüffende
Entscheidungsmöglichkeiten.

1.
TOUR

2.
TOUR

3.
TOUR

Flanieren durch Porto

1. *TOUR*

Im Zentrum – **Ein Kleid aus Kacheln**

Ein Gotteshaus in weiß-blauem Gewand, ein Wohnhaus von oben bis unten in farbenfrohem Schmuck, der Bahnhof als geschichtsträchtige Kunstgalerie. Was aktuell Street-Art an Verschönerungen schafft, gelingt portugiesischen Kachelmeistern schon seit vielen Jahrhunderten.

2. *TOUR*

Rua das Flores – **Portos schönste Straße**

Dank sei dem alten König für Portos heute vielleicht schönste Straße. Er ließ einen Weg durch die Gärten der Domherren führen. Blumen *(flores)* wachsen zwar nurmehr vor Fenstern, aber die Läden, Bars und Restaurants, von traditionell bis trendy, bringen viel Bunt in die Fußgängerzone.

3. *TOUR*

Ribeira – **Im mal bunten, mal schummrigen Hafenviertel**

In dem Viertel am Fluss lebten Fischer, Seeleute. Und Händler. Armut und Wohlstand. Ein wenig dieser lebendigen Spannung ist noch spürbar. Der Palast erhebt sich neben dem schiefwinkligen Wohnhaus, das Szenerestaurant neben der alten Kneipe.

Im Zentrum
Ein Kleid aus Kacheln

Sie begleiten die Besucher auf Schritt und Tritt und wahrlich, sie sind das i-Tüpfelchen in Portos urbaner Garderobe. Die meisterhaft gestalteten Kacheln schmücken Geschäftseingänge, Treppenhäuser und ganze Hausfassaden, deren Fliesenkleid im Sonnenlicht glänzt. Alleine das Studium dieser jahrhundertealten Kunst lohnt eine Reise in die Stadt am Douro.

Einem Chamäleon gleich passen sich die *azulejos,* so der portugiesische Ausdruck, neuen Moden, Geschmäckern und Auftraggebern an, während alte Farblasuren noch nach Jahrhunderten glänzen wie neu. Nur ein Problem gab es im 16. Jh.: Beim Brennen flossen die Farben ineinander. Die Lösung: Die Handwerker fügten eingefettete Schnüre oder eine Mischung aus Mangan und Leinöl zwischen die aufgetragenen Farben und ermöglichten so die Trennung.

Gemälde auf Ton gebrannt

Alles änderte sich rund 100 Jahre später dank einer technischen Revolution, die aus Italien kam und Majolika hieß. Der Trick: Eine Zinnglasur verhinderte das Verlaufen der Farben und ermöglichte das Bemalen der *azulejos*, auf eine Staffelei gelegt, wie eine Leinwand. Alle großen Kachelbilder in Porto sind auf diese Art gefertigt. Und unübersehbar: Blau gab den Ton an. Aus zwei Gründen: Die portugiesischen Händler hatten

Aus China eingeführt, in Portugal verfeinert, nach Delft exportiert – kunstvoll bemalte blaue Kacheln

blau bemaltes Porzellan aus China nach Europa gebracht. Das traf den ästhetischen Geist der Zeit und wollte kopiert werden. Da traf es sich gut, dass Blau die einzige Farbe war, die in Schattierungen auf Kacheln gebrannt werden konnte und also monochrome Bilder ermöglichte. Das begeisterte den jungen Maler Jorge Colaço (1886–1942) so sehr, dass er das Gesicht Portos verändern sollte.

Geschichte(n) im Bahnhof

Er begann im Bahnhof São Bento, der in das seit 1892 leer stehende Frauenkloster São Bento de Avé Maria hineingebaut wurde. Einst hatten die Nonnen in ihren Räumlichkeiten literarisch-poetische Feste abgehalten. Doch nun wurde ein innerstädtischer Bahnhof benötigt, mussten doch bisher die Waren vom Zollamt am Douro oder vom weit entfernten Zughalt Campanhã mit Ochsenkarren ins Zentrum geschafft werden. 1896 wurde mit einem grandiosen Festakt die Ankunft der ersten Dampflok gefeiert – vor Holzbaracken! Die Ausgestaltung der Eingangshalle mit 20 000 Kacheln hatte Jorge Colaço 1906 vollbracht. Dank einer vom Künstler entwickelten farblosen Grundierung scheinen die Bilder gleichsam aquarellhaft glänzend. Auf rund 550 m² Fläche.

Eine Bahnhofsvorhalle wird für die Reisenden dank portugiesischer Kachelkunst zum Geschichtsmuseum.

Der bunt gestaltete Fries zeigt die Geschichte des Reisens und der Fortbewegung, vom antiken Pferderennen bis zur euphorisch gefeierten Eisenbahn. Den Zugang zu den Gleisen schmücken Prozessionen und Wallfahrten, ein Viehmarkt, eine Wassermühle am Douro, die Getreideernte, eine Wunderquelle, ein Jahrmarkt. Und das Einschiffen des Portweins. Die Gemälde an der rechten Seite zeigen den Einzug von König Joao I. und seiner britischen Verlobten Filipa von Lencastre anlässlich ihrer Hochzeit 1387. Im Hintergrund erhebt sich die Kathedrale in ihrem ursprünglichen Aussehen. Darunter trägt beider Sohn, Heinrich der Seefahrer, stolz erhoben die portugiesische Fahne nach Ceuta, auf der ersten Seefahrt, die 1415 in Porto ihren Ausgang genommen hatte.

Grausam geht's auf der gegenüberliegenden Wand zu. Oben sind Schlachtszenen gegen den kastilischen Feind im Jahr 1140 zu sehen. Darunter bietet sich der königliche Berater Egaz Moniz mitsamt Familie dem kastilischen Herrscher als Pfand für seinen wortbrüchigen Herrn an.

Zwei Kirchen im Fliesenkleid

Schräg gegenüber dem Bahnhof erhebt sich die blaue Fassade der Igreja de Congregados aus dem 17. Jh. Das Gotteshaus ist dem hl. Antonius geweiht, wie auch die Bilder aus der Feder Jorge Colaços, gemalt kurz nach der Fertigstellung der Zugstation. Vom Giebel grüßt der Heilige in rotem Talar. Von der Kirche gondelt die Straßenbahn 22 romantisch die Rua de Janeiro hinauf zur Igreja de Santo Ildefonso. Die paar Meter sind aber auch schnell zu Fuß zurückgelegt, vorbei an einigen hübsch gekachelten Wohn- und Geschäftshäusern.

1932 war es, als Colaço sich daran machte, die weiß gekalkte Igreja de Santo Ildefonso wirkungsvoll in Blau zu tauchen – rund 200 Jahre nach Einweihung des Barockbaus. Die rund 11 000 Kacheln zeigen Allegorien des Evangeliums und Szenen aus dem Leben des namensgebenden Heiligen, einen auf der Iberischen Halbinsel verehrten Abt eines Klosters bei Toledo. Er war 657 unter westgotischer Herrschaft zum Erzbischof ernannt worden. Im Kircheninneren besticht ein goldener Hauptaltar, der dem Barockbaumeister Nicolau Nasoni zugesprochen wird.

2. TOUR
1. TOUR
3. TOUR

Rua das Flores

Portos schönste Straße

Straße der Blumen! Fußgängerzone und vielleicht der schönste Weg durch die Stadt. Auch weil inzwischen alle Stromkästen farbig aus dem Boden zu wachsen scheinen und bunte Blüten fast vergessen machen. Sie wurden von Künstlern fantasievoll bemalt. So präsentiert sich die Rua das Flores jung und modern. Und erzählt doch einiges aus der Geschichte Portos.

Echte Blumen sind in der Blumenstraße inzwischen die Ausnahme. Plastikblumen brauchen nun einmal weniger Wasser! Und welken nicht ...

1521 wurde auf königlichen Befehl eine Verbindung zwischen den Klöstern São Bento und São Domingos befestigt. Sie führte durch Gärten und Felder des Bischofs und der Domherren. Daher der blumige Name. Die kirchlichen Grundbesitzer verdienten reichlich dabei, sie erhielten Pachtzins für den überbauten Boden. Ihren Besitz manifestierten sie an den Hauswänden. Das Messerrad der hl. Katharina (Hausnr. 25, 37, 60, 66–70, 81, 130, 277–279) zeigte bischöfliches Eigentum an, der Erzengel Michael den des Domkapitels (Nr. 192–206, 224–228).

Die reiche Handelsstraße

Nachdem die Straße schon 1542 gepflastert worden war, wurde sie attraktiv für Adelige, deren Wappen ungleich protziger ausfielen, z. B. an Nr. 29. Hinzu kamen Gold- und Silberschmiede sowie Händler von Luxusgütern, etwa von Porzellan und Seide. Ihre repräsentativen Geschäftshäuser waren zwei- oder dreistöckig – im Parterre der Verkaufsraum, darüber die Wohnräume, davor schmiedeeiserne Fenster und Balkone. Nach Gebäudesanierungen und Umwandlung in eine Fußgängerzone gesellten sich Szeneläden, Cafés und Restaurants zu den alteingesessenen Geschäften. Eine spannende Mischung.

EIN SPAZIERGANG

Los geht's gegenüber dem Bahnhof São Bento. Der erste Halt für Süßmäuler ist die Chocolateria Equador an der Ecke zur Rua Trindade Coelho mit schöner Auswahl an hochwertiger, selbst produzierter Schokolade. Hinter der nächsten Straßenecke gibt's in der Pérola da Índia seit 1934 Wein, die Einrichtung hat die Jahrzehnte überdauert. Und hofft auch auf Kundschaft aus dem benachbarten Luxushotel Flores Village. Im grünen Innenhof sprudelt ein mächtiger Brunnen und erinnert an die Zeiten der bischöflichen Gärten. Portos ältestes Geschäft folgt in Nr. 117–119: Der Juwelier Neves & Filha besteht seit 1824! Mancher portugiesischer Wein ist ähnlich alt, doch das Portugiesische Weininstitut in Nr. 10 am Ende der Straße verköstigt im Sala das Provas do Porto jüngere Weine, von einfach bis hochwertig.

Barocke Pracht und moderne Kunst

Die ursprüngliche Fassade der Renaissancekirche Igreja da Misericórdia wurde von Nicolau Nasoni monumental barockisiert. Höhepunkt im angeschlossenen Museum ist das Bild »Fons Vitae« (16. Jh.) von einem unbekannten portugiesischen Künstler. Das Blut des gekreuzigten Christus fließt in einen Lebensbrunnen, dem Symbol für die nicht versiegende Barmherzigkeit *(misericórdia)*, das Leben *(vida)* und die Frömmigkeit *(piedade)*. Im Vordergrund knien König Manuel, seine zweite Gattin Maria und seine acht Kinder.

Auf dem Platz am Ende der Straße wachsen die granitenen Bäume des 2017 verstorbenen Bildhauers Alberto Carneiro 5, 6 und 7 m in die Höhe. Dazwischen steht ein natürlicher Olivenbaum. »Drei Baummetaphern für einen echten Baum«, so der Titel des Werkes.

Ribeira

Im mal bunten, mal schummrigen Hafenviertel

Schmal wachsen die Häuser in luftige Höhen, oft nur 6 m breit, aber bis zu sieben Stockwerke hoch. So stehen sie schon seit dem 16. Jh. In fröhliche Farben getaucht, rot, grün, blau, ockergelb. Das allerdings ist eine jüngere Errungenschaft. Kalkfarbe mit Pigmenten vermischt für die Fassaden, mithilfe traditioneller Techniken aufgetragen, und Leinöl für die Fensterrahmen.

Das Bauen der Häuser klappte einst nur schmal, denn Holzbalken für Zwischendecken durften aus statischen Gründen kaum mehr als 6 m messen. Die Höhe war da kein Problem, und nach hinten raus ging's durchschnittlich 20 m. Dahinter folgte ein Innenhof mit Baracken.

Im Herzen des Viertels

Die Praça da Ribeira bildet den Mittelpunkt des pittoresken Hafenviertels. Und das schon seit dem Mittelalter, als die Waren von den Schiffen per Ochsenkarren hügelaufwärts ins Zentrum transportiert

Alltagsleben auf engstem Raum: Nicht nur die Häuser, sondern auch die Gässchen des alten Hafenviertels sind meist sehr schmal.

wurden. Die Tiere labten sich an einer Quelle. An deren Stelle balanciert mittlerweile ein brauner Würfel auf einer Spitze, im Volksmund »Cubo da Ribeira« geheißen. Vor 300 Jahren fielen die ursprünglichen flachen Fischerhäuschen der Spitzhacke zum Opfer, ein repräsentatives Eingangstor zur wohlhabenden Handelsstadt sollte her. Initiatoren waren englische Portweinhändler. Sie hatten aber wohl nicht einen solch kuriosen Johannes den Täufer erwartet, der seit dem Jahre 2000 das bunte Treiben in den Terrassencafés überwacht. Seine Statue steht in einer Wandnische an der Stirnseite des Platzes und gleicht eher einem Hippie mit Schaffell als einem ehrwürdigen Stadtheiligen.

Zuerst nach Westen

Die Ribeira lässt sich schön auf einer imaginären Acht durchstreifen. Dazu geht's zunächst einmal auf dem Cais da Estiva am Douro flussabwärts. Das Stadttor rechts liegt eigentümlicherweise unter dem Wasserspiegel. Das erforderte immerwährende Wachsamkeit der Anwohner in den hinteren Gassen. Denn schwappte der Fluss bei hohem Wasserstand über die Begrenzung, war blitzschnelle Flucht angeraten. Dabei half die Treppe am Eisensteg wenige Meter dahinter.

Jetzt ist es Zeit, selbst etwas an Höhe zu gewinnen. Der schmale Mauergang Muro dos Bacalhoeiros setzt sich oberhalb des Flusses fort. Ein toller Hauseingang in luftiger Höhe am Ende des Weges führt in ein höher gelegenes Stockwerk. Unter Glasfenstern sind prächtige Fantasievögel zwischen exotischen Pflanzen in Kacheln gebrannt.

Die Rua da Reboleira entlang

Die heute eher triste Gasse zurück Richtung Praça da Ribeira war einst Wohnort wohlhabender Bürger. Sie schufen sich vor 600 Jahren solch schmucke Wohntürme wie den von Nr. 59. Im 19. Jh. beherbergte er Büros der Portweinhändler und das Hotel Inglès, nun ist ein Sozialtreff für ältere Anwohner eingezogen. Im Haus daneben, Nr. 55, blieben die alten gotischen Portale erhalten. Im 19. Jh. lebte hier der »Wolf der Reboleira«, ein sehr reicher, zugleich extrem geiziger Händler. Sein Familienname lautete Wolf (port. *lobo*), seine Lieblingsbeschäftigung bestand im Zählen seines Bargelds. Zugleich war er zerfressen von der Angst des Diebstahls. Mit sieben Schlössern schützte er die Gemäuer.

Haus Nr. 37 ist die Heimat des Portweinmuseums, (offiziell: Museu Extensão do Douro), das die Bedeutung des süßen Tropfens für die Stadt und somit auch manchen sozialen Aspekt beleuchtet.

Hinter dem Largo do Terreiro ändert die Straße ihren Namen und Charakter. Die Rua da Fonte Taurina scheint nur aus Restaurants, Ferienwohnungen und Hotels zu bestehen. Die früheren Bewohner blieben auf der Strecke, dafür sind die Häuser hübsch restauriert.

In die östliche Ribeira

Auch dieser Teil des Hafenviertels zeigt zwei sehr gegensätzliche Facetten. In die eher düstere Seite hinter dem Fluss führt von der nordöstlichen Seite der Praça da Ribeira ein schmaler Gang. Orientierungspunkt ist die Tafel mit Erklärungen zum Platz. Es mag scheinen, als ginge es nicht weiter, doch dann folgen links sechs Stufen aufwärts, und eine Gasse führt an der Rückseite des Restaurants Alzira vorbei. All diese

Aktuell wird die Kunst auf die Wände gesprayt, damals wurde sie auf Ton gebrannt. Hauptstadt der Street-Art bleibt Porto, und das seit über 100 Jahren.

Portuenser Studenten tragen in der Öffentlichkeit schon mal schwarze Umhänge, auf denen Abzeichen ihrer Fakultät aufgenäht sind. In die Uni geht's freilich in normaler Straßenkleidung.

Gässchen sind nur 1 bis 4 m breit und 20 bis 160 m lang. Im 19. Jh. lebten hier Hafenarbeiter, Matrosen, Marktfrauen in feuchten Wohnungen. Diese waren überbelegt, also wurde aufgestockt, sichtbar an den Dachvorsprüngen aus Granit, auf die ein weiteres Geschoss gesetzt wurde. Dank der Initiative des Begründers der Architektenschule von Porto, Fernando Távora, wurde die heruntergekommene Bausubstanz von 1974 bis in die 1990er-Jahre unter Beibehaltung der Gebäudestrukturen saniert und den Bewohnern wieder zur Verfügung gestellt.

Die Escadinhas do Barredo führen zu einem der ältesten Wohnhäuser Portos (Rua de Baixo 5). Die kleinen Fenster weisen trotz aller späteren Veränderungen darauf hin, dass der Ursprung im 13. Jh. liegt. Typisch für diese Zeit sind die steinernen Treppenaufgänge vor der Eingangstür.

Per Aufzug und Standseilbahn hinauf

Weiter geht es nach Osten über den hübschen Largo do Terreirinho und rechts hinab durch die Travessa do Barredo. Die bald abzweigende Rua da Lada führt zum stählernen Aufzug Ascensor da Ribeira. Der Ausblick lohnt eine Fahrt zur oberen Plattform. Eine Kuriosität am Rande: In der Rua da Lada 132, hinter dem Restaurant Canastra, sind Hochwassermarkierungen angebracht. 1962 war's am schlimmsten, als die Höhe der Eingangstür erreicht wurde. Heutzutage sind die Fluten durch Staustufen gebändigt. Hinter der Brücke führt ein weiteres Ungetüm in die oberen Stadtteile. Auf 281 m Länge, davon 90 m im Tunnel, überwindet der Funicular dos Guindais 61 Höhenmeter.

Zurück am Fluss

Bunt ist das Treiben am Cais da Ribeira. Ein Terrassenrestaurant neben dem anderen, meist von Touristen besucht. Aber vielleicht lohnt es sich, für diesen romantischen Blick ein bisschen weniger auf die Qualität des Essens zu schauen. An weniger friedliche Zeiten erinnert das Reliefbild »Alminhas da Ponte« (Kleine Seelen der Brücke) an Haus Nr. 20. Im März 1809 brach eine Schwimmbrücke zusammen, als die Bewohner Portos sich vor herannahenden napoleonischen Truppen auf die andere Flussseite retten wollten. Mehrere Tausend Menschen ertranken. Bis heute werden Gedenkkerzen angezündet.

A
AO DUQUE

»AO DUQUE« steht in Großbuchstaben am Kai auf dem Denkmal am Zugang zur Ponte Dom Luís I. Zu Ehren von Deocleciano Monteiro (1902–96). Das war der richtige Name eines falschen Grafen (port. *duque*). Denn blaues Blut floss keineswegs in seinen Adern. Geadelt wurde er für seine Hilfsbereitschaft. Schon mit elf Jahren barg er einen Fremden vor dem Ertrinken aus dem Douro. Von nun an betätigte er sich als Lebensretter und bewahrte wohl mehr als 50 Menschen vor dem Tod, darunter so manchen Selbstmordkandidaten. Allerdings musste er auch rund 500 Leichen aus den Fluten holen.

II

Pausieren in Porto

Aperitivo mit Meerblick! Mit dem Bus 500 sind die Bars und Restaurants am Atlantik schnell erreicht.

Genug von Besichtigungsprogramm und Freizeitstress? Am Douro bieten sich unzählige Gelegenheiten zum Entschleunigen und Abschalten …

EIN PARK AM ATLANTIK

Parque da Cidade

Wenn's hier keine Erholung vom Pflastertreten gibt, wo dann? Dieser Park ist mit 83 ha Fläche die größte innerstädtische Grünanlage Portugals, zudem der einzige Garten Europas, der bis ans Meer reicht. Das Wegenetz ist 10 km lang, da und dort fühlen Sie sich wie auf dem Lande, wenn die Erde terrassiert ist oder die Sträßlein wie anno dazumal gepflastert sind. Und dann scheint auch noch ein Haus in der Luft zu schweben. Der Pavilhão da Água wirkt wie ein architektonisches Experiment, im Inneren dürfen Sie selbst Versuche durchführen.

Rotunda da Boavista

EINE VERSTECKTE OASE

Jardim Botánico

Aus dem eleganten Privatgarten der wohlhabenden Familie Andresen, die eine der bekanntesten Dichterinnen, Sophia de Mello Breyner Andresen, hervorgebracht hat, wurde der Botanische Garten. Auf einer Fläche von 4 ha sind Pflanzen und Bäume aus der ganzen Welt zu bestaunen. Den romantischen See und die Gewächshäuser legte der Deutsche Franz Karl Köpp an.

Rua do Campo Alegre 1191

GARTEN MIT PANORAMABLICK

Jardins do Palácio de Cristal

Émile David, deutscher Gartenbauarchitekt, projektierte die weitläufige Anlage mit exotischen Pflanzen, Wasserspielen, Seerosenteichen und Galerien hoch über dem Fluss. Der ursprüngliche Kristallpalast wurde durch die einem Ufo gleichende Mehrzweckhalle Pavilhão Rosa Mota ersetzt. Eine gewundene Treppe führt außen auf das Kuppeldach und bietet eine herrliche Aussicht.

Rua de Dom Manuel II

IM LIEGESTUHL AM FLUSS

Ar de Rio

Hinüber auf die andere Uferseite! Dort reihen sich Bars und Restaurants aneinander, die bei schönem Wetter sogar Liegestühle an den Douro stellen. Etwa das Ar de Rio an der Avenida Diogo Leite. Oder das Bar- und Restaurantzentrum Cais de Gaia. Und wer nichts essen will, setzt sich auf eine der Bänke entlang der sanften Gestade.

ANS WEITE MEER

Strand von Matosinhos

Die blaue Metrolinie A fährt in wenigen Minuten bis fast an die langen Strände im Vorort Matosinhos. Die Hochhäuser an der Uferzeile müssen Sie sich einfach wegdenken, dann können Sie einen ausgedehnten Spaziergang durch den hellen Sand unternehmen. Oder einfach in einer Strandbar abhängen und einem der Tanker zuschauen, die den nahen Hafen ansteuern.

AUSSICHTSPUNKT

Passeio das Virtudes

Hoch über dem Fluss befindet sich eine gepflegte Sand- und Rasenfläche unter Bäumen, dazu ein paar Steinbänke, im Sommer ein kühlender Wind vom Meer. Von hier aus schweift der Blick weit über die Dächer der Stadt und über den Douro – fast bis zu dessen Mündung im Atlantik, wo die Sonne untergeht.

Sonnenbrille auf in Riga

Reich mit Skulpturen und Reliefs verziert ist das schon 1334 urkundliche erwähnte Schwarzhäupterhaus.

Chillen an der Ostsee

Im Sommer herrscht in den Straßen von Riga eine vibrierende Atmosphäre. Nach dem langen Winter haben die Rigaer Lust auf Sonne satt. Alle drängt es in die Parks und Cafés – und an die Ostsee: Die Züge zwischen Riga und dem Kurort Jūrmala sind dann gesteckt voll. Der feine Sandstrand scheint einfach endlos, wo könnte man besser relaxen?

*Ganz entspannt sind die Sommer-
abende in Rigas Altstadt.*

Flanieren durch Riga

*Jugendstil in seiner schönsten Form:
Treppenhaus in der Alberta iela*

1. *TOUR*

Immer dem Schokogeruch nach – Miera iela

Lange Zeit war die Miera iela dem Verfall preisgegeben – bis sich hier junge Kreative ansiedelten. Seitdem ist nichts mehr, wie es einmal war. Nun säumen charmante kleine Cafés und Designerläden die farbenfrohe, immer leicht nach Schokolade duftende Straße.

2. *TOUR*

Über Kopfstein schlendern – Spaziergang auf Ķīpsala

Die kleine Insel Ķīpsala am linken Flussufer vermittelt das Gefühl, in eine andere Welt zu tauchen. Hier reihen sich auf dem Balasta dambis die für Lettland so typischen und heute liebevoll restaurierten Holzhäuser aneinander.

3. *TOUR*

(Ost-)Seeluft schnuppern – Der Kurort Jūrmala

Badesachen und Sonnencreme dabei? Nur 20 km von der Hauptstadt entfernt erstreckt sich an der Rigaer Bucht der größte Kurort des Baltikums mit seinem kilometerlangen, feinsandigen Badestrand.

Miera iela

Immer dem Schoko-geruch nach

Viele Jahre wurde die Miera iela als einer der dunklen Flecken von Riga gemieden – bis sich hier junge Kreative ansiedelten und originelle Cafés, Werkstätten und Galerien eröffneten. Seitdem ist nichts mehr, wie es einmal war.

Verfallene Häuserfassaden, kaputtes Straßenpflaster, dunkle Beleuchtung – äußerlich hat sich in der Miera iela bislang nicht viel verändert, seitdem die Kreativen hergezogen sind. Doch die Bewohner merken es an den Mieten, denn die ziehen in dieser Gegend kräftig an.

Und so ist es auch kein Wunder, dass einige, die vor einiger Zeit in dieser Straße ihr Geschäft eröffneten, schon wieder fort sind, wie

Im Sommer findet das Leben praktisch nur draußen statt, wo sich die Menschen in den Parks und Gärten der Stadt tummeln.

beispielsweise Buteljons, eine Initiative, die aus Altglas neue Produkte herstellen wollte.

Freie Republik

Dabei hatte es so vielversprechend angefangen, als sich die Künstler und Entrepreneure zu einer Kooperative zusammenschlossen, die sie scherzhaft ›Freie Republik Miera iela‹ nannten. Einige blieben, andere kamen hinzu. Nichtsdestotrotz muss aber gesagt werden, dass die Miera iela in keiner Weise mit anderen ›Hipster-Bezirken‹ in Berlin, London oder Paris zu vergleichen ist. Es sind letztendlich nur ein paar wenige Läden, die den Unterschied zu anderen Straßen in Riga ausmachen.

Einfach durch die Straße schlendern

Gleich zu Beginn lockt auf der linken Seite das gemütliche Café Mierā (Miera 9). Probieren Sie mal den lettischen Wein aus Schwarzen Apfelbeeren, Schwarzen Johannisbeeren oder aus Birkensaft. Gegenüber werden Sie im Sommer vermutlich junge Leute auf Sofas auf dem Gehweg sitzen sehen. Die gehören zum Taka, in dem auch kleine Konzerte stattfinden.

Ein paar Schritte weiter sind in dem Designshop M50 (Miera 17) innovativ gestylte Alltagsobjekte, Kunsthandwerk und Mode von lettische Designern zu finden. Und dahinter lädt der Teeladen Illuseum (Miera 19) für eine Pause ein. Gehen Sie in den gemütlichen hinteren Raum und probieren Sie einfach mal den Tee vom Schmalblättrigen Weidenröschen (Ugunspuķe).

Die 1924 vom Schokoladenfabrikanten Laima nahe der Freiheitsstatue aufgestellte Uhr ist ein beliebter und vielbesungener Treffpunkt.

Theater in der Tabakfabrik

Ein Stück weiter stoßen Sie auf die ehemalige Tabakfabrik, in der früher Ausstellungen, Festivals und Konzerte veranstaltet wurden. Sie ist vorübergehend zur Spielstätte des Neuen Rigaer Theaters (Jaunais Rīgas teatris) geworden, dessen Hauptgebäu-

SCHOKOLADENGLÜCK PUR

Über der gesamten Miera iela schwebt meistens ein süßer Geruch von Schokolade, denn hier steht die Fabrik von Laima, des größten Schokoladenherstellers des Baltikums. Ein schicker Shop mit Café im renovierten Hauptgebäude des Unternehmens lädt zum Probieren ein, direkt daneben gibt es ein Schokoladenmuseum mit einer Multimedia-Ausstellung. Laima ist übrigens der Name der lettischen Schicksalsgöttin und bedeutet ›Glück‹.

de in der Neustadt gerade generalsaniert wird. Eine Wiedereröffnung des Theaters in der Lāčplēša iela war für Herbst 2023 geplant, doch die Bauarbeiten ziehen sich hin ... Das Theater findet ebenso wie sein Leiter Alvis Hermanis international große Beachtung. In Riga sind die Vorstellungen zumeist auf mehrere Wochen ausverkauft. Mit Glück lässt sich aber trotzdem manchmal eine Karte ergattern.

Nicht weit von der Miera iela locken in der Valdemara-Passage (Valdemāra pasāža) angesagte Locations des Rigaer Nachtlebens. Hervorragendes lettisches Bier bekommen Sie im Labietis, das auf der Rückseite der Valdemāra Pasāža zu finden ist. Hier wird das Bier direkt hinter der Bar gebraut und Sie haben die Wahl aus 40 Sorten. Bier wurde in den historischen Backsteinmauern der Passage übrigens schon vor 150 Jahren gebraut, denn dies war der einstige Sitz der »Bier- und Porterbrauerei, Malzfabrik C. Stritzky«.

Tradition trifft auf Moderne: Während man am Balasta dambis versucht, historische Holzhäuser zu retten, kratzen an der Krišjāņa Valdemāra iela Bürotürme den Himmel.

Spaziergang auf Ķīpsala

Über Kopfstein schlendern

Raus aus der überfüllten Altstadt nach Ķīpsala, wo mit Kopfstein gepflasterte Straßen an sorgsam restaurierten Holzhäusern entlangführen. Der Blick über die Daugava reicht bis zum Hafen, schicke Restaurants verführen zur Einkehr.

Der kurze Weg über die Vanšu-Brücke genügt, und Sie befinden sich in einer anderen Welt: Die kleine Insel Ķīpsala am linken Flussufer vermittelt das Gefühl, weit weg zu sein von dem quirligen Trubel in Riga. Allerdings hat Ķīpsala zwei Gesichter: Im westlichen Teil gleicht sie nämlich mehr oder weniger jedem anderen Ort außerhalb des Stadtkerns.

Essen mit schöner Aussicht im Haupt-haus des Fabrikas Restorāns oder unten auf der Düna. Neben dem guten Essen kann man den freien Blick auf die Fähr-schiffe nach Schweden und Deutschland genießen und sich freuen: Ich muss heute noch nicht wieder abreisen.

Hafenblick und Kreuzfahrtschiffe

Dagegen ist ein Spaziergang auf dem Balasta dambis wunderschön. Während des gesamten Wegs auf der mit Kopfsteinen gepflasterten und kaum befahrenen Straße blicken Sie über den Fluss auf den Hafen. Dort liegen gigantische Kreuzfahrtschiffe vor Anker, etliche Kräne verrichten ihre Arbeit, gedämpft klingen die Geräusche übers Wasser, die dabei entstehen. An einigen Stellen öffnet sich das eindrucksvolle Panorama der Altstadt mit den Türmen des Schlosses, des Doms, der Jakobskathedrale und der Petrikirche.

Architektonische Schmuckstücke

Auf dem Balasta dambis reiht sich ein historisches Holzhaus an das andere, die meisten sorgfältig restauriert. Hier lässt sich am ehesten erahnen, wie schön Riga aussehen könnte, wenn tatsächlich alle Holzhäuser wiederhergestellt wären. Manche der Gebäude, wie beispielsweise Haus Nr. 60, standen früher im Stadtzentrum und waren schon so gut wie sicher dem Abriss geweiht. Sie wurden letztendlich aber hierhergebracht und wieder aufgebaut. Heute residiert in der Nr. 60 die Botschaft von Portugal. Das ›Australische Haus‹ gleich nebenan mit dem Känguru auf dem Dach ist ebenfalls einen Blick wert. Ein gutes Beispiel für gelungene Restaurierung ist das kleine Philosophenhaus (Nr. 68b). Ein kurzer Abstecher führt über die Oģļu iela zur Zvejnieku iela Nr. 5a, wo ein Jugendstilhaus die Blicke auf sich zieht, das Anfang des 20. Jh. von Eižens Laube im Stil der Nationalen Romantik erbaut wurde.

Modernes Wohnen in alter Fabrik

Ein gelungenes Beispiel für die Nutzung ehemaliger Produktionsstätten als Wohnraum in Riga ist die alte Gipsfabrik. Der in 58 Apartments und vier Villen mit Hafenblick umgestaltete Gebäudekomplex gehört zu den ambitioniertesten Projekten der Stadt. Der Entwurf stammt wie jener der Žanis-Lipke-Gedenkstätte von Zaiga Gaile. An die ehemalige Nutzung erinnert noch der alte Fabrikschornstein.

2. TOUR

1. TOUR

3. TOUR

Der Kurort Jūrmala

(Ost-)Seeluft schnuppern

Nur 20 km von der Hauptstadt entfernt erstreckt sich an der Rigaer Bucht der größte Kurort des Baltikums. Mildes Seeklima, Heilquellen und elegante Sommerhäuser laden zum Ausspannen ein. Die meisten Besucher zieht es jedoch an den endlos scheinenden Badestrand.

Jūrmala ist die Lunge von Riga, ohne Jūrmala könnten die meisten Rigaer nicht leben: Während der Sommerferien mieten sie sich hier ein Ferienhäuschen. Und wer sich das nicht leisten kann, fährt an jedem nur annähernd sonnigen Tag morgens hin und abends zurück. 51 000 Menschen leben in der 25 km langen, an manchen Stellen jedoch nur wenige Hundert Meter breiten Stadt zwischen dem Fluss Lielupe und der Rigaer Bucht. Stadtatmosphäre kommt eigentlich nur in Majori auf, alle anderen Ortsteile bestehen aus ruhigen und idyllischen Wegen und Alleen mit eleganten Villen oder niedlichen Holzhäuschen aus der Wende zum 20. Jh. – exakt 414 Architekturdenkmäler stammen aus dieser Zeit und mehr als 4000 Gebäude entsprechen der historischen Bebauung der Stadt.

Die alte Badeanstalt ist ein architektonisches Kleinod am Strand.

Städtisches Ambiente

Der Ortsteil Majori ist das Herz von Jūrmala, über dessen Geschichte das Stadtmuseum (Jūrmalas pilsētas muzejs) informiert. An der einzigen Fußgängerzone der Stadt, der 1,5 km langen Jomas iela, reihen sich Restaurants, Souvenirgeschäfte und Hotels. Wem das Treiben auf der Einkaufsmeile zu hektisch ist, findet auf der näher am Meer verlaufenden Jūras iela mehr Ruhe. Dort stehen einzigartige Villen aus dem 19. und beginnenden 20. Jh., Bäderarchitektur par excellence demonstriert die ehemalige Badeanstalt von 1916, die während der Sowjetzeit die örtliche Poliklinik beherbergte. In der Nähe befindet

Platz für Ballspiele: am Stand von Jūrmala

sich der 1909 im Stil des Historismus erbaute Seepavillon. Im Osten münden beide Straßen in die Turaidas iela, die die Bahnstation Dzintari mit dem Strand verbindet. Auf ihr herrscht im Sommer nicht nur wegen der zahlreichen Restaurants viel Trubel. Denn im Dzintari-Konzertsaal (Dzintaru koncertzāle) finden vor allem während der Saison hochkarätig besetzte Konzerte, Opern- und Ballettaufführungen statt. Dem hübschen, 1936 erbauten Holzbau wurde 1960 eine große Freilichtbühne mit hervorragender Akustik angefügt.

Sommerresidenzen zwischen Wald und Meer

Die ruhigen Wohnviertel Dzintari, Bulduri und Lielupe im Osten von Jūrmala sind mit vielen großzügigen Villen bebaut. Vor allem auf dem Bulduru prospekts, Meža prospekts und Vienības prospekts stehen wunderbar anzusehende Sommervillen aus dem 19. Jh. – viele sind in der für Jūrmala typischen Holzbauweise errichtet. Besonderer Beliebtheit erfreut sich der Strand von Bulduri, zumal er nur wenige Gehminuten von der Bahnstation entfernt liegt.

Westlich von Majori

Eine Bahnstation westlich von Majori ist Dubulti, verglichen mit dem Ortszentrum, schon um einiges beschaulicher. Kaum noch Badeortcharakter haben die Ortsteile Jaundubulti, Pumpuri, Melluži, Asari und Vaivari. Während an den parallel zum Meer verlaufenden Straßen etliche schicke Villen stehen, wohnen jenseits der Bahngleise viele Einheimische in relativ einfachen Verhältnissen.

Pausieren in Riga

Auch die neue Promenade am Wasser ist
ein wunderbarer Ort der Entschleunigung.

Der Kisch-See bietet beste Voraussetzungen für alle Arten von Wassersport.

ERHOLUNG FÜR ALLE

Wöhrmannscher Garten

Der Wöhrmannsche Garten ist einer der ältesten Parks von Riga und aufgrund seiner zentralen Lage und gelungenen Gestaltung die vielleicht beliebteste Grünanlage der Stadt. Hier können Sie nach anstrengenden Besichtigungen wunderbar verschnaufen und dabei das Alltagsleben der Rigaer studieren. Der Park entstand 1817, als eine gewisse Anna Gertrude Wöhrmann ihren Garten der Stadt mit der Auflage vermachte, hier einen Park zu schaffen, der insbesondere gesundheitlich Schwachen die Möglichkeit zur Erholung geben sollte. Im Zentrum der Anlage sprudelt ein hübscher Springbrunnen, dahinter erhebt sich die Estrade, in der Kulturveranstaltungen stattfinden. Hier treffen sich im Sommer ambitionierte Schachspieler zu einer Partie.

Nicht entgehen lassen sollten Sie sich Rigas größten Blumenmarkt (Puķu tirgus). Er ist Tag und Nacht geöffnet und beweist, welch große Bedeutung Blumen für die Letten besitzen. Den Vorbeigehenden werden mit einem freundlichen »Nu ludzu!« (Bitte sehr!) frische, duften-de und liebevoll zusammengestellte Blumengestecke angeboten.
Merķeļa iela

ZUSEHEN UND PROBIEREN

Café Kūkotava

Das Café möchte mit seinem originellen Namen ›Kuckucksuhr‹ wohl Kindheitserinnerungen wachrufen. Wie auch immer, die einsehbare Backstube und die duftenden Kekse und Kuchen regen den Appetit ohnehin an. Dazu gibt es schmackhaften italienischen Kaffee oder eine Tasse Tee.
Tērbatas 10–12

KURZ MAL INNEHALTEN

Esplanāde

Die Parkanlage wird von der russisch-orthodoxen Christi-Geburt-Kathedrale, dem Nationalen Kunstmuseum und dem unübersehbaren Radisson Blu Hotel Latvija eingefasst. Ein Fahrstuhl bringt Besucher zur Skyline Bar des Hotels, die Gästen einen phänomenalen Rundblick über ganz Riga eröffnet. Unter schattigen Bäumen und hübsch angelegten Rosengärten laden lange Bänke zu einer Rast ein. Mitten im Park steht das 1965 aus hellrotem Granit geschaffene Denkmal für Rainis, Lettlands bedeutendsten Volksdichter.

PROMITREFF DER EXTRAKLASSE

Vincents

Das vielfach ausgezeichnete Restaurant ist eine feste Größe in der Rigaer Szene. Es befindet sich nahe der Alberta iela, Rigas schönster Jugendstilstraße. Die Einrichtung ist modern, aber nicht kühl. Küchenchef Mārtiņš Rītiņš ist einer der Vorreiter der Slow-Food-Bewegung in Lettland und kombiniert internationale Gourmetküche mit lettischer Tradition. Gern kehren auch Prominente aus aller Welt hier ein. Reservieren!
Elizabetes 19

SÜSSE TRÄUME

Rienzi

Die Konditorei ist berühmt für ihre filigranen Köstlichkeiten aus feinster Schokolade, die zum Essen beinah zu schade sind. Besonders lecker ist auch der extrem starke, aber eben auch unwiderstehliche Kakao.
Aspazijas bulvāris 24

Rasant genießen in Sofia

Jede Menge Kontraste

In Sofia ist es nicht unwahrscheinlich, dass an der nächsten Straßenkreuzung eine Luxuslimousine und ein Pferdekarren gemeinsam auf Grün warten. Die Stadt scheint sich im Zeitraffertempo zu entwickeln. In kürzester Zeit holt sie nach, wofür westeuropäische Metropolen Jahrhunderte gebraucht haben. Zu balkantypischen Restaurants gesellen sich alternative Clubs und Cafés, wie man sie in Berlin und anderen Metropolen findet. Das alles ergibt eine faszinierende Gleichzeitigkeit des Ungleichzeitigen. Schöne Kontraste aus Alt und Neu.

Die Kathedrale Alexander Nevski ist eines der Wahrzeichen der bulgarischen Hauptstadt.

Auch das ist eine Kunst: BMX-Fahrer vor
dem Nationalen Kulturpalast.

Flanieren durch Sofia

1.
TOUR

2.
TOUR

3.
TOUR

Ob es hilft? Auch Jüngere zünden mitt-
lerweile wieder gern eine Kerze an.

1. *TOUR*

Wo alles anfing – **Das römische Serdica**

Von der Wunderwasser-Quelle bis zur ältesten Kirche: In den Ruinen der römischen Ulpia Serdica spazieren Sie durch die historischen Schichten der Stadt. Gut 1500 Jahre Kulturgeschichte auf einen Streich.

2. *TOUR*

Im Dutzend billiger – **Rund um Halite und Frauenmarkt**

Schuhe, Wasserpfeifen, bulgarische Tomaten oder selbst gekochte Marmelade? Sofias quirliges Einkaufsviertel zwischen historischer Zentralmarkthalle und Frauenmarkt ist die erste Adresse für Güter des täglichen Bedarfs und Ausgefalleneres.

3. *TOUR*

Kreatives Dolce Vita – **Rund um den Slaveykov-Platz**

Der Dreh zwischen Solunska und Rakovska erstreckt sich Sofias hippstes Viertel mit seinen Tempeln der Hoch- und Subkultur und Orten für die weiteren Freuden des Lebens: Essen, Trinken, Feiern!

Das römische Serdica

Wo alles anfing

Thraker, Römer, Bulgaren, Osmanen und Kommunisten haben Sofia geprägt und zu einer ›Collage City‹ gemacht. In den Ruinen von Serdica entdecken die Besucher auf engstem Raum verschiedenste historische Schichten.

Mitten in Sofias Zentrum sprudelt eine 46 °C heiße Thermalquelle. Ihr bekömmliches und heilsames Mineralwasser soll die Ureinwohner vom thrakischen Stamm der Serden bewogen haben, sich hier niederzulassen. Auch die heutigen Sofioter kommen Tag für Tag zu den Wasserhähnen, um das Wunderwasser in Flaschen abzufüllen und dabei ein Schwätzchen zu halten.

In Geschichte baden gehen

Im ehemaligen Zentralbad auf der anderen Seite der Straßenbahnlinie lässt sich heute nurmehr in Geschichte baden. Vor einigen Jahren wurde in dem auffälligen Gebäude im neobyzantinischen Stil das Stadtmuseum Sofia wiedereröffnet. Es lohnt sich in jedem Fall, einen Blick hineinzuwerfen. Als es zu Hause noch kein fließendes Wasser gab, sind die Sofioter hier baden gegangen. Viele von den älteren Leuten haben im Zentralbad sogar schwimmen gelernt. Es war einmal …

Die einstigen Geschäfte am römischen Cardo Maximus haben leider bereits alle vor langer, langer Zeit geschlossen …

Schon die Römer heizten ein!

Im Dreieck zwischen Banya-Bashi-Moschee, der Kathedrale Sv. Nedelya und der ehemaligen Zentrale der Kommunistischen Partei erstreckt sich die antike Ulpia Serdica, Sofias fast vollständig freigelegte römische Vorgängerstadt. Hier wandeln Sie inmitten der heutigen Balkanmetropole auf original erhaltenen Römerstraßen des 6. Jh. und blicken auf die Grundmauern der Wohn- und Geschäftshäuser Serdicas. Fußbodenheizungen und die Kanalisation zeugen vom hohen Stand der Technik in der damaligen Zeit.

Schauen Sie doch mal im Haus von Felix vorbei. Als wohlhabender Bürger Serdicas soll er im 5. Jh. gelebt haben – so interpretieren die Archäologen die Inschrift des Namens Felix an einem der frei gelegten Häuser der Nord-Süd-Straße Cardo Maximus. Der Schnittpunkt dieser Einkaufsstraße mit dem Decumanus Maximus, Serdicas Hauptstraße in Ost-West-Richtung, markiert heute wie damals das Idealzentrum der Stadt. In ihm kreuzen sich die ersten beiden U-Bahnlinien Sofias. Selbst beim Warten auf die nächste Bahn können Sie in Vitrinen jahrtausendealte Fundstücke betrachten.

Wo die Kommunisten protzten

Vorbei an der urigen Kirche Sveta Petka Samardzhiyska aus dem 11. Jh. gelangen Sie zur transparenten Veranstaltungshalle unterhalb des Unabhängigkeitsplatzes. Ihr Blick geht durch die gläserne Decke auf die Anfang der 1950er-Jahre im neoklassizistischen Stil errichteten Repräsentanzen der kommunistischen Macht. Heute tagt im Ministerrat Bulgariens demokratische Regierung, sitzt im hoch aufragenden Haus der Kommunistischen Partei das Parlament, residiert im Staatspräsidium das Staatsoberhaupt. Vor einer antiken Hausmauer stehend erfassen Sie hier gut 1500 Jahre Kulturgeschichte mit einem Blick.

Schöner wohnen damals

Über die original römischen Steinplatten des Decumanus Maximus gelangen Sie zu Serdicas Osttor. Es wurde bereits beim Bau des kommunistischen Machtzentrums freigelegt, doch erst vor wenigen Jahren gruben hier Archäologen ein ganzes Wohnviertel aus. Die großzügigen Häuser gewähren einen spannenden Einblick in die Lebenswelt der wohlhabenderen Bürger Serdicas.

Quer durch alle Religionen

Die Unterführung führt zum Staatspräsidium, in dessen Innenhof Ihr Blick auf Sofias ältestes Bauwerk fällt. Die Rotunde Sveti Georgi aus dem 4. Jh. ist das einzige erhaltene Gebäude von Serdicas Konstantinischem Viertel, dem Verwaltungsbezirk der Römerstadt. Den Römern diente der zylindrische Kuppelbau aus rotem Backstein als Kultbau, über die Zeiten wandelte er sich zur christlichen Kirche, dann zur Moschee und erneut zum orthodoxen Gotteshaus. Gegenwärtig laufen auf der Vorderseite des luxuriösen Hotels Sofia Balkan Ausgrabungen. Ob die zutage getretenen Grundmauern eines gewaltigen Gebäudes zum einstigen Praetorium gehören, ist noch unklar.

Die Rotunde Sveti Georgi macht Sofia zur ›Ewigen Stadt‹, 1700 Jahre hat sie bereits kommen und gehen sehen.

Der Begriff der ›Collage City‹ wurde maßgeblich durch den Architekten Colin Rowe geprägt. In einer gleichnamigen Veröffentlichung von 1978 lehnt er die Vision »totaler Ordnung« der modernen Stadtplanung ab und fordert stattdessen eine ›Collage City‹, die sich durch vielfältige autarke Stadtteile mit individuellem Charme auszeichnet – willkommen in Sofia!

1. TOUR

3. TOUR

Rund um Halite und Frauenmarkt

Im Dutzend billiger

Es war einmal in der kommunistischen Volksrepublik Bulgarien, da reisten Bürger aus dem ganzen Land in die Hauptstadt, um im TZUM-Kaufhaus Waren zu kaufen, die es in ihren Heimatorten nicht gab. Diese Zeiten sind lange vorbei.

Dem Tzum schräg gegenüber steht die über 100 Jahre alte Zentral-markthalle (Tsentralni Hali, von den Sofiotern kurz Halite genannt). Auch sie harrt ihrer Wiederauferstehung. Eine deutsche Supermarkt-kette will das von dem Architekten Naum Torbov entworfene Gebäu-de sanieren und in einen zeitgemäßen Anforderungen entsprechen-den Zustand bringen. Dann sollen Kunden wieder durch den gebogenen Haupteingang im neobyzantinischen Stil mit Elementen des Jugendstils strömen und vor allem Waren bulgarischer Produzen-ten kaufen können. Der Plan sieht zudem vor, die im Untergeschoss befindlichen Fragmente eines römischen Bades und des Nordportals der römischen Festungsmauer neu zur Geltung zu bringen.

Dagegen präsentiert sich die über 100 Jahre alte Zentralmarkthalle (Tsentralni Hali, in Sofia kurz: Halite) quicklebendig. Das 1911 von Naum Torbov errichtete Gebäude wurde vor einigen Jahren sorgfältig restauriert. Nun strömen die Kunden wieder durch den gebogenen

Auf dem Zhenski Pazar kriegt man für Bares auch Rares.

Haupteingang im neobyzantinischen Stil mit Elementen des Jugendstils. Das hübsche Ambiente schlägt sich im Preis nieder: Traditionell sind die Halite das Zentrum eines quirligen Geschäftsviertels, in dem sich in den vergangenen Jahren ein veritables Araberviertel herausgebildet hat mit seiner zentralen Achse Ulitsa Simeon. In ihr reiht sich ein Barbershop an den anderen, findet sich eine Fülle an arabischen Gewürzläden und Fleischereien sowie Läden für Wasserpfeifen und orientalische Snackbars.

Ich denke oft an Pirotska …

Der Seitenausgang der Halite führt direkt zur Ulitsa Pirotska. Sofias älteste Fußgängerzone ist knapp 400 m lang – und anders als der exklusivere Vitosha-Boulevard ist sie eine Einkaufsstraße der kleinen Leute mit Geschäften, die noch den Kaufhallen-Charme sozialistischer Tage verströmen. Allerdings bieten auch sie die Warenvielfalt des globalen Kapitalismus: Schmuck, Mode, Schuhe und Kunsthandwerk, meist von der erschwinglicheren Sorte. Zur lebendigen Atmosphäre der Pirotska tragen auch preiswerte Restaurants, Cafés und Hotels bei.

Willkommen im Alltag!

Wo die Ulitsa Pirotska auf den Boulevard Stefan Stambolov trifft, liegt rechts Sofias ältester und größter Markt: der Frauenmarkt, eine ›unkaputtbare‹ Institution im Leben der Sofioter. Vor einigen Jahren ist er modernisiert worden, was ihm etwas von seinem morbiden Charme genommen hat. Das wilde Markttreiben mit zuweilen unhygienischen Verhältnissen war seinen Anwohnern zu bunt geworden. Sie forderten die Stadt auf, für mehr Ordnung zu sorgen. Nun ist der Markt in seinem unteren Teil ›gezähmt‹ worden, moderne Pavillons aus Holz und Glas prägen ihn. Weiter oben hat er seine orientalisch anmutende Atmosphäre bewahrt.

Selig im Schlaraffenland

Der Frauenmarkt bietet ein riesiges Spektakel aus Farben und Gerüchen. Es gibt nichts, was es nicht gibt. Der Käufer hat die Qual der Wahl bei einem reichhaltigen Angebot an frischen lokalen Produkten, pflanzlichen und tierischen Nahrungsmitteln, frisch und getrocknet, in fester Form und flüssig. Es gibt von bulgarischen Bienen produzierten Honig, nach Hausfrauenart gebackene *banitsa* (herzhaft gefülltes Blätterteiggebäck) und türkische Süßspeisen ganz so wie in Istanbul: *halva, kunafa, baklava* und noch mehr. Bulgarischer Wein kann in Plastikbehälter abgefüllt erstanden werden und natürlich auch die frische *kisselo mlyako*. Von diesem dicken, cremigen bulgarischen Joghurt sagt man, dass seine *Lactobacillus-bulgaricus*-Joghurtkulturen ein langes Leben bescheren.

Frische Blumen aus babas (Omas) Garten gibt es auf dem Markt.

F
FRAUEN-MARKT

Warum der Frauenmarkt Frauenmarkt heißt? Jedenfalls nicht, weil es hier käufliche Frauen gäbe! Der tatsächliche Ursprung des Namens ist nicht vollständig geklärt, die plausibelste Erklärung lautet aber: weil die Händler dieses Marktes im vergangenen Jahrhundert überwiegend weiblich waren.

FINGER WEG!

Die Markthändler vom Frauenmarkt sind berüchtigt für ihre raue Art. Wagt es der Kunde, sich seine Tomaten selbst zu nehmen, wird er lautstark zurechtgewiesen. Zur Belustigung der Umstehenden kommt es immer wieder zu hitzigen Wortgefechten zwischen Händlern und Käufern. Und manche, die sich keine Standmiete leisten können, breiten ihre Waren ganz einfach auf dem Boden aus. Alte Frauen aus den umliegenden Dörfern tragen eingemachte Gurken, selbst gemachte Marmeladen, Maiskolben oder auch Petersilie gleich körbeweise zum Markt. Gute Qualität ist bei ihnen garantiert!

Rund um den Slaveykov-Platz

Kreatives Dolce Vita

Der Slaveykov-Platz hat seine traditionelle Funktion als Basar der Bouquinisten im Zuge seiner Rekonstruktion eingebüßt, er bietet nurmehr wechselnden Veranstaltungen wie Frühlingsfesten und Weihnachtsmärkten die Bühne. Weiterhin ist er aber Dreh- und Angelpunkt von Sofias kreativem und geschäftstüchtigem Zentrum zwischen Ploshtad Garibaldi und ›Popa‹ mit seinen Tempeln der Hoch- und Subkultur und alternativ angehauchte Boutiquen, Galerien und Lokalen.

Die von dem Bildhauer Georgi Chapkanov auf einer Parkbank in Bronze gegossenen Vater und Sohn Slaveykov blicken von ihrer Parkbank auf das urbane Treiben. Petko und Pencho Slaveykov zählen beide zu Bulgariens ruhmreichsten Literaten. Sie hatten bereits im 19. Jahrhundert ihr Haus an diesem Platz, der damals noch den türkischen Namen Kafene Baschi trug. Nur wenige Gehminuten entfernt beherbergt Bulgariens Nationales Literaturmuseum in der Ulitsa Rakovski zwei Räume, die der Wohnung der Familie Slaveykovi nachempfunden sind. Auch das Haus ihres Nachbars, des symbolistischen Poeten Peyo K. Yavorov ist heute Museum. Mit der Stadtbibliothek, dem Französischen Kulturinstitut und den in den Hinterhöfen versteckten Antiquariaten behauptet sich der Slaveykov-Platz als Sofias traditioneller Ort der Literatur.

Treffen beim Popen

›Graffa‹ (so nennen die Sofioter die Ulitsa Graf Ignatiev), Rakovska (Ulitsa Georgi S. Rakovski) und Ulitsa Solunska begrenzen den Slaveykov. Auf der schnurgeraden Graffa mit ihren originellen Cafés und Geschäften fährt die Straßenbahn vom Ploshtad Garibaldi bis zum Nationalstadion Vasil Levski. Zu einer Pause im Grünen lädt der bei den Sofiotern beliebte Park neben der Kirche der Sieben Heiligen ein.

Ein paar Meter weiter steht unübersehbar der ›Popa‹, das Denkmal des Patriarchen Evtimiy, ein beliebter Treffpunkt. Gegenüber zeigt das Kino Odeon vor allem bulgarische Filmkunst. In der Ulitsa Lyuben Karavelov hat 2004 im Wohnhaus und Atelier des berühmten Bildhauers Andrey Nikolov das Rote Haus für Kultur und Debatte (Chervenata Kashta) eröffnet, ein Treffpunkt des kulturellen Austauschs.

Sofias Broadway

Sofias kulturelle Ader ist die Ulitsa Georgi S. Rakosvski. Die Rakovska und ihre Nebenstraßen locken mit einem knappen Dutzend Theatern und zahlreichen Veranstaltungsorten. An erster Stelle natürlich die kulturellen Leuchttürme der Stadt: die Sofioter Oper und das Ballett, der Konzertsaal Bulgaria und das Nationaltheater Ivan Vazov. Aber auch die kleineren Spielstätten wie das Theater 199 oder das Theater Salza i Smyah bieten hochkarätige Unterhaltung. Die Nationale Hochschule für Filmkunst und Theater (NATFIS), Karrieresprungbrett der meisten bekannten Schauspieler Bulgariens, befindet sich auch hier.

In der Bar Roderic auf der Tsar Shishman kann man Einheimische bei einem Bier antreffen und Livemusik lauschen.

Ins Gespräch vertieft: die Schriftsteller
Petko (Vater) und Pencho (Sohn)
Slaveykov, in Bronze verewigt, auf
dem nach ihnen benannten Platz

Pausieren in Sofia

НАРОДЕН ТЕАТЪР · ИВАН ВАЗОВ

Vom Nationaltheater aus gelangt man sofort in den beliebten Stadtgarten.

Für eine Partie im Stadtgarten sollten Sie von Ihren Fähigkeiten überzeugt sein.

ES GRÜNT SO GRÜN

Borisgarten
Kennen Sie eine Metropole mit einem Park fast so groß wie das Stadtzentrum? Willkommen im Borisova Gradina – von den Sofiotern auch kurz ›Borisova‹ genannt. Auf Ihrer Entdeckungstour durch den viereinhalb Quadratkilometer großen ›Garten‹ können Sie rudern, unter Kastanien spazieren gehen, einem ungewöhnlichen Spielplatz einen Besuch abstatten und noch vieles mehr.

SCHÖN FAST IM VITOSHA-GEBIRGE

Südpark
Der Südpark (Yuzhen Park) am Ende des Boulevards Vitosha ist in punkto Größe und Schönheit der ernsthafteste Konkurrent des Borisgartens. Blickt man hier gen Süden, wähnt man sich bereits am Fuß des Vitosha-Gebirges. Dabei sind die Verlockungen der Zivilisation – Cafés, Würstchenbuden, Eisstände, Hüpfburgen und andere Volksbelustigungen – noch in unmittelbarer Reichweite. In der warmen Jahreszeit fährt ein elektrischer Zug durch den Park. Gefeiert wird hier

auch gerne, etwa beim Jazzfestival »A to JazZ« oder dem Rockfestival »Zvete sa Gosho«.

FÜR LESERATTEN

Chitalnyata im Stadtgarten
Klar, auch im Stadtgarten (Gradska gradina) können Kinder spielen, Hunde Gassi gehen, Frühjahrsmüde dösen. Außerdem ist es der Ort, an dem sich Schachspieler zu einer Partie treffen – gerne auch um Geld. Er bietet aber mit seiner Chitalnyata einen seltenen Mehrwert für Bücherwürmer: In einem alten Pavillon gibt es neben der Infostelle für Touristen auch eine kleine Bibliothek. Sie ist zwar nur 18 m² groß, ebnet aber trotzdem den Weg ins literarische Universum. Jeder, der ein Buch schenkt, bekommt einen Mitgliedsausweis und kann Bücher ausleihen.

UND DAS GRÜNE IST SO NAH

Schlosspark und Kristallgarten
Selbst mitten in der Stadt ist in Sofia der Weg zur nächsten Parkbank nicht weit. Die grüne Oase des Schlossgartens hinter dem Zarenpalast geht fast ansatzlos über in den kleinen, aber

originellen Kristallgarten (Gradina Kristal). Der Schlossgarten verfügt über uralten Baumbestand und hält Überraschungen wie den in Beton gegossenen Trabbi bereit. Der Kristallgarten zehrt von seinem alten Ruf als Treffpunkt der Unangepassten. Ein irritierender Blickfang ist die Skulptur des gespaltenen Schädels von Ex-Ministerpräsident Stefan Stambolov. Ganz in der Nähe wurde 1895 ein tödliches Attentat auf ihn verübt.

FÜR WASSERFLÖHE

Pancharevo-See
Obwohl Sofia über keinen breiten Fluss verfügt, ist es doch eine Wasserstadt. Viele kleine Wasserläufe durchqueren das Stadtgebiet. Außerdem gibt es 75 Mineralquellen in Sofia und Umgebung. Von den Seen ist der vom Lozen-Gebirge eingerahmte Pancharevo-See der attraktivste, besonders für Segler und Ruderer. Baden ist zwar nicht erlaubt, doch dafür gibt es Schwimmbecken. Wenn sich Anfang April oben auf dem Vitosha noch die Skifahrer die Hänge herabstürzen, sitzen unten am See bereits die Ersten in Bikini und Badehose am Beckenrand des mit warmem Wasser gefüllten Korali-Mineralbads.

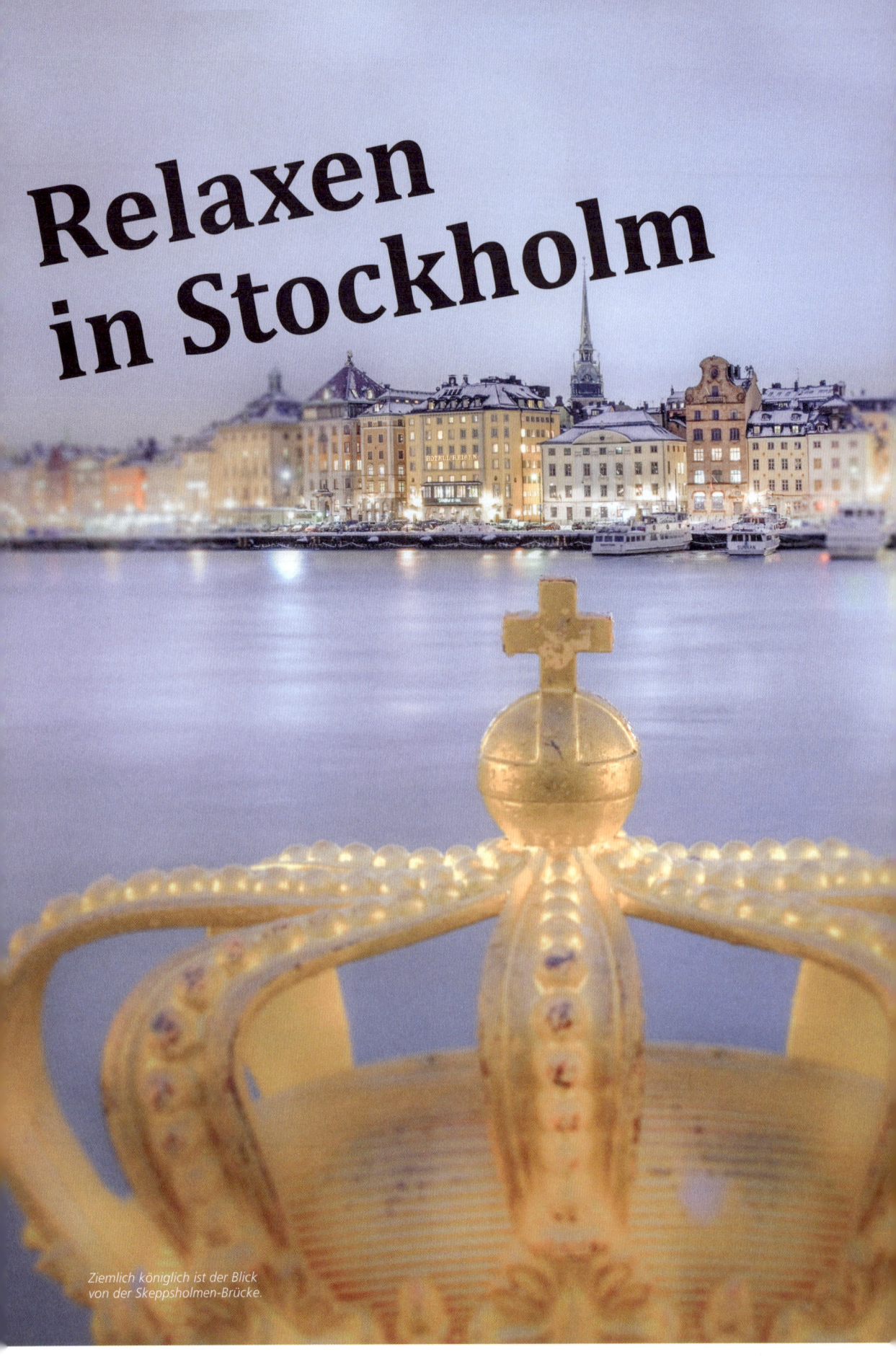

Relaxen in Stockholm

Ziemlich königlich ist der Blick von der Skeppsholmen-Brücke.

Stadt am Wasser

In der ersten ›Umwelt-Hauptstadt Europas‹ wird Lebensqualität ganz großgeschrieben. Ein Drittel der Fläche Stockholms
ist Wasser, 40 % machen Parks und Naturgebiete aus. Und im
Stockholmer Schärengebiet gibt es 30 000 Inseln. Wo sonst
könnte man besser die Natur genießen und entspannt in den
Tag blicken? Stockholm ist die einzige Großstadt der Welt mit
einem Nationalstadspark: Djurgården. Er ging aus dem königlichen Jagdgebiet hervor.

*Wie war das mit dem Kindertraum vom
Fliegen? Ein wunderbar altmodisches
Karussell in Gröna Lunds Tivoli lässt ihn
Wirklichkeit werden.*

1. TOUR
2. TOUR
3. TOUR

Flanieren durch Stockholm

*Erst ins Café und dann ins gegen-
überliegende Nobelpreis-Museum am
Stortorget oder umgekehrt?*

1. *TOUR*

Immer am Wasser entlang – Strandvägen

Ein Bummel entlang Strandvägen führt ins späte 19. und frühe 20. Jh. Genießen Sie den Blick auf die Schärenboote und übers Wasser auf die grüne Insel Djurgården.

2. *TOUR*

Für Foodies und Stilbewusste – **Rund um Östermalms Saluhall**

Shoppen und Genießen nach Herzenslust: von einer kulinarischen Exkursion zur historischen Markthalle über die (Wieder-)Entdeckung von Designobjekten bis hin zum Luxusshopping.

3. *TOUR*

Natur erleben in der Großstadt – Djurgården

Stockholm ist die einzige Großstadt der Welt mit einem Nationalstadspark und so viel Natur mitten in der Innenstadt: Djurgården.

Strandvägen

Immer am Wasser entlang

Ein Bummel entlang Strandvägen führt ins späte 19. und frühe 20. Jh., als die prächtigen Stadtpalais nach Pariser Vorbild entstanden. Heute sind hier Stockholms exklusivste Adressen. Genießen Sie den Blick auf die Schärenboote und übers Wasser auf die grüne Insel Djurgården.

Den Auftakt der 1,2 km langen Promeniermeile bildet architektonischer Theaterdonner in Marmor und Gold: Dramaten am Nybroplan. Der offizielle Name des wichtigsten Theaters des Landes lautet Kungliga Dramatiska Teater, es geht auf eine Gründung des kunstsinnigen ›Theaterkönigs‹ Gustav III. zurück. 1908 wurde der von Architekt Fredrik Lilljekvist entworfene Jugendstilbau mit der Aufführung eines Strindberg-Stücks eröffnet – nach sechsjähriger Bauzeit und mehr als doppelt so teuer wie geplant. Immerhin hatten namhafte Künstler daran mitgewirkt: Die in hellem Marmor verkleidete Fassade schmückt das Relieffries eines ausgelassenen Dionysoszuges von Christian Eriksson, die Dekoration der Säulen am Eingang entwarf Carl Milles und die Deckenmalereien im Innern stammen u. a. von Carl Larsson und Prins Eugen.

Wohnen hinter feinen Fassaden

Wenn Sie den Blick von der goldglänzenden Eingangsfassade des Königlichen Dramatischen Theaters losgerissen haben, kann er über die Architektur des Strandvägen schweifen, in der die Epoche des Jugendstil dominiert, aber auch Anleihen bei italienischer Renaissance bis hin zum Loireschloss zu entdecken sind. Zwillingshaft stehen sich zwei

Wenn der letzte Dampfer vom Ausflug in die Schären zurück ist, kehrt Ruhe ein am Strandvägen.

Svenskt Tenn verkauft Möbel, Lampen, Glas, Geschirr, Textilien und schöne kleine Accessoires. Selbst wenn man hier nichts kaufen möchte, macht es Spaß, die schönen Dinge zu betrachten und durch die eleganten gutbürgerlichen schwedischen Wohnzimmer zu spazieren …

Jugendstilhotels gegenüber, Hotel Esplanade, Strandvägen 7A, von 1910 und das noch exklusivere Hotel Diplomat, wo man sich in der T/Bar zum Afternoon Tea treffen kann. Zum Tee werden nach englischer Sitte Scones und Marmelade oder auch Herzhaftes wie Gurkensandwiches sowie auf Wunsch und mit Aufpreis Champagner serviert.

Loireschloss an der Ostsee

Auf der Landseite setzt der Gebäudekomplex Strandvägen Nr. 29–33, genannt Bünsowska Huset, der Strandpromenade die Krone auf: eckturmchenverziert und mit seiner Kombination aus rotem Backstein und hellem Kalkstein erinnert der Komplex von Architekt Isak Gustaf Clason an ein Loireschloss. Der Bau entstand als Residenz des ›Holzbarons‹ Friedrich Bünsow 1886–88. Der aus Kiel gebürtige Sägewerksbesitzer und Millionär hatte einen exquisiten Geschmack.

Natur in Reichweite: Djurgården

Die prächtige Djurgårdsbron beschließt den Spaziergang am Wasser. Die Brücke mit dem vergoldeten Skulpturenschmuck – vertreten ist die altnordische Götterwelt – und den kunstvollen gusseisernen Leuchten wurde zur Stockholmer Kunst- und Industrieausstellung 1897 fertiggestellt. Auf der anderen Seite signalisiert das leuchtend blaue gusseiserne Portal Blå Porten: Hier geht´s zur Naherholung und hinein ins Wegenetz der Insel. Tagtäglich passieren unzählige Radfahrer, Jogger, Spaziergänger das Tor zum noch immer königlichen Besitz Djurgården.

Großbürgerliches Zuhause

Wenn Sie sehen wollen, wie es sich in einem Großbürgerpalast wohnte, sollten Sie die Straßenbahn oder den Bus zurück Richtung City nehmen und eine Führung im Hallwylska Museet mitmachen. Maurische und venezianische Elemente schmücken die Fassade des Stadtpalais, ebenfalls ein Werk des Architekten Isak Gustaf Clason. Es entstand 1893–97 für die Tochter eines reichen Sägewerksbesitzers, Wilhelmina Kempe, und ihren Gatten, den aus der Schweiz stammenden (und mittellosen) Grafen Hallwyl. Von der Küche im Souterrain bis zur Kegelbahn unterm Dach blieb die für jene Zeit komfortable Einrichtung original erhalten.

S
SCHÄREN

Am schönsten ist es am Strandvägen, wenn gegen 10 Uhr die Boote in die Schären an- und ablegen: Trubel an den Kais, die Anlegemanöver der Schiffe sorgen für hohe Wellen und die Passagiere entsteigen den Booten oder besteigen sie mit Sack und Pack für ein Ferienhauswochenende in den Schären.

*Köstliches für Auge und Gaumen:
Die Markthalle von Östermalm ist ein
Hotspot für Genießer.*

Rund um Östermalms Saluhall

Für Foodies und Stilbewusste

Die kulinarische Exkursion beginnt am Östermalmstorg. Rund um die historische Markthalle können Sie shoppen und genießen nach Herzenslust. Fachgeschäfte für klassisches skandinavisches Design, Kunstgalerien und Nobelboutiquen liegen dicht an dicht.

Die Markthalle des Nobelstadtteils, kurz ›Östermalmshallen‹ oder auch – offizieller – Östermalms saluhall genannt, präsentiert sich gediegen in Backstein und Jahrhundertwendeschick. Aber auch der war in die Jahre gekommen und die Halle bekam ein Facelifting verpasst. Nach mehrjähriger Renovierungszeit wurde sie im Jahr 2020 in alter Pracht wiedereröffnet und ist wieder Treffpunkt für Feinschmecker. Ob Käse, Brötchen, Wurst oder Fisch, hier ist alles vom Feinsten und appetitlich angerichtet. Neben Elchwurst und Rentierschinken überrascht die Fülle an Wurst- und Käsespezialitäten aus Kontinentaleuropa – von der italienischen Salami bis zum Schweizer Käse. Gourmetrestaurants laden zu Kostproben der hier präsentierten Delikatessen bei einem Glas Wein.

Grönlandkrabben pfundweise zum Selberpulen gehen in der Markthalle über den Tresen, aber auch fertig angemachte Salate und andere Leckereien.

Zeitlos und elegant: skandinavisches Design

Mit einem frühen Lunch an einem Marktstand gestärkt, können Sie den Schaufensterbummel besonders genießen. Schräg gegenüber der Markthalle sind in der Galerie Modernity die Kreationen namhafter skandinavischer Designer zu kaufen oder einfach nur bewundernd anzuschauen: Glas, Keramik, Lampen und Schmuck ab den 1950er-Jahren bis heute. Die lange Liste der berühmten Namen reicht von Alvar Aalto über Arne Jacobsen bis Tapio Wirkkala. Wer sich für skandinavisches Design der Gegenwart interessiert, sollte auch bei Asplund hineinschauen – alle großen schwedischen Namen sind vertreten, doch inzwischen auch solche aus Mailand und London. Asplund verkauft nur Erstklassiges – Möbel und Einrichtungsgegenstände mit Stil.

Luxus unter Glas: Sturegallerian

So mancher, der in der gläsernen Einkaufspassage Sturegallerian shoppt, möchte auch gesehen werden – und sehen. Deshalb gibt es auch genug Cafés zum Draußensitzen unter dem hohen Dach. Die Einkaufspassage rund um das nach einem Brand 1997 stilgetreu im Jugendstil wieder aufgebaute Sturebadet vereint ca. 50 Geschäfte und Restaurants. Man bekommt Papierwaren in angesagtem Design, Schmuck, exklusive Mode, typisch nordische Lakritze bei Lakrids by Bülow und natürlich Bücher im traditionsreichen Buchladen Hedengrens bokhandel.

> ›HOPFENGARTEN‹
>
> Humlegården mit dem kleinen Rondell um die Linné-Statue ist tagsüber willkommene Ruheoase für Shoppinggestresste. In der Königlichen Bibliothek Kungliga Biblioteket, der schwedischen Nationalbibliothek, kann man eins der vielen tausend Bücher in den Lesesaal bestellen oder eine Buchausstellung besuchen.

Djurgården

Natur erleben in der Großstadt

Stockholm ist heute die einzige Großstadt der Welt mit so viel Natur in der Innenstadt. Intakte Natur in Großstadtnähe – das gefiel schon Malerprinz Eugen, der sich ebenso wie der Bankier und Kunstsammler Thiel auf Djurgården eine Jugendstilvilla bauen ließ, heute Perlen der Kunst zwischen knorrigen Eichen und wilden Waldpfaden.

Das königliche Jagdgebiet (Djurgården heißt ›Tiergarten‹) entging dem Bauboom des 20. Jh. – dabei schien seine ›Karriere‹ als bevorzugte Villengegend vorgezeichnet. Doch 1906 und 1913 beschloss der Reichstag, der Erschließung von Södra Djurgården zugunsten der Natur einen Riegel vorzuschieben. Umso sehenswerter und kostbarer sind die Bauten, die blieben ...

Ein Platz zum Malen

In wunderschöner Lage am Wasser auf der Südseite von Djurgården versteckt sich Prinz Eugens Waldemarsudde. Die einladend dekorierten Räume präsentieren die Sammlung des Malerprinzen, der als jüngster Sohn König Oskars II. in Paris Malerei studierte und unter

Kunst und Natur ergänzen sich gut im Terrassengarten der Villa von Waldemarsudde.

dem Einfluss des Impressionismus zu einem ganz eigenen Stil fand. Auch der Garten der italienisch anmutenden Villa ist eine Augenweide, der sich zum Wasser hin in Terrassen gliedert und mit Skulpturen geschmückt ist. Die Sonnenbänke im Terrassengarten laden dazu ein, den Seglern, Ausflugsschiffen und Fähren Richtung Schären zuzusehen – ein stetiges Kommen und Gehen.

Naturschätze und Café im Gartenidyll

Der größte Schatz von Djurgården sind aber die rund 200 uralten Eichen. Während die bis dahin ausschließlich der Krone vorbehaltenen Bäume ab 1789 anderswo der Säge zum Opfer fielen, blieben sie überall dort stehen, wo Adel und König Besitz hatten. Einer dieser Baumveteranen ist die mächtige Prinsens Ek neben dem Quellpavillon oberhalb der Villa Waldemarsudde. Heute sind die knorrigen alten Bäume Wohnung und Revier für Vögel und Fledermäuse, seltene Insekten sowie hochspezialisierte Pilze, insgesamt ca. 1500 Pflanzen- und Tierarten.

Quer über die Insel (Schild »Gångväg«) spazieren Sie durch den Eichenwald bis zu den Beeten und Feldern der Gärtnerei Rosendals Trädgård. Hier kann man sich einen Blumenstrauß pflücken oder in der Gärtnerei schöne Topfpflanzen, Blumenzwiebeln und Eingemachtes aus ökologischem Anbau einkaufen. Außerdem unterhält Rosendals Gärtnerei ein nicht nur bei jungen Eltern mit Kinderwagen sehr beliebtes Gartencafé, Rosendals Trädgårdskafe.

Gartenlust und Kaffeeduft locken die Besucher zu Rosendals Gärtnerei.

Lustschloss im Grünen

Nur wenige Schritte weiter östlich liegt Rosendals slott, das 1827 als Lustschlösschen für königliche Ausflüge ins Grüne errichtet wurde. Die wunderschöne Inneneinrichtung in Mahagoni und die leuchtenden Farben kann man bei einer Führung in Augenschein nehmen. Der erste Bernadotte, König Karl XIV. Johan, ließ sein Lustschloss auf der grünen Insel Djurgården im französischen Empirestil errichten. Der ehemalige Marschall Napoleons war vom schwedischen Reichstag mangels passendem Thronfolger ins Land gerufen worden. Unterhalb des Schlosses lässt es sich schön noch ein wenig am Djurgårdsbrunnskanalen (Schild »Djurgårdsbrunn«) entlangschlendern. Der Weg folgt dem schnurgeraden Kanal, der die große Insel in Södra und Norra Djurgården teilt. Nach einer Weile kommt eine Brücke in Sicht, Djurgårdsbrunnsbron, die man links liegen lässt, und dem schmalen Djurgårdsbrunnskanalen weiter folgt.

Naturfreunde aktiv

Am Djurgårdsbrunnskanalen hat man an warmen, stillen Sommerabenden die Chance, Fledermäuse beim Jagen zu erleben. Drei Arten sind in Stockholm recht häufig zu finden. Kurz vor der letzten Brücke (Fußgänger) nach Gärdet bzw. Norra Djurgården liegen rechts ein Feuchtgebiet und der Vogelsee Isbladskärret, im Herbst und Frühjahr Raststation für Zugvögel. Ganzjährig hat sich eine Kolonie Graureiher in den hohen Bäumen am Ufer eingenistet. Eine hölzerne Aussichtsplattform bahnt den Weg ins Schilf. An der östlichen Landzunge von Djurgården, Blockhusudden, beginnt die typische Schärenlandschaft der Ostsee, die man von einer der Bänke betrachten kann.

Es ist ein besonderes Vergnügen, mit dem Fahrrad auf Djurgården herumzuradeln – außenherum gibt es kaum Steigungen, nur in der Mitte der Insel liegt ein kleiner Buckel. Spätestens bei der längeren Variante bis Blockhusudden (5 km; sonst 2,5 km) empfiehlt sich der Umstieg aufs Rad. Fahrradverleih z. B. an der Brücke bei Djurgårdsbrons Sjöcafé, wo zudem ein Kiosk über Attraktionen auf Djurgården informiert und einige Tourenvorschläge anbietet.

Pausieren in Stockholm

Ruhiges Wasser für Segler:
Djurgårdsbrunnsviken

Mittendrin: Die kleine Insel Skeppsholmen ist eine stille Oase im Herzen der Stadt.

VOLKSNAH

Kungsträdgården

Der lang gestreckte Platz zwischen Oper und Hamngatan belieferte vor 300 Jahren als Gemüsegarten die königliche Tafel. Ganz aus dem Häuschen sind vor allem asiatische Besucher, wenn sich die ersten rosa Kirschblüten im April öffnen. Die Bäume sind ein Geschenk Japans. Und sonst? Im Sommer am plätschernden Brunnen ein Eis essen, einem Freiluftkonzert lauschen, einen Mittelaltermarkt besuchen oder im Winter den Weihnachtsmarkt … Am Südende, auf der Rückseite des Opernhauses, schließt sich Karl XII:s torg an, ein Tee-Pavillon bietet Erfrischungen mit Blick übers Wasser zum Schloss.
Kungsträdgården, Norrmalm-City

ALTSTADT-CAFÉ

Sundbergs Konditori

Das gemütlich mit Plüschsesseln, Kronleuchtern, stilvollem Mobiliar und Gemälden eingerichtete Café ist das älteste Stockholms. Es wurde 1785 nach Wiener Vorbild gegründet. König Gustav III war ein Liebhaber guter Torten, doch der unterirdische Gang zum Schloss ist wohl eine Legende. Ein Unikum: Kaffee zapfen sich die Gäste selbst – aus einem Samowar.
Järntorget, Gamla stan

MIT BLICK AUFS WASSER

Flickorna Helin

Idealer Zwischenstopp beim Ausflug nach Djurgården. Von der Terrasse hat man Aussicht aufs Wasser – im Winter sitzt man gemütlich am offenen Kamin wie in einer warmen Grotte. Der kuriose Ziegelbau mit Schornstein namens Skånska Gruvan stammt von 1897, gebaut als Ausstellungslokal für die südschwedische Grubenindustrie. Brot und Gebäck kommen aus der hauseigenen Bäckerei, außerdem gibt es Suppen, kleine Gerichte und Salate.
Rosendalsvägen 14, Djurgården

KÖNIGLICHE LIEGEWIESE

Hagaparken

Machen Sie es wie die Stockholmer, sobald die Sonne blinzelt: Breiten Sie eine Decke zum Picknick aus oder legen Sie sich einfach auf die Wiese zu Füßen der Kupferzelte am Nordeingang des Parks. Haga slott – abgeschirmt, eingezäunt und kameraüberwacht – ist heute Wohnsitz von Kronprinzessin Victoria mit Familie. Der Schlosspark steht als Teil von Ekoparken jedem offen. Das im 18. Jh. von Gustav III. erdachte Gesamtkonzept für einen Landschaftspark konnte nur teilweise realisiert werden, bevor der König 1792 einem Attentat zum Opfer fiel. Ein Schmuckstück ist Gustavs III:s paviljong (1780–90), in seiner schlichten Eleganz mit Spiegelsaal und Dekor in Gold und Weiß Vorbild für den ›Gustavianischen‹ Stil und ein Beispiel für das Miteinander von Natur und Architektur im Rokoko.

WELLNESS UND NOSTALGIE

Centralbadet

In der maurisch inspirierten Pfeilerhalle des Jugendstilbaus vergisst man leicht die Zeit und das hektische Treiben draußen in den Straßen und auf den Plätzen. Aber das kann man ja auch, schließlich gilt der Eintrittspreis ganze drei Stunden und schließt neben dem Bad im 30 °C warmen Becken verschiedene Saunen und Dampfbäder ein.
Drottninggatan 88, Norrmalm-City

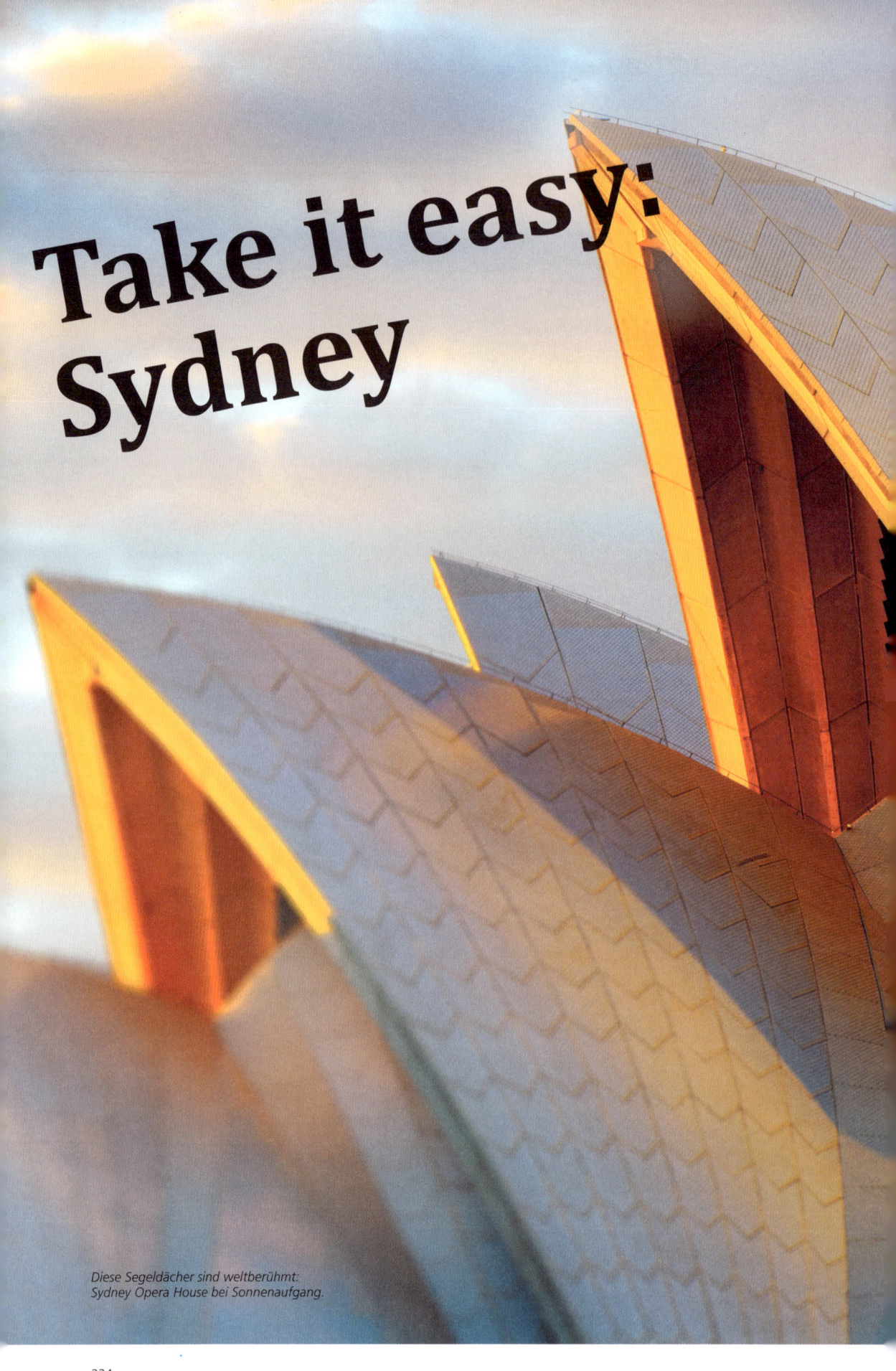

Take it easy: Sydney

Diese Segeldächer sind weltberühmt:
Sydney Opera House bei Sonnenaufgang.

Auf der Sonnenseite des Lebens

Von Natur aus hat Australiens heimliche Hauptstadt alles, was eine Metropole braucht, um auf die Hitliste der Weltstädte mit der größten Lebensqualität zu gelangen. Hier gehen urbane Geschäftigkeit und hoher Freizeitwert eine glückliche Verbindung ein. Sydney ist großstädtisch und zugleich naturverbunden. Welch andere Metropole besitzt schon neben ausgedehnten Parks und üppigen Gartenanlagen auch drei Dutzend feine, goldgelbe Sandstrände direkt im Stadtgebiet?

Feuerwerk über Sydney. Doch die Metropole ist auch ohne dieses spektakulär.

225

1. TOUR

2. TOUR

3. TOUR

Flanieren durch Sydney

Am Verkehrsknotenpunkt Circular Quay strömen Clowns, Jongleure, Musikanten, Pantomimen und andere Straßenkünstler zusammen, um tagtäglich das größte Open-Air-Theater von Sydney zu inszenieren.

1. TOUR

The Rocks – **Historischer Kern des »weißen« Australien**

Überlaufen hin, Touristen her – mit am spannendsten ist Sydney in den Gassen von The Rocks. Dort lässt man sich einfach treiben. Kosmopolitisch und bunt ist Sydney hier, aber auch unerwartet schräg, kurios und natürlich kunstsinnig.

2. TOUR

Harbour Bridge – **Aussichtsreiche Bogenbrücke**

Schwindelfrei? Dann rauf auf die Harbour Bridge. Einatmen, ausatmen, durchatmen – und die Traumaussicht über die Sydney Cove mit den ein- und auslaufende Hafenfähren bis zum Opera House genießen. Mehr Weitblick geht nicht!

3. TOUR

Bondi Beach – **Traumstrand in City-Nähe**

Unverzichtbarer Teil des Lifestyles der Sydneysiders: Das Leben und Treiben an der legendären Sandmeile ist Lebenselixier und Inbegriff australischer Beachkultur.

The Rocks

Historischer Kern des »weißen« Australien

Hier hat alles angefangen: Nach acht beschwerlichen Monaten auf See kletterten 772 schlecht ernährte Strafverbannte und 211 Soldaten und Seeleute am 26. Januar 1788 im Port Jackson auf eine felsige Halbinsel, der sie später den Namen The Rocks gaben. Heute ist die erste europäische Siedlung auf australischem Boden ein lebendiges Freilichtmuseum.

Zur Einstimmung auf den Rundgang durchs historische Viertel empfiehlt sich ein Besuch von The Rocks Centre, das sich im Penrhyn House an der Ecke Argyle und Playfair Streets befindet. Wenn Sie möchten, können Sie dort eine geführte Tour durch die Altstadt buchen. Am The Rocks Square in der Playfair Street finden sonn- und feiertags kostenlose Open-Air-Konzerte statt. Gegenüber wartet der Argyle Department Store, ein schickes Einkaufszentrum, das sich in einem zwischen 1826 und 1888 errichteten Ensemble aus vier restaurierten Warendepots und Wolllagern ausgebreitet hat, auf Kundschaft.

Zwei der alten Lagerhäuser gehörten einst Mary Reiby aus Yorkshire, die im Alter von 13 Jahren wegen Pferdediebstahls nach Australien verbannt worden war. Bereits nach vier Jahren begnadigt, heiratete sie einen reichen Geschäftsmann. Nach dessen frühem Tod avancierte sie zur erfolgreichsten Unternehmerin der Strafkolonie und wurde schließlich eine der angesehensten Frauen in Australien.

Archäologische Fundstücke, Gemälde, Fotografien, Videofilme und interaktive Displays informieren im The Rocks Discovery Museum gegenüber in der Kendall Lane über die Geschichte des historischen Viertels – von der Zeit der hier einst ansässigen Cadigal-Aborigines bis zur Gegenwart.

Sailors Home und Cadmans Cottage

Das 1864 errichtete Sailors Home an der George Street, in dem sich heute eine Kunstgalerie befindet, wurde einst gegründet, um dem einträglichen Menschenhandel mit betrunkenen Seeleuten ein Ende zu setzen. Damals war es gang und gäbe, neu angekommene Matrosen in Absteigen und Bordelle zu locken, sie unter Alkohol zu setzen und dann an Kapitäne auslaufender Schiffe zu verhökern.

Wenige Schritte entfernt steht Cadmans Cottage, in dem einst John Cadman wohnte. Dieser war als Deportierter in die Strafkolonie gekommen und machte dort eine unglaubliche Karriere vom Häftling zum Oberinspektor der Regierungsflotte. 1816 erbaut, ist dieses Sandsteinhäuschen das älteste architektonische Relikt aus den kolonialen Gründerjahren. Etwas weiter präsentiert das Museum of Contemporary Art zeitgenössische Kunst. Im Orient Hotel schräg gegenüber von Cadmans Cottage fließt seit 1844 das Bier aus blank polierten Zapfhähnen. Der Pub ist ein schönes Beispiel für den georgianischen Baustil der frühen Kolonialzeit.

Zwischen den Kolonialbauten von The Rocks herrscht stets trubeliges Treiben.

Nurses Walk und Suez Canal

Biegen Sie beim historischen Russell Hotel rechts in die Globe Street ab, erreichen Sie Nurses Walk, ein Labyrinth kopfsteingepflasterter Gassen. Einst befand sich dort das erste Krankenhaus des Kontinents. In einem kleinen Garten pflanzten die Schwestern Heilkräuter an. Weiter geht es zu einer Gasse namens Suez Canal, die so eng und dunkel geblieben ist, dass Sie sich in die Zeit zurückversetzen können, als hier die Gabbage Tree Gang betrunkenen Seeleuten auflauerte, um ihnen die Heuer zu rauben. Auch Frauengangs trieben hier ihr Unwesen. Da sie schwächer als Männer waren, griffen die Frauen zu einer List: Sie lauerten auf Mauern und Dächer und sprangen aus der Höhe auf ihre männlichen Opfer, um ihnen Geld und manchmal auch ihre Goldzähne zu rauben.

Quartier der armen Leute

In den ärmlich wirkenden Ziegelsteinhäusern am Susannah Place zwischen Cambridge und Gloucester Street, von 1840 bis Mitte des 20. Jh. eine Arbeitersiedlung, gibt heute ein Museum Einblick in die Wohnverhältnisse der damaligen Zeit. Im kleinen Krämerladen im Eckhaus werden traditionelle australische Produkte feilgeboten.

Im alten Mühlenviertel

Von der Cumberland Street führen Stufen hinauf zur Harbour Bridge und ein Fußgängertunnel unter der Brücke hindurch zur Upper Fort Street im Stadtteil Millers Point. Überragt wird das Viertel vom Observatory Hill, einer Parkanlage mit der historischen Sternwarte Sydney Observatory. Man kann im Rahmen spezieller Veranstaltungen auch die funkelnde Sternenvielfalt des südlichen Nachthimmels bewundern. Am Fuße des Observatory Park steht das 1841 errichtete Lord Nelson Hotel, Sydneys älteste Kneipe.

Nächste Station ist Argyle Place mit einem Ensemble gut erhaltener georgianischer und viktorianischer Terrassenhäuser. Wegen der schönen Buntglasfenster sollten Sie einen Blick in die 1848 als erste Militärkirche von New South Wales erbaute neogotische Garrison Church werfen. An der Ecke Windmill Street und Lower Fort Street lockt ein weiterer historischer Pub – das Hero of Waterloo Hotel aus dem Jahre 1844.

In den restaurierten Lagerhallen am Pier Four der Walsh Bay Wharves sind heute die Sydney Theatre Company und die Sydney Dance Company zu Hause, zwei experimentierfreudige Theater- und Tanzensembles. Am ebenfalls sanierten Pier One bietet sich ein schöner Blick auf den Luna Park am anderen Ufer des Sydney Harbour.

Markt und Musik

Die Harbour Bridge an der ehemaligen Geschützstellung am Dawes Point unterquerend, kommen Sie zurück zur George Street, die sich samstags und sonntags in einen Straßenmarkt verwandelt. Tausende drängeln sich dann durch die Gänge des The Rocks Market und stöbern nach Souvenirs. Aus dem Mercantile Hotel, dessen Fassade Art-déco-Wandfliesen schmücken, dringt dazu an Wochenenden der Klang irischer Folkmusik.

Einst ein gefährliches Pflaster: die dunkle Gasse Suez Canal

Die 1858 im Renaissancestil erbaute Sternwarte dient heute als Museum für Astronomie. Vom Observatory Park, der die Sternwarte umgibt, genießen Sie bei einem Picknick das Hafenpanorama, insbesondere den herrlichen Blick auf die Harbour Bridge.

2.
TOUR

1. TOUR

3. TOUR

Harbour Bridge

Aussichtsreiche Bogenbrücke

Von der Altstadt aus haben Sie fast immer eines der Wahrzeichen Sydneys im Blick: die Harbour Bridge, die von Einheimischen auch liebevoll Coat Hanger, Kleiderbügel, genannt wird. Bei einem Spaziergang über die 1932 eingeweihte Einbogenspannbrücke genießen Sie einen herrlichen Blick auf The Rocks, Hafen und Oper.

Im »Guinness-Buch der Rekorde« ist die Harbour Bridge mit einer Länge von 503 m als zweitlängste Einbogenspannbrücke der Welt aufgeführt. 60 000 t Stahl, zusammengehalten von 6 Mio. Schrauben, auf denen acht Autospuren, zwei Bahnlinien sowie zwei Fuß- und Radwege verlaufen, verbinden die City mit den nördlichen Vororten. 1925, als die Weltwirtschaftskrise auch Australien in eine schwere Rezession riss, wurde der Grundstein gelegt und damit zugleich 1400 Arbeitsplätze geschaffen. Nachdem sie einer Belastungsprobe mit 72 Dampflokomotiven standgehalten hatte, konnte die Harbour Bridge am 19. März 1932 feierlich eingeweiht werden. Obwohl mittlerweile zwei zusätzliche Tunnel unter dem Port Jackson Entlastung bringen, sorgen auf der Brücke täglich bis zu 200 000 Fahrzeuge für ein Verkehrschaos.

Bevor das Opera House zum Wahrzeichen der Stadt wurde, hatte die Harbour Bridge – von den Sydneysiders schlicht »Kleiderbügel« genannt – diese Funktion inne.

Erstklassiges Panorama

Der einzige für Fußgänger kostenlose Zugang befindet sich in der Cumberland Street im Altstadtviertel The Rocks. Bereits vom Fußweg auf der Brücke bietet sich ein herrlicher Blick, der über die Sydney Cove mit den ein- und auslaufenden Hafenfähren und das Opera House bis weit hinaus in den Port Jackson reicht, wo eine Armada von Segeljachten kreuzt. Und spätestens am Pylon Lookout, der Aussichtsplattform auf dem 89 m hohen südöstlichen Brückenpfeiler, versteht man, warum Cinemascope erfunden wurde: Dieses Panorama sprengt einfach jeden Rahmen. Bevor man mit dieser grandiosen Aussicht belohnt wird, genießt man im Pylon Museum, das sich im Innern des

Brückenpfeilers befindet, einen Einblick in die Entstehungsgeschichte der Hafenbrücke. Wie seine drei Pendants ist der südöstliche Pylon ohne statische Funktion und nur optische Verzierung.

Spaziergang am Nordufer des Sydney Harbour

Ein schöner, etwa einstündiger Spaziergang, auf dem sich herrliche Ausblicke eröffnen, führt von der Harbour Bridge entlang der Lavender Bay zum Vorort McMahons Point. Von dort kann man mit einer Fähre zum Circular Quay zurückfahren. Hält man sich nach dem Treppenabgang am nördlichen Ende der Hafenbrücke an der Broughton Street rechts, kommt man zum Stanton Lookout oberhalb der Jeffrey Street Wharf. Gut platziert ist auch der Aussichtspunkt am Milsons Point.

Schwimmbad mit Geschichte

Die Brücke unterquerend, geht es weiter zum North Sydney Olympic Pool, der einstigen Arena der australischen Weltrekordschwimmerinnen Dawn Fraser und Shane Gould. In den Wintermonaten ist das spektakulär gelegene öffentliche Schwimmbad beheizt und überdacht. Gleich daneben befindet sich der Eingang zum Luna Park. In dem traditionsreichen Vergnügungspark mit Achterbahn und Riesenrad geraten große und kleine Kinder auf die schiefe Bahn – und kreischen dabei vor Glück.

An der Lavender Bay

Einst trug die Lavender Bay den Namen Quiberee Bay, ein Begriff aus einem Aboriginal-Idiom, der Süßwasserquelle bedeutet. Vom Luna Park führt ein Holzplankenweg vorbei an den kleinen Grünanlagen Art Barton Park und Wendy's Secret Garden zum vornehmen Stadtteil McMahons Point, der eine herrliche Wohnlage mit einem Panoramablick über den Hafen auf die City kombiniert. Etwa auf halbem Weg blockieren schicke Apartmentanlagen den am Ufer verlaufenden Spazierpfad, sodass man auf die oberhalb verlaufende Bay View Street ausweichen muss. Hier bekommt man einen guten Eindruck davon, wie es sich in Sydney am Wasser lebt – vorausgesetzt man kann es sich leisten.

Sydney für Schwindelfreie

Besonders Mutige können die Harbour Bridge auf den Brückenbögen überqueren. Nach Alkohol- und Höhentest, Instruktionen und Anlegen eines speziellen Overalls startet man – eingeklinkt in ein mitlaufendes Stahlseil – zu der dreistündigen Kletterpartie über den bis zu 130 m hohen Brückenbogen. Auf dem höchsten Punkt bietet sich ein atemberaubendes Panorama. Jeder der Teilnehmer ist mit einem Headset ausgerüstet, um sich mit dem Guide verständigen und seiner Stadtführung folgen zu können. Auch wenn Ausrüstung und Vorkehrungen ein anstrengendes Klettererlebnis vermuten lassen, ist der BridgeClimb eher ein Spaziergang in luftiger Höhe, den selbst Kinder (ab 12 Jahre) und Senioren bewältigen. Spektakulär wird es bei einem nächtlichen Aufstieg, wenn die City Skyline im Lichterschein funkelt. Da die Touren auf Wochen ausgebucht sind, empfiehlt sich eine Reservierung vor Reiseantritt. Fotoapparate und andere persönliche Gegenstände dürfen aus Sicherheitsgründen nicht mitgenommen werden.

Nicht nur zweibeinige Sydney-Besucher genießen den Panoramablick vom Lavender Bay Pier aus.

Bondi Beach

Traumstrand in Citynähe

An Sydneys berühmtesten Strand locken die Brandungswellen des Pazifiks zum Schwimmen und Surfen. Mit seinen viktorianischen Bauten erinnert Bondi Beach ein wenig an die englischen Seebäder Blackpool und Brighton. Von der mondänen Eleganz ist mittlerweile viel verblasst: Heute ist der Strandvorort das Hedonisten-Mekka der Schönen und Schrillen, der Surfer und Sonnenanbeter.

Ein Zeitgenosse beschrieb den gerade 7 km vom Zentrum entfernt gelegenen Bondi Beach Mitte des 19. Jh. als einen »außergewöhnlich schönen, jungfräulichen Strand, der noch kaum jemals von eines Menschen Fuß betreten wurde«. Das änderte sich in den 1880er-Jahren. Zwar war es damals von Gesetzes wegen verboten, bei Tag zu baden, doch erfreute sich Bondi Beach bei den Kolonialherrschaften als Flaniermeile großer Beliebtheit. Und als man 1902 die prüden Badevorschriften lockerte, lockte die Brandung des Pazifiks die Ausflügler in Massen an. In den 1930er-Jahren schließlich fand das Surfbrett seinen Weg aus Hawaii an die australischen Küsten, und Wellenreiten wurde zu einer landesweiten Lebensphilosophie.

Zu der hier entstandenen Subkultur gehören die muskelstrotzenden Lebensretter mit den bunten Badekappen ebenso wie die bronzefarbenen Fitness-Artisten, die mit viel Geschick und Körperbeherrschung

Entspannt Zuschauen oder doch lieber Mitsurfen? Das muss jeder für sich selbst entscheiden.

auf hohen Brandungswellen reiten, oder die Lebenskünstler, die in den Strandcafés an der Campbell Parade ihren Cappuccino schlürfen. Nicht vergessen sollte man jedoch Sonnencreme und Sonnenbrille mit ausreichendem UV-Schutz! Viele Aussies meiden das grelle Sonnenlicht in der kritischen Zeit zwischen 11 und 15 Uhr und beherzigen die während der Sommermonate täglich im Rundfunk verbreitete *burntime,* die kurze Zeit, die man sich ohne Sonnenbrandrisiko den gefährlichen ultravioletten Sonnenstrahlen aussetzen darf.

Relikt aus vergangenen Tagen

Der Grundstein für den großzügigen Bondi Pavilion, in dem sich einst ein Restaurant, ein Ballsaal, Umkleidekabinen und ein türkisches Bad befanden, wurde 1928 gelegt. Heute beherbergt das viktorianische Gebäude das Community Cultural Centre und dient als Bühne für Konzerte, Theater- und Filmvorführungen sowie Kunstausstellungen.

Verblichener Glanz

Bereits 1920 öffnete schräg gegenüber das Hotel Bondi als Nobelherberge seine Pforten und stand lange Zeit einsam am berühmten Strand, der damals noch »im Busch« lag. Der alte Glanz ist längst verblichen, doch ist der von einem Turm gekrönte, imposante, pinkfarbene Kolonialbau immer noch so bekannt, dass das Management auf ein Namensschild an der Fassade verzichtet. An sonnigen Tagen ist die Terrasse des Pubs im Erdgeschoss ein ausgezeichneter Platz zum Draußensitzen und Beobachten des *Homo hedonicus sydneysidensis.*

Wellenreiten ist für viele Sydneysiders nicht nur Sport, sondern Lebensinhalt, ja beinahe eine Religion.

Club der Winterschwimmer

Ebenfalls in den Pioniertagen des australischen Strandlebens wurde 1929 der Bondi Icebergs Club am Südende des Bondi Beach gegründet, in dem auch Besucher aus dem Ausland willkommen sind. Hier können all jene, denen der Surf zu heftig ist, ganz entspannt im Bondi Icebergs Pool schwimmen. Zu den Aufnahmebedingungen in den Bondi Icebergs Club gehört es, fünf Jahre lang jeden Sonntag und bei jedem Wetter zu schwimmen. So treffen sich hier zwischen Mai und September sonntagmorgens um 9.45 Uhr die *icebergs swimmers* zum traditionellen Winterschwimmen. Den Auftakt der Saison bildet ein merkwürdig anmutendes Ritual: Am 1. Maisonntag in der Früh springen Hunderte Frauen und Männer freiwillig und gut gelaunt mit Eisblöcken in den Händen in den spektakulär gelegenen Meerwasserpool.

Der Name Bondi stammt aus der Sprache der einst hier ansässigen Ureinwohner – eine Onomatopoesie, denn es bedeutet »Klang tosenden Wassers«, womit die Aborigines das Rauschen und Donnern der wilden Brandung meinten. An der Aussprache kann man Touristen und Einheimische unterscheiden: Während Besucher in der Regel »bonn-die« mit langem »i« sagen, sprechen die Locals den Ortsnamen »bonn-dhai« aus.

Küstenwanderung nach Clovelly

Südlich des in eine Klippe gebauten Freibads beginnt ein 3,5 km langer betonierter Weg, der eine schöne Aussicht auf die Küste mit von der Brandung bizarr ausgespülten Klippen bietet und via Tamarama und Bronte zum Strand von Clovelly führt. Auf steilen Stufen steigen Sie hinauf zum Mackenzie's Point, wo Sie ein Cinemascope-Panorama genießen und tief unten die Wellenartisten bei ihren akrobatischen Ritten auf den Riesenwellen beobachten können. Zwischen Juni und September sichtet man von hier mit etwas Glück im Meer vorbeiziehende Wale.

Pausieren in Sydney

Ein Kunstobjekt als mahnende
Dauerinstallation: die Forgotten
Songs am Angel Place

Sydney ist spannend, aber auch ganz schön anstrengend. Ein idealer Rückzugsort, um durchzuatmen und neue Kräfte zu schöpfen, ist der Hyde Park.

EIN PARK FÜR ALLE FÄLLE

Royal Botanic Gardens
Joggen, picknicken, Papageien füttern oder ein Mittagsschläfchen unter Königspalmen halten – all das können Sie in den Royal Botanic Gardens, der grünen Lunge Sydneys. Der Botanische Garten, dessen Ursprünge in das erste Drittel des 19. Jh. zurückreichen, ist heute mit seinen vielen Themengärten ein lebendes Herbarium und ein Refugium für zahlreiche Vertreter der australischen Tierwelt.
Eine wahre Wildnis aus Orchideen, Farnen und anderen Regenwaldpflanzen wuchert in dem neuen Tropenhaus The Calyx.

GEDENKSTÄTTE FÜR VERSCHWUNDENE VÖGEL

Angel Place
In der kleinen Straße zwischen George Street und Pitt Street nahe des Martin Place, hängt der Himmel voller Vogelkäfige. Diese sind zwar alle leer, aber dennoch können Sie die Vögel hören. Nicht live zwitschern sie, sondern vom Band. Bevor die Europäer eintrafen, lebten 120

Vogelarten am Port Jackson. Als aus der Strafkolonie eine Stadt wurde, sind sie nach und nach verschwunden. Hier ist der perfekte Platz, das Sightseeing zu unterbrechen, durchzuatmen und in Ruhe den Forgotten Songs der Vögel zu lauschen.

URBANES GRÜN

Hyde Park
Ein paar Schritte abseits der Elizabeth Street öffnet sich eine ruhige, baumbestandene Stadtoase, der Hyde Park. In der Lunchpause strömen Angestellte aus den Bürotürmen hierher, um zu entspannen. Einst diente die 1810 geschaffene Grünanlage als Pferderennbahn und Kricketspielfeld sowie in den Anfangsjahren der Strafkolonie als Exerzierplatz und Stätte für öffentliche Exekutionen. Im Nordteil des Parks erinnert die Archibald Memorial Fountain an die australisch-französische Waffenbrüderschaft im Ersten Weltkrieg. Im Süden spiegelt sich in dem künstlich angelegten Lake of Reflection das Anzac War Memorial, ein Ehrenmal im Art-déco-Stil zum Gedenken an die damals gefallenen Australier.
Elizabeth St., City

SYDNEY'S SPEAKERS' CORNER

The Domain
In dieser Freizeitoase steigt alljährlich im Januar beim Sydney Festival die größte Open-Air-Party Australiens. Nicht zu vergessen ist auch die Speakers' Corner nahe der Art Gallery of New South Wales, wo sonntagnachmittags Rapper, Dichterinnen, Postbeamte und alle anderen »Minderheiten« der Stadt von ihrem demokratischen Recht Gebrauch machen dürfen, ungestraft Regierung, Kirche oder sonstwas verbal zu attackieren.
Art Gallery Rd.

FREILUFTKINO

Westpac OpenAir
Echtes Event-Kino erleben Sie von Januar bis Februar, wenn auf der riesigen Leinwand eines Freiluftkinos in den Royal Botanic Gardens vor dem Panorama des Sydney Harbour, der Oper und Hafenbrücke Filmhits aus aller Welt gezeigt werden. Reservieren Sie sich einen Liegestuhl oder lassen Sie auf der Kaimauer die Beine und die Seele baumeln.
Fleets Steps, Mrs. Macquaries Point

Es geht ab in Tel Aviv

Nur wenige Schritte sind es von der Stadt bis zum Frishman Beach – und dazwischen liegt die modernisierte Strandpromenade.

Offen, dynamisch, weltlich

Im Gegensatz zu Jerusalem, der unantastbaren, weil heiligen Stadt, war Tel Aviv immer Gegenwart. Ein Experimentierkasten für die junge Nation. Ein weißes Blatt, auch was Kunst und Architektur angeht. Die Menschen feiern das Leben, selbst wenn sie Chaos umgibt. Am Schabbat geht man hier nicht in die Synagoge, sondern an den Strand und huldigt höchstens dem Körperkult. Schließlich wurde die Stadt auf Sand gebaut, so wird es gern überliefert, also quasi aus dem Nichts erschaffen.

Tel Aviv feiert eine der größten Prides der Welt.

1. TOUR

2. TOUR

3. TOUR

Flanieren durch Tel Aviv

Wenn im Sommer die Feuerakazien
auf dem Rothschild Boulevard blühen,
bekommt die weiße Stadt ein glühendes
Kronendach.

1. *TOUR*

In Old Jaffa – **Antike arabische Hafenstadt, neue Hummus-Koexistenz**

40 Jahre alt war Tel Aviv, als die Palästinener 1948 ihre 4000 Jahre alte Heimatstadt Jaffa verloren. Jaffa hat Tel Aviv geboren, Tel Aviv hat sich Jaffa einverleibt. Vielen gilt das als Metapher für den Nahost-Konflikt.

2. *TOUR*

Das bunte Florentin – **Street-Art und die Gewürze des Orients**

Quirlig ist das Viertel Florentin mit seinen Gewürzläden und bunten Graffiti. Obwohl schon durchsetzt von den Zeichen der (zweiten) Gentrifikation, mischen sich hier immer noch Händler, Handwerker, Künstler und hippes Feiervolk.

3. *TOUR*

14 Kilometer Stadtstrand – **Tempel des Körperkults**

Strand, Strand, Strand – besonders für Aktive. Hier werden Outdoor-Geräte zum Anschlag gebracht, wird gekitet, SUP betrieben und Matkot gespielt, Tel Avivs Nationalsport. Es gilt, den Ball in der Luft zu halten. Gewinner? Verlierer? Gibt es keine.

In Old Jaffa

Antike arabische Hafenstadt, neue Hummus-Koexistenz

Vom höchsten Punkt in Jaffa schwappt der Blick über sesamfarbene Gemäuer, vorbei am Minarett der Mahmudiya-Moschee, taucht kurz ins Mittelmeer ein – und prallt dann gegen eine stahlblau verspiegelte Skyline. Spätestens, wenn der Muezzin zum Gebet ruft, wird klar, wie nah und fern sich die verschiedenen Welten sind in dieser Stadt!

Von der Wunschbrücke aus wirkt die Altstadt wie ein Open-Air-Museum.

Die Aussicht vom Amphitheater im Gan HaPisga über der Altstadt wirkt an klaren Tagen wie fotogeshoppt, so heftig ist der Kontrast zwischen bröselndem Sandstein hier und gläsernem Hochhaus da, vom aufgeräumten Norden zum Süden, wo sich Kulturen und Geschichten verknäulen wie die Nester aus Stromkabeln, die überall von den Fassaden hängen. Immerhin, Jaffa hat, was dem jungen Tel Aviv fehlt: Gemäuer, das sich an Mythen und Sagen erinnert. Gut 4000 Jahre, in denen sich das Who is Who der Weltgeschichte um den natürlichen Hafen stritt. Kanaaniter und Ägypter, Römer und hebräische Aufständische, Griechen und Byzantiner, Kreuzfahrer und Sarazenen, Mamlukken und Osmanen.

Dagegen wirkt der Nahost-Konflikt wie ein Wimpernschlag – und es lässt sich verdrängen, dass Jaffa Anfang des 20. Jahrhunderts als ›Braut von Palästina‹ galt. Wohlhabend durch den Export der süßen Jaffa-Orangen, die rundherum wuchsen. Mit einer relativ friedlich zusammenlebenden Bevölkerung aus Moslems und arabischen Christen sowie einer wachsenden Minderheit von Juden.

Es lässt sich vergessen, dass es Juden aus Jaffa waren, die vor der Stadtmauer die ersten Häuser einer Vorstadt bauten, die erst viel später Tel Aviv getauft wurde. Und dass nach dem Krieg 1948, als die Israelis ihre Unabhängigkeit feierten, die umkämpfte Altstadt zu einem Slum verkam. Und schließlich: dass unter den hügeligen Parks an der Küste die Häuser geflohener und vertriebener Palästinenser begraben liegen.

Altstadt oder Disneyland?

Wer durch den Park Richtung Altstadt läuft, kommt am nachgebauten Tor von Ramses II. vorbei, das hier bei einer Ausgrabung gefunden wurde, kann seine Wünsche von der Wishingbridge übers Meer schicken. Die Reisebusse, die vor der Fußgängerzone am Kedumim Platz halten, spucken Pilger und Touristen vor der barocken Petruskirche aus. Sie wurde ab 1654 an der Stelle der früheren Kreuzfahrerzitadelle errichtet. Denn auf der anderen Seite des Platzes soll Simon der Gerber gelebt haben, und hier hörte der hungrige Petrus eine Stimme, die ihm befahl ›unreine Tiere‹ zu essen – die Befreiung von den jüdischen Reinheitsgeboten gilt als Geburtsstunde des Christentums als Weltreligion.

All das sind die Geschichten, die Jaffas Altstadt heute freimütig erzählt. In den Sechzigern beschloss der Bürgermeister, den Rest der Gemäuer doch nicht zu planieren, sondern eine Künstlerkolonie daraus zu machen und Touristen anzulocken. Sandsteintreppchen und gewundene Gassen, über die Jahrtausende von vielen Füßen glattgeschmirgelt, führen nun vorbei an jüdischen Galerien und Ateliers. Nichts erinnert mehr an die düsteren Spelunken der Fünfziger – aber auch nicht an die palästinensische Geschichte der Altstadt. Kein Wunder, dass sich die arabischen Einwohner beschweren, dass ihnen nicht nur der Wohnraum von wohlhabenden Juden weggentrifiziert wird, sondern auch die Erinnerung. Ja, dass sich die Koexistenz zwischen Jaffas 30 000 Juden und 16 000 muslimischen und christlichen Arabern auf die gemeinsame Vorliebe für das Hummus bei Abu Hassan beschränkt.

Immerhin, am östlichen Ausgang des Gassengewirrs bricht eine Installation die Behaglichkeit. An schweren Ketten ist ein brüchiger Ballen aus Metall in die Mauernische gespannt. Daraus wächst ein Orangenbaum. Künstler Ran Morin beschrieb sein Werk Oranger Suspendu 1993 als Symbol für die wachsende Entfremdung von Mensch und Natur, aber auch für kulturelle Entwurzelung.

Mit der ›Nakba‹, der Flucht und Vertreibung der Palästinenser, verlor Jaffa vor allem die Mittel- und Oberschicht – und damit auch die arabische Kulturszene mit ihren Theatern und Kinos. Das schicke Alhambra Kino auf dem Jerusalem Boulevard, hinter dessen Art-Déco-Fassade in den späten Dreißigern die gefeierte ägyptische Sängerin Umm Kulthum auftrat, ist heute ein Scientology-Zentrum

Spurensuche rund um den Clocktower

Am Platz unter dem osmanischen Uhrturm, wo sich heute eine Fressmeile entlangzieht, fand 1948 der Tiefpunkt eines blutigen Guerillakriegs statt. Der Streit zwischen Juden und Araber schaukelte sich hoch, angefeuert durch die Politik der Britischen Mandatsregierung. Die freistehende neoklassizistische Fassade ist das, was vom Neuen Seray übrig blieb; Sultan Abduls imposantem Regierungsgebäude. Eigentlich hatte die Autobombe der jüdischen Untergrundkämpfer dem arabischen Widerstand gegolten – stattdessen kamen vor allem Waisenkinder um. Auf den Anschlag folgte mehrtägiger Beschuss. Als Jaffa sich drei Wochen später ergab, war die Stadt bis auf 4000 Bewohner leergefegt. Die meisten der 70 000 Palästinenser waren geflohen.

Das Gebäude gegenüber, in dem ein Luxushotel eröffnete, wurde 1897 von den Osmanen als Kishleh, als Gefängnis, gebaut. Kaum vorstellbar, dass hier 1960 Adolf Eichmann einsaß, der ›Buchhalter von Auschwitz‹ – nachdem er von Mossad-Agenten in Argentinien entführt wurde, damit ihm endlich der Prozess gemacht werden konnte.

Konfliktpotenzial: Im Jüdisch-Arabischen Theater nimmt man kein Blatt vor den Mund.

Doch nicht nur Hummus-Koexistenz!

Jaffa ist heute nicht nur Touristenmagnet, sondern auch Stimmungsbarometer. Brenzlig wurde es im Jahr 2000 während der Zweiten Intifada, als die Wut gegen die Besatzung bis in die Yefet Straße brodelte und sich die Araber mit ihren Brüdern in Gaza und im Westjordanland solidarisierten. Im Gegenzug boykottierten Juden arabische Geschäfte. Die Familie hinter der Theke der Abulafia-Bäckerei kann ein Lied davon singen. Seit 1880 sind sie mit ihren Börekas, Sesamkringeln und dem süßen Gebäck eine Institution in Jaffa. Dabei sieht sich Khamis Abulafia als kultureller Mittler und hat zwar am Schabbat offen – zur Freude der säkularen Tel Avivis, schließt jedoch den gläubigen Juden zuliebe an Pessach. Dass Koexistenz, oder noch besser: echte Nachbarschaft, nicht nur über den Magen funktioniert, beweist seit Jahren das Jüdisch-Arabische Theater. Es sitzt etwas versteckt im Alten Seray. Hier produzieren eine jüdische und eine arabische Truppe ihre Stücke, mal auf Hebräisch, mal auf Arabisch.

2.
TOUR

1.
TOUR

3.
TOUR

Das bunte Florentin

Street-Art und die Gewürze des Orients

Was passiert, wenn man Handwerker und Händler, die ihren Beruf seit Generationen ausüben, mit Studenten, Künstlern und anderen Freigeistern auf möglichst engen Raum ohne Grünflächen einpfercht – und einfach mal abwartet?

Die Antwort ist: Dann wird gelebt. Und zwar so richtig. Graffiti schichten sich über die Werkstätten, die sich an den Rand des Viertels drängen. Hier wird nachts so fleißig gesprayt wie schon frühmorgens gehämmert, gepolstert und geschweißt. Selbst die winzige Synagoge bekommt immer mal wieder einen Farbguss ab. Unter tropfenden Klimaanlagen, in einem Geflecht aus Dreadlocks und Hundeleinen spaziert eine junge Frau mit Yogamatte an einem alten Mann mit Kippa auf dem Kopf vorbei, der auf seinem Klapptisch abwechselnd einen Föhn repariert und in der Thora liest. In den Läden laufen Espresso- und Tätowier-Maschinen an. Und auf dem Levinsky Market schaufeln Gewürzhändler mit stattlichen Schnauzern Kurkuma, Zimt oder Mandeln auf die Waage, während sich Hipster mit ebenso beeindruckenden Bärten auf ihre Single-Speed-Räder schwingen, vermutlich auf dem Weg zu einem ganz wichtigen Kaffeetrinken im Tony ve Esther oder im Casbah. Mitten in dieser staubflirrenden Betriebsamkeit steht Beni Briga

In Florentin sind tagsüber die Hunde los, nachts streifen dann die Katzen umher.

in seiner Hexenküche. Der ehemalige Koch mit einem Spleen fürs Fermentieren erzählt seinem ersten Kunden, dass er das lila Bohnenkraut heute früh im Gemeinschaftsgärtchen um die Ecke geerntet hat.

Von Thessaloniki zu Brooklyn

Florentin wurde in den Zwanzigern von Schlomo Florentin gegründet, der das Viertel seinem Großvater zu Ehren benannte: David Florentin, Anführer der Griechischen Zionisten. Auf die Händler und Handwerker aus Thessaloniki folgten Juden aus dem Irak, die ebenfalls ihre Speisen und Gewürze mitbrachten. Erst in den Neunzigern entdeckten Einwanderer aus der ehemaligen Sowjetunion sowie Studenten und Künstler die (damals noch) günstigen Mieten.

Schon seit 1947 rollt der türkischstämmige Yom Tov seine Weinblätter im gleichnamigen Deli. Yom Tov heißt ›Guten Tag‹, und sein Name wurde samt dem Rezept für mit Käse gefüllte Hibiskusblüten an den Enkel vererbt. Bei HaChalvan gibt es seit 1958 süßes Chalva und irakischen Salzkäse, und die Familie Chavshush führt längst nicht mehr nur die Gewürze, mit der sie 1931 aus dem Jemen kam.

Street-Art und Streuner

Während die Handwerker-Baracken an der Abarbanel Street eher Übungsgelände sind, findet man die Stücke arrivierterer Künstler an den Hauswänden rund um die Florentin Straße. Zu den bekanntesten gehören Dede, dessen Markenzeichen, ellenlange Pflasterstreifen, wunde Fassaden in ganz Tel Aviv verarzten. Auch die winzigen Kastenmännchen von Architekt Sened sieht man kreuz und quer über Wände purzeln, immer mit einer ironischen Botschaft im Gepäck. Nitzan Mintz begann ihre Verse, mal poetisch, mal politisch, während ihrer Armeezeit zu dichten, heute lassen sie Passanten im Alltag inne halten. Und irgendwie schließt sich damit ein Kreis: Sie ist die Ur-Enkelin von Tel Avivs Mitgründer Shimon Rokach.

Weil die Stadtverwaltung in Florentin die Augen besonders fest zukneift, hat sich das Viertel zum Mekka der Sprayer entwickelt. Genervt sind die Anwohner nur von den knipsenden Touristengruppen, die durchs Viertel geführt werden wie durch einen Zoo. Immerhin gibt es inzwischen sogar Street-Art-Galerien, die portable Werke verkaufen. So genau nehmen es die Florentiner eben selbst mit dem Anti-Establishment nicht. Die Vorreiterin, das Tiny Tiny, ist aber auch zu charmant: In ihr winziges Schaufenster packt Murielle Cohen jeden Monat die Werke eines anderen Künstlers.

Elektrischer Garten, eklektische Häuser

Während Florentin mehr Hippie denn Hipster ist, hat sich am Ostzipfel ein echtes Szene-Viertel etabliert, bekannt als Gan HaHashmal (Elektro-Garten), nach dem ersten Kraftwerk der Stadt. Am kleinen Park mittendrin haben sich lokale Jung-Designer angesiedelt: Maya Bash präsentiert in einer ehemaligen Autowerkstatt minimalistische Mode wie ihre gehypten »Plie Pants«, Kisim steht im Label der zarten Ledertaschen von Yael Rosen. Für die Garten-Bar-Club-Lounge im knallbunten Kuli Alma oder in der alternativen Konzertkneipe Levontin sind die Klamotten aus dem Elektro-Garten fast schon ein bisschen overdressed.

Street-Art, wie hier Kubismus à la Dede, gehört zum Straßenbild.

»ES IST UNMÖGLICH, DIESES ÜBERBEVÖLKERTE TEL AVIV NICHT ZU LIEBEN, DENN HIER IST SCHLIESSLICH DER EINZIGE ORT AUF DER WELT, AN DEM EIN JUDE SCHLICHT EIN MENSCH SEIN KANN, DER EBEN JUDE IST, OHNE DASS ER SICH WEITER GEDANKEN DRUM MACHT.«

Saul Tschernichowski, hebräischer Dichter

14 Kilometer Stadtstrand

Tempel des Körperkults

Unter der Woche bildet die Küstenstraße die letzte Schranke, doch am Schabbat wird die Stadt eins mit ihrem Strand. Nur auf dem Radweg herrscht Rushhour: Longboarder mit Musik auf den Ohren, ein Trupp Läufer, die Augen im Flirtmodus. Noch ein Schritt – und die Zehen graben sich in feinen Sand. Das hebräische Wort dafür hat eine zweite Bedeutung: ›Chol‹ benennt das Alltägliche, das Profane. Das passt gut, bildet Tel Aviv doch den Gegenpol zum spirituell aufgeladenen Jerusalem.

Dabei war Tel Aviv gar nicht als Küstenstadt geplant. Noch in den Zwanzigern antwortete der Bürgermeister auf den Vorschlag eines Architekten, Tel Aviv zum Strandbad herauszuputzen: »Unsinn, Juden haben kein Interesse daran, im Meer zu baden.« Damit lag er ziemlich daneben. In einer Zeit, in der fast alle Städter Neueinwanderer waren, hatte der Strand auch verbindende Funktion. In der Badehose waren alle gleich. Heute können nur noch die lästigen ›Medusot‹ in der frühsommerlichen Quallensaison die Tel Avivis von ihrem Meer fernhalten. Der Strand ist Tempel des Körperkults, Mekka der Hedonisten – und Partnerbörse. Wer hier einfach nur rumliegt, outet sich als Tourist.

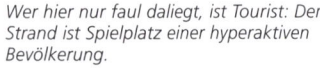

Wer hier nur faul daliegt, ist Tourist: Der Strand ist Spielplatz einer hyperaktiven Bevölkerung.

Krieg und Frieden

Pong, ping, paaang ... pok! Der Aufprall der harten Bälle auf Holz oder Carbon ist das Metronom, das dem Treiben den Rhythmus vorgibt. »Wenn der Ball daneben geht, gibt's Verletzte«, erklärt ein Spieler. Doch der Ball geht nur selten daneben. Ihn in der Luft zu halten, ist das einzige Ziel des Matkot-Spiels. Aber da sind nicht nur die Matkot-Spieler. Wer die Promenade entlangspaziert, bekommt den Eindruck, halb Tel Aviv bereite sich auf eine Sommer-Olympiade vor. An den Outdoor-Muckibuden glänzen Waschbrettbäuche, auf den Rasenflächen turnen Acroyoga-Pärchen, und vor der Marina hechten Volleyballer durch den Sand. Im Norden tanzen die Schirme der Kiter über der Küste, im Süden liegen die Wellenreiter auf der Lauer, dazwischen paddeln die SUPler. (Die Tel Avivis sind überzeugt, den Trendsport Stand-Up-Paddling schon vor Jahrzehnten erfunden zu haben.)

Von buntscheckigen Süden ...

»Jeder Jude, und ich bin einer davon, hat zwei Forderungen an Gott: einen Platz im Paradies im nächsten Leben und einen Platz am Strand von Tel Aviv in diesem«, schrieb der Journalist Shalom Asch 1937. Zumindest was den zweiten Wunsch angeht, hatte Gott scheinbar Einsehen. Ein Spaziergang von einem Ende zum anderen gibt tiefere Einblicke in die Demografie der Stadt als jede Sozialstudie.

Unter der Altstadt von Jaffa liegt der heterogenste Abschnitt, hier dippen verschleierte Muslimas ihre Zehen ins Wasser, während Sonnenhungrige im Tanga Matkot spielen. Weil Hunde in Tel Aviv in den Augen ihrer Besitzer (und das sind viele) als gleichberechtigte Bürger gelten, ist ihnen ein Stück feiner Sandstrand gewidmet. Was die Hinterlassenschaften angeht, sind die meisten Herrchen gut erzogen.

Von der einst nördlichsten Nachbarschaft Jaffas, dem ärmlichen, sowohl von Juden als auch Arabern bewohnten Manshiyeh, stehen heute nur noch die Hassan-Bek-Moschee und das Etzel-Haus, in dem sich das vor Nationalstolz strotzende Museum der jüdischen Irgun-Kämpfer befindet. Über den Rest der Nachbarschaft hat die Stadt den Rasen des Charles-Clore-Park wachsen lassen. Am Wochenende lassen sich hier vor allem arabische Familien in Grillschwaden räuchern. Fischliebhaber kehren ins Manta Ray am Strand ein.

Zur Freude der Tel Avivis wird die Strandpromenade seit einigen Jahren abschnittsweise verschönert. Dabei wurde zuletzt das alte Dolfinarium gegenüber der Moschee niedergerissen– und damit eine düstere Erinnerung, die auch von Graffiti-Künstlern nicht übertüncht werden konnte. 2001 hatte ein Anschlag auf eine Disko stattgefunden, die sich in dem Komplex befand. Der Selbstmordattentäter aus dem Westjordanland hatte seinerzeit 21 israelische Teenager in den Tod gerissen.

Trotzdem geht es hier an Freitagnachmittagen fröhlich zu. Dann treffen sich Trommler, Tänzer und Jongleure, um mehr oder weniger rhythmisch das Wochenende zu begrüßen.

... zum klassenbewussten Norden

Von hier geht es auf feinstem Sand weiter bis zum kleinen Yachthafen. Der längste Strandabschnitt ist im Sommer auch der vollste. Blicke, Biere und Joints wechseln über die Strandlaken. Und derart entspannt stört es nicht mal, dass die Durchsagen des Bademeisters klingen, als ob er gerade Schwerverbrecher an der Gefängnismauer ertappt hat.

Wem das alles zu ›proletarisch‹ ist, der findet vor dem Yachthafen einen Salzwasserpool ohne Quallen, Wellen oder nasse Hunde. Der Gordon Pool wurde 1956 gebaut, als das Wasser vor der Küste zu verschmutzt war, um darin zu baden. Jahrzehntelang haben sich hier Intellektuelle, Künstler und Politiker getroffen und Ephraim Kishon soll sich hier in seine erste Frau verliebt haben. Nach dem Training gab es Hering und Anisschnaps am Beckenrand. Und als der marode Pool abgerissen wurde, ging die eingeschworene Anhängerschaft auf die Barrikaden. Bis die Stadt endlich ein neues Becken baute: auf dem eiförmig angelegten Podest die 50-Meter-Bahn, drumherum ein Holzdeck. Der Maschendraht wirkt zwar weniger exklusiv, aber der Mythos scheint ungebrochen. Jeden Morgen wird das Wasser aus 150 Meter Tiefe unter der Küste heraufgepumpt. Nach Sonnenuntergang strudelt es ins offene Meer. »Mit all den Gedanken und Sorgen, die den Schwimmern durch den Kopf gingen«, sagt ein Stammgast.

Regenbogen, Schläfenlocken, Eis am Stiel

Meerblick ohne lästigen Sand bietet der Unabhängigkeitspark auf dem Hügelchen vor dem Hilton Hotel. Der Strandabschnitt darunter wird gern als Beweis für Tel Avivs Weltoffenheit bemüht: Während das Stück unter dem Hilton traditionell als Treffpunkt der Schwulen-Community gilt, endet der anschließende Hundestrand vor einer Mauer. Hinter dem Sichtschutz herrscht Geschlechtertrennung: Auch Tel Avivs kleine orthodoxe Gemeinde geht gern ans Meer. Damit ist es aber immer noch nicht vorbei! Hinter dem ehemaligen Containerhafen führt der Küstenweg am Drehort von »Eis am Stiel« vorbei zum romantischen Tel-Baruch-Strand. Und irgendwo hinter den Dünen liegt das reiche Herzliya …

Ratschrunde im öffentlichen Planschbecken: kein ungewöhnlicher Anblick vor Jaffa

Die Pride Week im Juni verwandelt Tel Avivs Strand und Clubs in einen endlosen Regenbogen. Parallel gibt es jede Menge kulturelle Events, Partys und Raves. Und die ganze Stadt feiert auf der Parade mit.

II

Pausieren in Tel Aviv

Dani Karavan gestaltete den Habima Square mit seinem tiefer gelegten, geometrischen Blumenbeet.

Tel Aviv

Kein Widerspruch in sich: Abhängen im Unabhängigkeits-Park

BETONOASE

Habima Beet
Sobald man die weite graue Ebene des HaBima-Platzes überquert hat und die Stufe hinunter ins Blumenbett geklettert ist, flutet der übliche Geräuschteppich der Stadt einfach über den Kopf hinweg. Stattdessen ertönt klassische Musik und ein seltener Anblick bietet sich: bunte Blüten, die nicht zu einer Bougainvillea gehören! Und obwohl rund um das geometrisch bepflanzte Beet immer ein Pärchen sitzt oder ein paar Kinder spielen, fühlt es sich an, als ob man alleine in einer futuristischen Blumenwiese säße.
Habima Square

BLICKPUNKT

Unabhängigkeitspark
Der Park über den Kalksteinfelsen vor dem Hilton Hotel hat schon einiges erlebt. Vor der Stadtgründung lag hier ein muslimischer Friedhof, später die größte Grünanlage Tel Avivs mit englischem Rasen und Skulpturen. Als mit dem Hotelbau die Reste des Friedhofs entfernt wurden, gab es einen Aufschrei

unter der muslimischen Bevölkerung, aber auch Ästhetiker waren nicht gerade begeistert über den Klotz. Der Park verlor sein Ansehen, wurde vernachlässigt, dann zur Cruising-Area der Schwulen-Szene. Erst 2009 kümmerte sich die Stadt um ein optisches Revival. In der Ferne sieht man Jaffa, aus der Nähe Agaven und Tamarisken.
Independence Park

PALMENARENA

Gan HaPisga
Der hübsche Park über der Old City von Jaffa wird seltsamerweise verhältnismäßig wenig besucht. Klar, da sind die Bustouristen, die mal schnell am Tor von Ramses vorbeigeschleust werden und über die Wunschbrücke runter zum Kikar Kedumim. Aber trotzdem findet man auf den verschlungenen Wegen, hinter der ein oder anderen Hecke, immer eine einsame Bank oder ein Fleckchen Wiese für sich. Oder man guckt von den Stufen der Arena einem Hochzeitspaar beim Posen für die Fotos zu oder den Hunden beim Tollen über den Hügel – oder man schaut einfach aufs Meer.
Gan HaPisga

(VERKEHRS-)INSELGLÜCK

Kikar HaMelech Albert
Zwei Bänke stehen unter den riesigen Ficus-Kronen auf der winzigen Verkehrsinsel am König-Albert-Platz. Vor allem am Freitag, wenn der Shabbat beginnt, sitzt es sich hier sehr französisch, mit Blick auf interessante Fassaden wie das Pagoden-Haus im Westen oder den – mit einem Metallmuster von Künstler Uri Lifshitz überzogenen – Bau im Süden. Eine Brioche vom Café Ben Ami am Eck macht den Moment perfekt.
HaMelech Albert Square

GRÜNE KRONE

Dizengoff-Center-Dachgarten
Es lässt sich viel Schlechtes sagen über Tel Avivs erste Shoppingmall. Zum Beispiel, dass kaum einer es schafft, sie über die gleiche Tür zu verlassen, durch die er hineingekommen ist. Aber: Wer es einmal bis zum Lev Cinema geschafft hat, muss nur noch aufs Parkdeck finden und landet im hydroponischen Gemüsegarten! Zur Ruhe gibt es ein bisschen Nachhaltigkeitserziehung dazu …
Dizengoff Street 50r

Das pralle Leben in Tokyo

Beeindruckend ist die Skyline von Shinjuku mit dem Fuji-san im Hintergrund.

Einmal Tokyo, immer Tokyo

Wer einmal in Tokyo war, den zieht es immer wieder dorthin zurück. Tokyo ist unglaublich vielfältig und kontrastreich. Dabei schafft es die Stadt, alte Traditionen und Hightech harmonisch zu vereinen. Da steht ein uralter Tempel aus Holz mitten zwischen postmodernen Hochhäusern. Bei genauem Hinsehen wird offenbar, dass der Tempel wieder neu aufgebaut wurde und sogar eine Tiefgarage für Fahrräder besitzt.

Wo bis 1997 der Endstationsbahnhof von Japans erster Eisenbahnlinie lag, steht heute das 48-stöckige Dentsu Building.

Flanieren durch Tokyo

1. TOUR
2. TOUR
3. TOUR

Die Glasfassade des hypermodernen Tokyo International Forum steht im Kontrast zu den Antiquitäten, die Händler beim Oedo-Antikmarkt feilbieten.

1. *TOUR*

Nihonbashi – **Händlerviertel des alten Edo**

Wo das traditionelle Tokyo mit der modernen Metropole
verschmilzt. Ein Mix aus Luxusgeschäften, alteingesessenen
Händlern und religiösen Schreinen. Nihonbashi mit seiner historischen Brücke und der Nullmarke war der Ausgangspunkt
der fünf Hauptstraßen durch Japan.

2. *TOUR*

Roppongi – **Designquartier und Kunstmuseen**

Roppongi ist das Viertel mit den vielen Gesichtern: Zentrum
für Design, Kunst und hypermoderner Architektur, zudem Aus-
geh- und Shoppinghotspot sowie ein guter Ort zum Feiern –
selbst auf dem Friedhof.

3. *TOUR*

Shimokitazawa – **Treffpunkt japanischer Gegenkultur**

Das kreative, trendige Viertel bietet den perfekten Gegenpol
zum hektischen, nur wenige Minuten entfernten Zentrum
Tokyos. Hier gibt es Filmtheater, kleine Geschäfte mit Anti-
quarischem, entspannte Cafés – und leckere Okonomiyaki.

Nihonbashi

Händlerviertel des alten Edo

Nihonbashi könnte gegensätzlicher nicht sein: Um den U-Bahnhof wachsen die Luxuskaufhäuser steil in den Himmel, während in den Seitenstraßen traditionelle Geschäfte Jahrhunderte überdauerten. Langsam breiten sich die Hochhäuser auch dorthin aus, doch bieten sie in japanischer Manier den angestammten Läden Unterschlupf.

Zwei Brücke übereinander? In der Edo-Epoche (1603–1868) war die Nihonbashi-Brücke aus Holz. Ein Nachbau kann sowohl im Edo-Tokyo-Museum als auch im Abflugterminal von Haneda bestaunt und betreten werden. Die jetzige Steinbrücke stammt aus dem Jahre 1910, und sicherlich hat der damalige Erbauer nicht damit gerechnet, dass man einmal Jahre später noch eine Hochstraße darübersetzt. Gefährlich nahe kommt die Hochstraße einer prunkvollen Straßenlaterne. Eine weitere Lampe, die früher auf der Mitte der Straße stand, wurde entfernt und schwebt nun in Höhe zwischen den beiden Hochstraßen. Die historisch bedeutsame Nullmarke, von der aus alle Entfernungen in Japan von Tokyo aus gemessen werden, versetzte man 1972 von der Mitte zum Rande der Brücke auf einen Gedenkstein in Richtung Kaufhaus Mitsukoshi. Viele der traditionellen Geschäfte des alten Edo sind auf traditionelle oder

In Nihonbashi wachsen die Kaufhäuser in den Himmel und die Straßen schrauben sich in die Höhe.

Eine hübsch gefüllte Bento-Box von Mitsukoshi ist eine Investition für ein gelungenes Picknick.

lokale Lebensmittel aus ganz Japan spezialisiert, auf Bürsten, Papier, Lackwaren, Gewürze, Süßigkeiten und vieles mehr.

Bürsten, Japanpapier und Reisecken

Seit über 300 Jahren existiert der Bürstenladen Edoya an derselben Stelle. Sehr schön ist bei diesem zweistöckigen Gebäude die gut hundert Jahre alte Fassade. Das Geschäft ist leicht an einem großen blauen Stoffbanner mit dem Kanji, dem chinesischen Schriftzeichen, des Namens zu erkennen. Es werden Bürsten aus japanischer Produktion angeboten. Im Laden hängen viele Bürsten und Staubwedel für alle erdenklichen Zwecke von der Decke.

Der Papierhändler Ozu-Washi gründete 1653 hier seinen Laden, und bis heute bietet er Washi-Papier, handgeschöpftes Japanpapier, in schier unvorstellbarer Auswahl zum Kauf an. Wer einmal den kompletten Herstellungsprozess des Japanpapiers miterleben möchte, kann (möglichst nach vorheriger Reservierung) unter Anleitung sogar selbst Papier schöpfen. Im dritten Stock befindet sich ein kleines Museum zur über 360-jährigen Geschichte des Papierhändlers.

Geschäftiges Treiben herrscht in der Feinkostabteilung des exklusiven Kaufhauses Mitsukoshi. Torten, Kekse, eingelegtes Gemüse, Frittiertes, frisches Obst und Gemüse. Wie wäre es z. B. mit einer Reisecke Onigiri, die man mit verschiedensten Füllungen schon für umgerechnet ein bis zwei Euro kaufen kann.

Etwas Ruhe vom ganzen Trubel? Dann fahren Sie einfach mit dem Fahrstuhl zum Kaufhausdachgeschoss und entspannen Sie beim Anblick eines kleinen Schreins oder der zahlreichen Bonsaibäume, die hier vor der Hochhauskulisse von Nihonbashi zum Verkauf ausgestellt sind.

Füchse für die Fruchtbarkeit auf einer Insel des Glücks

Zwischen dem Yuito-Gebäude und dem Yuito Annex sehen Sie, wenn Sie genau hinschauen, einen Zugang direkt von der Hauptstraße zum Fukutoku-Schrein, der auf eine über 1000-jährige Geschichte zurückblickt. Er ist der Fuchs-Gottheit gewidmet, die für die Fruchtbarkeit und besonders für den Reisanbau zuständig ist. Wie eine kleine Insel der Glückseligkeit liegt der Neubau des Schreins umringt von neu erbauten Hochhäusern.

Roppongi

Designquartier und Kunstmuseen

Bis heute ist Roppongi ein beliebtes nächtliches Ausgehviertel für in Tokyo lebende Ausländer. Durch ambitionierte Bauprojekte mit neuen Kunstmuseen hat sich der Stadtteil inzwischen zu einem Zentrum für Design und Kunst entwickelt. Das Roppongi Art Triangle wird durch das Suntory Museum, das National Art Center Tokyo und das Mori Art Museum gebildet.

Der Tokyo Midtown Tower ist mit 248 m das höchste Gebäude im Stadtgebiet, in ihm sind hauptsächlich Büros und in den oberen Stockwerken das Hotel Ritz-Carlton untergebracht. In den unteren vier Stockwerken können Sie shoppen bis zum Umfallen oder es sich in einem der Restaurants gut gehen lassen. Der Schwerpunkt bei den Läden liegt auf Kleidung, aber auch Schreibwaren, Geschirr, Lebensmittel und weitere Dinge kann man dort finden. Um die Gebäude erstreckt sich der schöne Hinokichō-Park mit einigen Sitzgelegenheiten.

Fotografie und Design

Im Fujifilm Square finden Fotofreunde kostenlose Ausstellungen zur Geschichte von Fujifilm. Noch sehenswerter sind aber die wechselnden Fotoausstellungen mit dem Schwerpunkt japanischer Naturfotografie.

Das von Tadao Ando entworfene Museumsgebäude des 21_21 Design Sight integriert sich gut in den Hinokichō-Park, lediglich die dreieckige graue Dachfläche und zwei Fensterflächen erheben sich über den Rasen. Die Ausstellungsräume mit nacktem Sichtbeton befinden sich im Untergeschoss und zeigen sehr gut kuratierte Ausstellungen mit Themen zu Design und Architektur. Die drei Direktoren des Museums gehören zu den bedeutendsten Designern Japans: Issey Miyake, Taku Satoh und Naoto Fukasawa.

Shoppen abseits der Hauptstraße

Nimmt man vom Midtown-Komplex die Fußgängerbrücke in nordwestlicher Richtung in den Park und läuft weiter geradeaus, kann man den Flagship-Store des japanischen Labels 221RESTIR nicht verpassen. In einer ruhigen Seitenstraße kann man selbst an einem sonnigen Wintertag draußen sitzen und bei einem Kaffee oder veganen Smoothie die Ruhe mit Blick auf Tokyos höchsten Wolkenkratzer genießen. Weitere dazugehörige Modeläden für Männer und Frauen befinden sich im Gebäude daneben, der Eingang dort ist leicht zu übersehen.

Internationale Kunst

Das NACT – National Art Center Tokyo zeigt auf drei Stockwerken moderne Kunst und Gemälde des 20. Jh., darunter Wechselausstellungen mit Exponaten aus Sammlungen der renommiertesten Museen der Welt. Architektonisch ist der Glasbau eine Attraktion:

Tokyo Tower

Das höchste Gebäude im Stadtgebiet von Tokyo hat nicht nur Büros und Shoppingmöglichkeiten zu bieten, sondern ist auch für Kunstliebhaber interessant. Denn das Suntory Museum befindet sich im 2. Stock (3F) des Tokyo Midtown Tower und zeigt Wechselausstellungen traditioneller japanischer Kunst – Keramik, Holzschnitte, bemalte Wandschirme u. v. m. Der Museumsshop mit seinen hübsch gestalteten Objekten ist immer einen Besuch wert.

Cafés und insbesondere der Museumsshop sind auch dann einen Besuch wert, wenn Sie keine Ausstellung besuchen wollen.

Top in Roppongi

Zeitgenössische Kunst aus Japan und der ganzen Welt präsentiert das Mori Art Museum ansprechend in seinen Ausstellungen. Wer außerdem den tollen Blick vom Roppongi-Hills-Gebäude erleben möchte, sollte das Kombiticket mit dem Tokyo City View kaufen (siehe Aussichtsplattformen). Die Aussicht vom Museum im 53. Stockwerk des Mori Tower beschränkt sich auf ein kleines Fenster mit halbdurchlässigem Vorhang im Museumsshop.

Ein Friedhof zum Feiern

Der Aoyama-Friedhof ist der größte Friedhof Tokyos und die letzte Ruhestätte für viele berühmte Persönlichkeiten – nicht nur aus Japan. Selbst deutsche Professoren, die in der Meiji-Zeit (1868–1912) in Japan lehrten, liegen hier begraben. Die vielen Kirschbäume schaffen im Frühjahr zur Blütezeit eine einmalige Atmosphäre, was Japaner gerne auch zum Feiern nutzen. Für sie ist so ein Friedhof wie ein öffentlicher Park. Wenn also im Frühjahr die Kirschbäume in voller Blütenpracht stehen, warum sollte man dann nicht auf dem Friedhof eine Party feiern?

Hier können Sie der Kunst ins Netz gehen: Roppongi Hills.

Shimokitazawa

Treffpunkt japanischer Gegenkultur

Shimokitazawa ist das Zentrum der alternativen Bewegung, und mit seinen kleinen Gassen mit endlos vielen kleinen Geschäften, Kneipen und Cafés hat es eine ganz besondere Atmosphäre. Die Läden und Cafés sind unabhängig von großen Ketten und wehren sich aktiv gegen die auch hier um sich greifende Gentrifizierung.

Noch ist der Bahnhof Shimokitazawa, der vor einigen Jahren in den Untergrund verlegt wurde, eine riesige Baustelle und ein wahres Labyrinth. Um sich hier nicht zu verlaufen, muss man unbedingt den richtigen Ausgang wählen. Neben dem Bau einiger Gebäude direkt am Bahnhof gibt es aber auch Pläne, auf den früheren Gleisflächen einen Park anzulegen. Wo früher die Bahn fuhr, findet man in einigen Jahren dann hoffentlich eine hübsch begrünte Schneise durch Shimokitazawa.

Filme – über kurz oder lang

Theater for Shortfilms Tollywood steht auf dem Schild am Gebäude in einer Seitenstraße, wo man über eine Treppe ins erste Obergeschoss läuft. Es werden auch japanische Filme mit englischen Untertiteln in normaler Länge gezeigt. Es gibt auch Vorstellungen am Nachmittag, die letzte Vorstellung üblicherweise um 20 Uhr.

Auch am Abend zum Ausgehen ist Shimokitazawa bei Jugendlichen beliebt.

Traditionell wird Okonomiyaki am Tisch auf einer heißen Eisenplatte gebraten.

Sehr viel Antiquarisches

Falls Sie ein Liebhaber alter Bücher sind, dann kommen Sie am Buchantiquariat Bibibi sicher nicht so einfach vorbei. Sehr schöne alte Bücher, insbesondere über Kunst und Photographie, gibt es zum Teil recht günstig zu kaufen. Im großen Laden von Disc Union finden Sie hauptsächlich gebrauchte Musik auf Schallplatten und CDs. Altes Geschirr und allerlei kleinen Krimskrams offeriert Antiquaille.

Japanische Pfannkuchen

Beliebt ist es, bei Hiroki Okonomiyaki zu essen. Dort muss man manchmal auf einer Bank warten, bis ein Platz frei wird. Das kleine Restaurant ist links im Gebäude Honey, der Eingang ist direkt am Laternenpfahl, der mit Adresse 2-14 markiert ist. Bevor Sie Okonomiyaki selbst zubereiten, schauen Sie im Hiroki dem Koch genau zu, wie man es fachgerecht zubereitet. Mit einem Spezialbesteck, das aussieht wie ein kleiner Spaten, zerteilen Sie das Okonomiyaki und essen es mit Stäbchen.

WINKE WINKE

Acht Minuten Fußweg vom Bahnhof Gotokuji (Odakyu-Linie von Shimokitazawa) liegt der Tempel Gotokuji. Die Geschichte der bekannten Winkekatze Maneki-neko geht auf einen armen Mönch dieses Tempels zurück, der selbst nicht genug zu essen hatte und sich trotzdem um eine streunende Katze kümmerte. Laut Überlieferung rettete die Katze mit ihrer Handgeste einen Adligen davor, vom Blitz getroffen zu werden. Fortan ging es mit dem Tempel aufwärts, und bis heute kaufen die Tempelbesucher die kleinen Katzenfiguren aus Gips und hinterlassen diese zum Dank für erfüllte Wünsche auf dem Gelände.

Kaffee trinken in entspannter Atmosphäre

Hausgemachte Kuchen, vegane Gerichte und Bio-Kaffee genießt man im Stay Happy Café. Man sitzt bequem auf kleinen Sitzen und Tischchen auf Tatami, während man in den vielen Büchern wälzt. Es gibt aber auch noch drei Tische am Fenster, wo man seine Schuhe nicht ausziehen muss. Zweimal im Monat kommt sonntags um 10.30 Uhr ein Yogalehrer und bietet 90 Minuten lang Yoga an, bevor das Café um 13 Uhr öffnet. Außerdem verkauft das Café Treibholz, das der Eigentümer selbst sammelt.

II

Pausieren in Tokyo

Kaiserlich lustwandeln: Der östliche Palast-
garten ist im Gegensatz zu den kaiserlichen
Gebäuden für jedermann zugänglich.

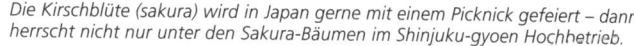
Die Kirschblüte (sakura) wird in Japan gerne mit einem Picknick gefeiert – dann herrscht nicht nur unter den Sakura-Bäumen im Shinjuku-gyoen Hochbetrieb.

MEDITATION FÜR EINSTEIGER

Chokokuji-Tempel

Jeden Montag können Sie ganz ohne Voranmeldung an einem Training für Zazen, Sitzmeditation, teilnehmen. Zen ist eine besonders strenge Richtung des Buddhismus und beim Besuch für das Probetraining sollten Sie eher gedeckte Kleidung tragen. Das Training selbst ist leider nur auf Japanisch, aber eine englische Informationsbroschüre hilft Neueinsteigern. Der Tempel hat eine über 400-jährige Geschichte. Im Gebäude beim Eingang gibt es die 10 m hohe Bodhisattva-Figur einer Kannon zu bestaunen.

2-21-34 Nishiazabu, Minato-ku

GRÜNE LUNGE IM ZENTRUM

Kaiserlicher Palastgarten (Kokyo-Higashi Koen)

Noch heute wohnt der japanische Kaiser mit seiner Familie auf dem riesigen Gelände. Das Areal darf man nur zur Neujahrsbegrüßung (2.1.) und mit einer Führung betreten. Ausnahme: Das ganze Jahr über zugänglich für sein Volk und Touristen ist der äußere, östlich gelegene

Garten Kokyo-Higashi Koen. Mitten im Zentrum von Tokyo gelegen, ist er ideal zum Abschalten. Der Garten ist auch das Ziel großer Reisegruppen, aber glücklicherweise gibt es auf dem weitläufigen Gelände auch eher wenig besuchte Ecken. Highlights im Park sind das derzeit in Renovierung befindliche Museum of the Imperial Collections mit Kunstgegenständen aus dem Besitz der Kaiserfamilie sowie die drei historischen Wachhäuser. Nachdem Sie oben die letzte Burgmauer passiert haben, halten Sie sich rechts. Gleich die erste Abzweigung zwischen den Bäumen, führt ein schmaler Weg bergauf zu einem wenig besuchten Aussichtspunkt mit schönem Blick über den Ni-No-Maru-Garten vor dem Hintergrund des Hochhäuserwaldes des Bankenviertels Marunouchi.

PARK AM MEER

Hama-Rikyū-Park

Einer der schönsten Gärten Tokyos befindet sich zwischen dem Bahnhof Shimbashi und Tsukiji. Der Hama-Rikyū-Park gehörte im 17. Jh. einem Adligen. Besonders schön ist der Garten mit seinen vielen Kirschbäumen im Frühjahr. Der große Teich

Shioiri-no-ike wird mit Meerwasser gespeist, weshalb der Wasserpegel den Gezeiten folgt. Bemerkenswert auch eine über 300 Jahre alte riesige Pinie direkt beim Eingang, die vom 6. Shogun gepflanzt wurde. Ein großes Teehaus am See lädt mit Grüntee und Süßigkeiten zum Durchatmen ein.

1-1 Hamarikyuteien, Chūō-ku

VERTRÄUMTE EINKAUFSSTRASSE

Amazake Yokochō

Um die Ecke des U-Bahnhofs Ningyōchō (Ausgang A1) beginnt die von Bäumen gesäumte Einkaufsstraße, in der die Atmosphäre des alten Japan die Zeit überdauert hat. Ein Teeladen röstet gerade Hojicha und verströmt einen angenehmen Geruch, daneben ein Tofu-Laden. Auf der anderen Straßenseite eine lange Warteschlange für die beliebten Taiyaki. Süßigkeiten (Wagashi) für die Teezeremonie, Haushaltswaren aus Bambus und Holz, ein Sake-Geschäft, mehrere Läden für Kimonos und deren Stoffe und vieles mehr. Außerdem zahlreiche kleine Restaurants, Kneipen, altmodische Cafés und ein Laden für mit Essig haltbar gemachtes Sushi.

Nihombashiningyochō 2-chōme, Chūō-ku

Vivir la vida in Valencia

Das Meer vor der Tür

Obwohl sie die drittgrößte Stadt Spaniens ist, gehört Valencia dennoch zu den Unterschätzten. Dabei besitzt die Mittelmeermetropole mit dem futuristischen Kultur- und Freizeitpark Ciudad de las Artes y las Ciencias eine Attraktion, die wie der Blick in eine ferne Zukunft anmutet. Aber auch als Badeziel hat Valencia sich neu erfunden: Während man früher mit der Straßenbahn durch Orangenfelder zum Seebad schaukeln musste, gibt es heute einen herrlichen Stadtstrand mit einer kilometerlangen Uferpromenade und quirligem Strandleben.

Scheint im Wasser zu schwimmen –
Hemisfèric in der Ciudad de las Artes
y las Ciencias

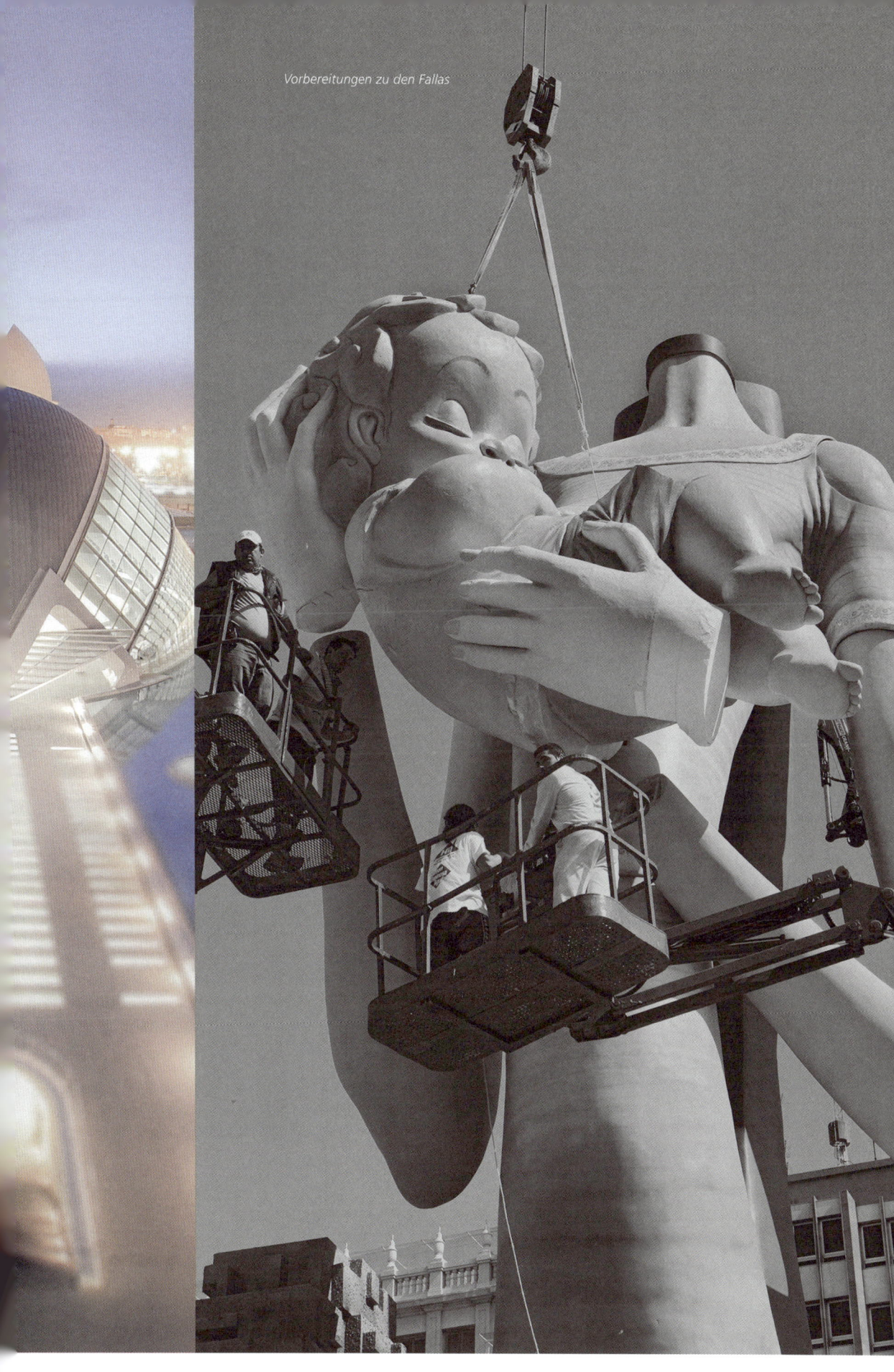

Flanieren durch Valencia

1. TOUR
2. TOUR
3. TOUR

Mit den Fallas und einem
ohrenbetäubenden
Feuerwerk verabschieden
die Menschen dieser Stadt
den Winter.

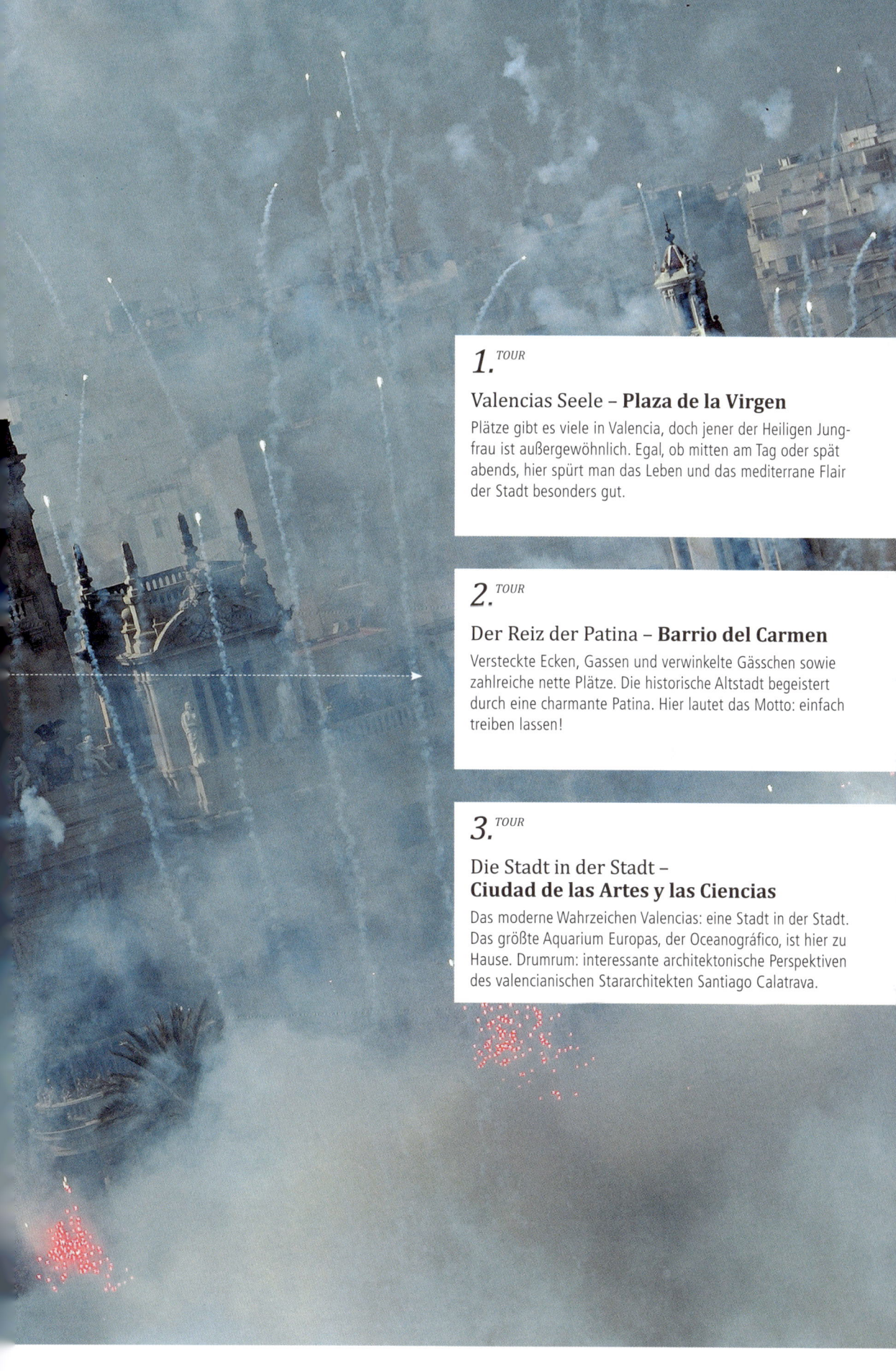

1. *TOUR*

Valencias Seele – **Plaza de la Virgen**

Plätze gibt es viele in Valencia, doch jener der Heiligen Jungfrau ist außergewöhnlich. Egal, ob mitten am Tag oder spät abends, hier spürt man das Leben und das mediterrane Flair der Stadt besonders gut.

2. *TOUR*

Der Reiz der Patina – **Barrio del Carmen**

Versteckte Ecken, Gassen und verwinkelte Gässchen sowie zahlreiche nette Plätze. Die historische Altstadt begeistert durch eine charmante Patina. Hier lautet das Motto: einfach treiben lassen!

3. *TOUR*

Die Stadt in der Stadt –
Ciudad de las Artes y las Ciencias

Das moderne Wahrzeichen Valencias: eine Stadt in der Stadt. Das größte Aquarium Europas, der Oceanográfico, ist hier zu Hause. Drumrum: interessante architektonische Perspektiven des valencianischen Stararchitekten Santiago Calatrava.

Plaza de la Virgen
Valencias Seele

Wenn die Sonne untergeht und die Straßenlaternen den Platz der Jungfrau hinter der Basilika in ein warmes Licht tauchen, werden auch Sie die besondere Stimmung, die Magie dieses Ortes spüren. Die Valencianos lieben diesen Platz besonders, weil er Geschichte, Leidenschaft und mediterranes Lebensgefühl vereint.

Die Plaza de la Virgen gilt als die Seele Valencias. Weitab vom Straßenverkehr ist sie voller Leben: Beamte eilen zwischen den Gebäuden der Landesregierung hin und her, kleine Kinder rennen vor Freude quietschend hinter den Tauben her, und Gläubige treten gesenkten Blickes in die Basilika ein. Abends üben Jugendliche auf dem glatten Marmorboden ihre Skateboard-Kunststückchen, und Freunde ziehen von hier aus in den Ausgehbezirk des Barrio del Carmen. Und besonders an den Wochenenden tummeln sich hier Hochzeitsfotografen und Brautpaare: Die Szenerie mit Basilika und Turia-Brunnen sowie die magische Stimmung auf dem Platz sind ideal, um die Frischvermählten für das offizielle Hochzeitsalbum in Szene zu setzen. Nehmen Sie am besten in einem der Straßencafés Platz, genehmigen Sie sich einen Drink und lassen die Atmosphäre auf sich wirken. Spätestens dann sind Sie wirklich in Valencia angekommen.

Marmor und Magie: der Platz der Schutzheiligen von Valencia

Verehrte Schutzpatronin

Sogar für nicht gläubige Valencianos ist sie von Bedeutung, ist die Virgen de los Desamparados doch Teil der Identität ihrer Stadt und somit von einem jeden selbst. So ist auch die Statue der Heiligen Jungfrau der Schutzlosen der wirkliche Grund für das ständige Kommen und Gehen von Gläubigen und Neugierigen und nicht das Bauwerk mit schlichter Fassade, das sie birgt: die Basílica de la Virgen de los Desamparados. Der Ursprung der Marienfigur reicht bis ins Jahr 1416 zurück, als die Virgen de los Desamparados zur Schutzpatronin des Hospitals von Valencia ernannt wurde. Sie sollte den Schutzlosen, den *desamparados,* zur Seite stehen. 1667 bekam sie mit der 1652–67 erbauten Basilika ein neues Zuhause. Wenn Sie das Gedränge in der Basilika vermeiden möchten, so gehen Sie einfach rechts am Eingang vorbei zum großen Seitentor, von wo aus Sie einen raschen Blick ins Innere der Kirche werfen können.

Basílica de la Virgen de los Desamparados

Doch auch die Basilika selbst lohnt einen Besuch, birgt sie doch in ihrer blauen Kuppel, die etwas versetzt aus dem Bau emporragt, wirklich beeindruckende Fresken, die 1701 vom berühmten Barockmaler Antonio Palomino gestaltet wurden.

Das Wasser von Valencia

Die maurische Kultur hat in Valencia auf unterschiedliche Weisen ihre Spuren hinterlassen. Ein bedeutendes Kulturerbe ist das Wissen um die Wasserwirtschaft. Erst die arabischen Flusswehre, Schöpfräder und Kanäle haben aus dem Umland des damaligen Balensina (arab. Balansiya) eine grüne Oase gemacht. Dass dieser Teil der Geschichte das heutige Leben noch immer prägt, ist auf der Plaza de la Virgen gleich zweimal nachvollziehbar. Der Turia-Brunnen am einen Ende des Platzes ist eine Allegorie auf die Errungenschaften aus jener Epoche: Die halb liegende Männerfigur in der Mitte der Fontäne stellt den Turia-Fluss dar, die Mädchenfiguren, aus deren Krügen das Wasser in den Brunnen plätschert, symbolisieren die acht großen *acequias* von Valencia. Jene acht Bewässerungskanäle, die das Wasser vom Río Turia bis weit in die Kulturlandschaften vor der Stadt hinausführten und es heute zum Teil immer noch tun. Die Statuen des Brunnens tragen alle die traditionelle, valencianische Haarpracht mit der typischen Haarschnecke und der *peineta,* einem aufgesteckten Zierkamm. Die Namen der *acequias* sind in die Sockel der Figuren eingemeißelt. Sollten Sie Fußballfan sein, so kommt Ihnen der Name Mestalla vielleicht bekannt vor, heisst doch so auch das Stadion des FC Valencia.

Das zweite, auch heute noch lebendige Erbe der Mauren ist das Wassergericht von Valencia, das seit mehr als 1000 Jahren über die gerechte Verteilung des kostbaren Nasses wacht. Jeden Donnerstag um 12 Uhr kommen die acht Richter – für jede *acequia* ein Vertreter – vor dem Aposteltor der Kathedrale zusammen und nehmen ihre Plätze auf den historischen Lederstühlen ein. Der Gerichtsdiener ruft den Namen des jeweiligen Bewässerungskanals auf und wenn ein Landbesitzer oder Bauer das Gefühl hat, er sei bei der Wasserzuteilung ungerecht behandelt worden, kann er hier seine Klage vorbringen. Die Verhandlungen werden ausschließlich in der valencianischen Landessprache geführt, die Entscheide umgehend gefällt.

N
NAMEN

Wussten Sie, dass der spanische Mädchenname Amparo auf die Virgen de los Desamparados zurückgeht? Amparo ist die Kurzform von Desamparados. Kein Wunder, dass dieser Name gerade in Valencia so beliebt ist. Und bei den Jungen gilt das für den Vornamen Vicente, in Anlehnung an die beiden Stadtheiligen San Vicente Mártir und San Vicente Ferrer. Mal schauen, wie viele Amparos und Vicentes Sie während Ihres Aufenthalts in Valencia kennenlernen …

Barrio del Carmen

Der Reiz der Patina

Mal rechts, mal links, mal geradeaus, ob auf Sightseeingtour oder auf der Suche nach (nächtlicher) Unterhaltung: Enge und verwinkelte Gassen und Plätze gehören zum Reiz des ältesten Viertels der Stadt. Und dieses enge Beieinander ist es auch, das El Carmen bei Einheimischen so beliebt macht.

Valencias erste Stadtmauer umschloss einst diesen historischen *barrio*, in dem die alte Struktur der Gassen und Gässchen bewahrt blieb. Hier können Sie versteckte Ecken und nette Plätze auf eigene Faust entdecken. Lassen Sie sich einfach treiben und vom Charme El Carmens, ob tagsüber oder nachts, gefangen nehmen. Dennoch möchte ich Ihren Blick auch auf einige besondere Orte und Bauten lenken.

Wächter der Vergangenheit

Mächtig sind die Torres de Serranos, die Stadttore, die El Carmen zum Turia-Fluss hin abschließen. 1397 eingeweiht, diente das wuchtige Mauerwerk vor allem militärischen Zwecken, galt es doch, die Stadt gegen mögliche Eindringlinge zu verteidigen. Der imposante gotische Bau, der Richtung Nordosten zeigt, sollte aber auch von der Mittelmeerküste herkommenden Reisenden Einlass in die Stadt gewähren. Von 1586 bis 1887 war in den Torres de Serranos ein Gefängnis untergebracht, allerdings nur für die noblen Herren der Stadt. Heute muss man nicht blauen Blutes sein, um diesem Stadttor einen Besuch abzustatten. Die steilen Treppen in Angriff zu nehmen lohnt sich jedenfalls, hat man doch von der obersten Ebene eine tolle Aussicht.

800 m Luftlinie entfernt steht am Südwestrand des Barrio del Carmen das zweite erhaltene Stadttor. Die Torres de Quart sind ein steinernes Plagiat, wurden sie doch Mitte des 15. Jh. den Tortürmen des Castel Nuovo in Neapel nachempfunden.

Die Plaza del Tossal ist immer ein guter Ort, um den Tag ausklingen zu lassen ...

KULTUR IM HERZEN

Obwohl die kleine Plaza del Carmen als Namensgeberin dieses Stadtbezirks eigentlich das Zentrum der Altstadt sein müsste, ist es hier relativ ruhig. Ebenso entspannt, aber überaus interessant ist es nur ein paar Schritte weiter. Denn dort befindet sich in einem ehemaligen Kloster, dessen Ursprünge auf das Jahr 1281 zurückgehen, der gleichnamige Centro del Carmen, in den Sie unbedingt hineinschauen sollten. Sei es, um die alten Gemäuer und den schönen Kreuzgang zu besichtigen, ein paar Bilder des wohl bekanntesten valencianischen Malers Joaquín Sorolla anzuschauen oder um festzustellen, was sonst im Moment so angesagt ist – etwa trendiges Open-Air-Kino im Klosterhof während der lauen Sommernächte.

Versteckte Plätze und noch ein Tor

Kleine Plätze gibt es im Barrio del Carmen einige, wie etwa die Plaza de Ángel. Die Häuser scheinen teilweise vom Einsturz bedroht, die Fensterläden sind teils verrammelt, und so strahlen sie morbiden Charme aus. Beschaulich sind auch die Plaza de la Santa Cruz und die kleine Plaza del Árbol, die nach dem einsamen Baum in ihrer Mitte benannt ist. Gehen Sie nicht achtlos hindurch, falls Sie den Torbogen passieren: Der Portal de Valldigna wurde im Jahr 1400 in die arabische Verteidigungsmauer eingelassen und fällt heute inmitten der engen Gassen kaum auf.

Der Altstadtbezirk El Carmen ist nicht nur das historische Zentrum Valencias, seit eh und je trifft man sich hier auch auf ein Bierchen.

Ciudad de las Artes y las Ciencias

Die Stadt in der Stadt

Gefallen Ihnen spannende architektonische Perspektiven oder hätten Sie gern Einblick in die Unterwasserwelt der Weltmeere? Dann sollten Sie die Stadt der Künste und der Wissenschaften besuchen. Die von Stararchitekt Santiago Calatrava entworfene Stadt in der Stadt ist zum neuen Wahrzeichen Valencias geworden.

In den 1990er-Jahren wollte Valencia aus dem Schatten der beiden Metropolen Madrid und Barcelona treten. Man entschied sich daher für ein Großprojekt, das Valencia ein modernes und internationales Profil geben und Touristen anlocken sollte. So entstand in mehreren Bauphasen am südöstlichen Ende des Turia-Flussparks die Ciudad de las Artes y las Ciencias, kurz CAC genannt. 1998 wurde das erste von insgesamt sieben Bauwerken eingeweiht, 2009 das letzte.

Calatravas Spielwiese

Der in Zürich lebende Stararchitekt Santiago Calatrava gehört zu den ganz Großen seiner Zunft. Was viele jedoch nicht wissen, ist, dass Calatrava aus Valencia stammt: Er ist hier nicht nur geboren und aufgewachsen, sondern hier hat er auch sein Architekturstudium absolviert. Es lag für die damalige Regierung daher auf der Hand, den

Heimspiel für Fotografen: Calatravas CAC eröffnet immer wieder neue Perspektiven.

heimischen Stararchitekten mit diesem Großprojekt zu beauftragen. Entstanden ist eine einmalige Werkschau, die Calatravas Architekturstil mit den fast organischen Formen dokumentiert. So erinnert etwa der lang gezogene Museumsbau Príncipe Felipe irgendwie an das Skelett eines Urtiers. Die verwendete *trencadis*-Technik ist dabei eine Hommage Calatravas an die traditionelle Architektur seiner Heimatstadt: Das für Valencia typische Keramikscherben-Mosaik lässt die Fassaden der Gebäude und die weiten Wasserbecken in der mediterranen Sonne geradezu leuchten.

Architektur-Spaziergang

Palau de les Arts Reina Sofía

Für Architektur-Fans empfehle ich einen Spaziergang, der beim zweifelsohne eindrucksvollsten Bauwerk des Komplexes beginnt. Das riesige Opernhaus erinnert auf gewisse Weise an ein Schiff, an eine Arche Noah der Musik. Der Palau de les Arts Reina Sofía schwimmt sozusagen in den Wasserbecken am Fuß des Baus, während auf den Außenterrassen Palmen wachsen. Nachts, wenn die Scheinwerfer das alles überspannende, 70 m hohe Dachelement von unten her beleuchten, scheint das Opernhaus sogar abheben zu können.

Ein ganz anderes Spektakel wird im nächsten Gebäude, dem ebenfalls von Wasser umgebenen Hemisfèric, geboten. Hier ist das IMAX-Kino von Valencia untergebracht, kein Wunder also, dass besonders nachts dieser halbrunde Bau mit seiner Kugel in der Mitte an ein riesiges Auge erinnert.

Mit einer Ausstellungsfläche von etwas über 26 000 m² birgt der lang gezogene Museo de las Ciencias Príncipe Felipe ein Wissenschaftsmuseum, das sich an neugierige Kinder wendet. Ganz nach dem Motto »Es ist verboten, nichts anzufassen, nicht zu fühlen, nicht zu denken« werden Themenbereiche wie Physik oder Chemie nicht nur informativ, sondern auch spielerisch aufgearbeitet.

Über dem Parkhaus der CAC bilden 55 Stahlbögen L'Umbracle, eine weitläufige, schattige Galerie bzw. Parkanlage. Sollten Sie also eine Pause einlegen oder ein Picknick einplanen wollen, so wäre dies der genau richtige Ort dafür. Farbiger Schlusspunkt dieser Calatrava-Bauten-Sammlung bildet die ganz in blau gehaltene Ágora, eine Mehrzweckhalle, deren gläserner Dachfirst sich nach Belieben öffnen und schließen lässt. Das griechische Wort *agora* bezeichnete im alten Hellas eine Versammlungsstätte des Volkes.

Begehbare Unterwasserwelt

Die sicherlich beliebteste Attraktion auf dem Gelände der Stadt der Künste und der Wissenschaften ist das größte Aquarium Europas, der Oceanográfico. In der weitläufigen Anlage sind verschiedene Lebensräume nachgebaut – Rotes Meer, Arktis, Mittelmeer und tropische Gewässer –, in denen sich rund 45 000 Meeresbewohner tummeln. Die Besucher können diese Weltmeere nicht nur anschauen, sondern sozusagen in sie eintauchen. Dank des gläsernen Tunnels erhält man ganz besondere Perspektiven: Während man, gefühlt, auf dem Meeresboden wandelt, schwimmen die Haie über einen hinweg. In dem angeschlossenen riesigen Delfinarium steht nicht Entertainment, sondern Wissensvermittlung über die Lebensweise und Besonderheiten der Delfine im Vordergrund.

T
TEUER

Spricht man mit den Valencianos über die CAC, so sind die Meinungen – sagen wir – nuanciert. Sehr viel Geld wurde bei diesem Großprojekt in den Sand gesetzt, nicht selten hat man das Gefühl, es gelte mehr der Schein als das Sein. Das Opernhaus etwa wird nur an rund 80 Tagen im Jahr bespielt, 2014 bröckelte zudem die *trencadis*-Verkleidung von der Fassade ab und musste für über 1 Mio. € geflickt werden. Seit seiner Fertigstellung wurde das 55 Mio. € teure Ágora-Gebäude vielleicht zwei oder drei Wochen im Jahr für Veranstaltungen genutzt, ansonsten stand es leer. Zu Hilfe gekommen ist die Caixa-Sparkasse, die dort ein Kunst- und Kulturzentrum eingerichtet hat.

II

Pausieren in Valencia

Eintauchen in das farbenprächtige
Blütenmeer der Jardines de Monforte
und die Welt vergessen ...

Kunst, Kultur – und dann ein versteckter Patio. Der Innenhof von La Beneficiencia lädt zur Entspannung ein.

Jardines de Monforte

Springbrunnen und Teiche, überwucherte Lauben und Marmorstatuen machen die kleine Gartenanlage zum romantischsten Park der Stadt. Zwischen den Zypressen und Orangenbäumchen trifft man nur selten Besucher, oft ist der Park menschenleer. Den eigentlichen Haupteingang zu dem im 19. Jh. im klassischen Stil angelegten Garten bildet ein kleiner, hübscher Stadtpalast an der Calle de Artes Gráficas, der vom Standesamt der Stadt für Hochzeiten genutzt wird. Sollte dieser Zugang geschlossen sein, gibt es einen zweiten Eingang: Durch ein kleines Seitentor an der Plaza de la Legión Española gelangen Sie ganz unkompliziert in diese wunderschöne Oase der Ruhe.
C. de Artes Gráficas

PATIO DER RUHE

Centro Cultural La Beneficencia

Innenhöfe sind eigentlich eine Eigenheit andalusischer Häuser und Bauten. Doch auch in Valencia gibt es gelegentlich Patios, die – abgeschirmt von der Außenwelt – zum Pausieren einladen. Ein besonders angenehmer Innenhof, zu welchem Sie ohne Probleme Zutritt haben, befindet sich im Centro Cultural La Beneficiencia, in dem auch das Ethnologische Museum untergebracht ist. In nächster Nachbarschaft zum Kunstmuseum der Moderne (IVAM) finden Sie hier einen begrünten Patio vor, von dessen Existenz sogar nur wenige Valencianos wissen. Der großzügige Innenhof der Beneficiencia mitten in der engen Altstadt Valencias ist wirklich eine Ausnahme. Die blau-weißen Keramikfliesen entlang den Wänden versprühen einen Hauch von andalusischem Flair, während die hohen Platanen und Palmensträucher für angenehmen Schatten sorgen.
C. de la Corona 36

OASE DER RUHE

Jardín Botánico

Es gibt zwar verschiedene Parkanlagen in Valencia, allen voran die im alten Turia-Flussbett. Doch eine der schönsten – weil besonders grün und üppig – ist der Botanische Garten. Vielleicht liegt es daran, dass der Eingang etwas versteckt liegt oder dass man Eintrittsgeld bezahlen muss, was manchen Valencianos nicht gefällt: Hier kann man für sich alleine sein und die Natur genießen. Man sucht sich am besten irgendwo eine Bank und lässt den Blick gen Himmel schweifen.
C. Quart 80

DIE WEITE DES MITTELMEERES

La Marina de Valencia

Es gibt nichts Entspannenderes, als dem Auf und Ab der Wellen zuzuschauen und den Anblick des ewigblauen Mittelmeers auf sich wirken zu lassen. Mit der Malvarrossa hat Valencia zwar einen großartigen Strand, an dem man baden und sich in der Sonne räkeln kann, wenn Ihnen aber die Ruhe abseits vom Getümmel lieber ist, dann empfiehlt sich ein Spaziergang auf der Kaimauer, welche die La Marina de Valencia gegen Norden hin abschließt. Wer hier entlangspaziert, gewinnt eine ganz andere Perspektive – vom Treiben am Strand und vom Erdendasein. Plötzlich ist man dem Meer ganz nah, erst recht, wenn man sich am Ende des Kais hinsetzt, um sich herum das Wasser, das man lediglich mit einem einsamen Fischer und ein paar Möwen teilen muss.
Muelle de Aduana s/n

Wien, passt scho!

Pfeif aufs Meer!

Salzkruste auf der Haut, nein danke! Manche Wiener lassen sich lieber vom seidenweichen Wasser der Neuen Donau umschmeicheln. Sand unter den Füßen, die dicht bewachsene Donauinsel vor Augen, die Hügelkette des Wienerwalds im Hintergrund und schon haben Sie die Illusion, mitten in der Natur zu sein. Wäre da nicht der Millennium Tower am anderen Ufer, der »Stadtgebiet!« schreit. Mit einem Sundowner in der Hand erholen Sie sich von der Gluthitze der sommerlich aufgeheizten Stadt. So lässt es sich leben!

So kennt man Wien: Schloss und Park Schönbrunn

Sonne, ein Liegestuhl und vielleicht ein Drink dazu? Am Donaukanal lässt's sich aushalten!

Flanieren durch Wien

1. TOUR

2. TOUR

3. TOUR

Ein Highlight der Kunst,
doch unendlich vermarktet.
Das Original von Gustav
Klimt befindet sich in
der Secession.

1. *TOUR*

Immer mit der Ruhe –
Wiener Kaffeehäuser

Das Wiener Kaffeehaus ist legendär und seit 2011 sogar immaterielles Kulturerbe: Der Ober serviert die Melange oder einen Großen Braunen – und Zeit verliert jegliche Bedeutung.

2. *TOUR*

Strand in der City – Am Donaukanal

Stephansdom? Kann warten. Jetzt lautet das Motto: entspannt am Strand die Sonne genießen, exotische Cocktails schlürfen, ein Sprung ins kühle Nass des Badeschiffs und danach geht die Party ab …

3. *TOUR*

Wiener Weinseligkeit – Beim Heurigen

Ob nach dem fantastischen Blick vom höchsten Punkt der Stadt, vom Kahlenberg, oder nach dem Besuch eines alten Weinbaudorfes wie Nussdorf, Sievering oder Grinzing. Zum Abschluss des Tages folgt immer ein geselliges Zusammensitzen beim Heurigen.

Wiener Kaffeehäuser

Immer mit der Ruhe

Das Wiener Kaffeehaus ist legendär – aber noch längst keine Legende! Es lebt als Treffpunkt der bunten Wiener Gesellschaft: Bloggerinnen neben Hofratswitwen, Banker neben Soziologiestudenten, Schichtarbeiter neben Müßiggängern. Der Ober serviert die Melange – und die Zeit steht still.

Dezent klappern die Löffel, Unterhaltungen plätschern in gedämpfter Lautstärke vor sich hin, Zeitungsblätter rascheln. Kleine Marmortische stehen in Reih und Glied, flankiert von je einem Holzstuhl auf der offenen Seite und weichen Sitzbänken an der Wand. Drei Herren sitzen wie aufgefädelt, jeder unter einem separaten ovalen Spiegel, und lesen konzentriert, was die Presse heute wieder alles zu berichten hat. Ab und zu geht der Blick hinüber zum Nachbarn. Unauffällig gleitet der Ober mit blütenweißem Hemd und obligatorischer Fliege zum Anzug übers Linoleum.

Wer das 1920 als Tanzlokal Sans Souci eröffnete Café Bräunerhof nicht kennt, geht achtlos an den gelben Fliesen vorüber, die den Eingang markieren. Was gut so ist, denn mitten im touristischen Trubel der Innenstadt hat sich dieses Kaffeehaus seine ur-wienerische Atmosphäre erhalten – obwohl es als ehemaliges Stammcafé von Thomas Bernhard sogar bescheidenen Ruhm erlangt hat. Aber

Der Deutsche nennt es Kaffee, für den Wiener ist es eine Melange – und die trinkt man im Café Schwarzenberg in allerfeinstem Rahmen.

Da hat aber jemand richtig zugeschlagen! Na ja, muss in Wien auch mal sein.

Achtung: typisches Flair heißt auch, dass der Kellner mitunter ein wenig mürrisch ist und nicht jedes Eckerl immer glänzt.

Wer hetzt, verliert

Für den Wiener sind Kaffeehäuser fixe Bestandteile seiner Stadt und schlicht selbstverständlich. Ein Café ist als Treffpunkt schicklich für wirklich jeden, der dem rotznasigen Teenageralter entwachsen ist, und selbst die trendigsten Cafés von heute können dem Wiener Kaffeehaus nichts anhaben. Beides besteht nebeneinander.

Im Kaffeehaus herrscht ein Flair gelassener Geselligkeit und dennoch bleibt jeder für sich. Hier wird auch Frühstück bis Mittag serviert, kleine Speisen wie Würstel oder Toast und vor allem Kuchen, Torten und andere Mehlspeisen – zumeist hausgemacht. Man kann aber auch stundenlang bei einem Kaffee sitzen bleiben, eine der ausgelegten Zeitungen lesen, mit Freundinnen ratschen oder Geschäftliches besprechen. Groß die Überraschung des Obers – niemals Kellner sagen –, wenn der Gast schon nach einer halben Stunde zahlen möchte. Immer diese Eile! Versuchen Sie es einmal typisch wienerisch und Sie werden feststellen, dass man diese Gemütlichkeit im Blut haben muss, sonst wird man schnell nervös beim allzu langen Sitzen.

Die Grandezza eines Ringstraßencafés

Ein echtes Wiener Kaffeehaus haben Sie sich mondäner vorgestellt als den Bräunerhof? Dann auf in ein Ringstraßencafé! Das älteste erhaltene ist das Café Schwarzenberg, ein Kaffeehaus, wie man es sonst nur aus Filmen kennt. Beim Eintritt lässt man einfach 100 Jahre hinter sich zurück und steht in der glanzvollsten Epoche der Habsburger Monarchie.

Hohe Räume, einmal mit Holz, einmal mit dunklem Stein vertäfelt, daran riesige Spiegel, die die Ringstraßenpaläste draußen ins Café holen, Marmortischchen auf dem Steinfußboden, genagelte Ledersitze und Bänke – das Schwarzenberg bemüht sich sehr um Ursprungstreue. Sein berühmtester Stammgast war Josef Hoffmann, der Begründer der Wiener Werkstätte. Der ließ sich mittags ins Schwarzenberg chauffieren, um dort den gesamten Nachmittag zu verbringen. Gar keine so schlechte Idee, oder?

Nur Banausen bestellen bloß einen Kaffee; die meisten Wiener trinken ihn als Melange, Großen oder Kleinen Braunen: Melange ist ein verlängerter Espresso mit warmer Milch und reichlich Milchschaum. Ein Brauner ist Espresso, serviert mit einem extra Kännchen Sahne, der Große Braune ein doppelter Espresso. Filterkaffee ist im Kaffeehaus jedoch tabu. Wem der Braune zu stark ist, bestellt einen Verlängerten: mit heißem Wasser aufgegossener Espresso. Ein Verkehrter ist ein Drittel Espresso, zwei Drittel Milch – neudeutsch also eine Latte.

2.
TOUR

1.
TOUR

3.
TOUR

Am Donaukanal
Strand in der City

Jetzt heißt das Motto: faul am Strand liegen, Cocktails schlürfen, in den Pool des Badeschiffs springen und abends heiße Partys feiern. Der Donaukanal, im Mittelalter der Hauptarm der Donau, begrenzt heute die Altstadt unscheinbar im Osten. Doch an seinen Ufern, in Gehweite zum Stephansdom, geht es hoch her.

Lange Zeit war der Donaukanal ein hässlicher Schandfleck am Rande der City – heute ist er eine herrliche Freizeitoase mit Radwegen, Skatertreffs, Beachvolleyballplätzen, Stränden, Szenelokalen und einer Open-Air-Bühne. Zwei Hingucker am zentralen Schwedenplatz sind sichtbare Zeichen des Aufbruchs: Da ist zuallererst der markante Design Tower, ein multifunktionaler 18-Stöcker des Stararchitekten Jean Nouvel am stadtauswärtigen Ufer, zum anderen, diesem schräg gegenüber, die moderne Schiffstation, die selbst aussieht wie ein schnittiges Boot. Bevor man sich hier für eine Richtung – stromauf, stromab – entscheidet, kann man im integrierten Restaurant Motto am Fluss herrlich lässig mit einem zweiten Frühstück auf der Sonnenterrasse in den Tag starten.

Sonne, Sand, Sangria

Am östlichsten Zipfel des Freizeitraums Donaukanal versprüht die legendäre Strandbar Herrmann an der Mündung des Flüsschens Wien mediterranes Flair. Die Füße in den Sand stecken oder aus einer Hängematte baumeln lassen, dabei einen Aperol Spritz in der Hand halten – so schön kann der Sommer in der Stadt sein. Wer Hunger hat, holt sich Thai Street Food, wer sehen und gesehen werden möchte, nimmt Platz unterm riesigen Sonnenschirm der Hauptbar. Stundenlang lässt es sich hier bei chilliger Musik aushalten.

Früher badete man im Kanal, heute im Pool des Badeschiffs. Blau, blauer, türkis. Ach, ist das Leben schön!

SPLISH, SPLASH

Zeit für eine Erfrischung der anderen Art: Stadteinwärts vom Herrmann, bereits in Tuchfühlung mit dem Schwedenplatz, liegt das Badeschiff fest verankert, auf dem ein Pool mit 30 m Länge und 1,60 m Tiefe wohltuende Abkühlung in der Hitze der Stadt spendet. Bei kühlerem Wetter ist das Wasser temperiert. Das Schiff ist ein ehemaliger Lastkahn, der 2006 zum Badeschiff umgebaut wurde. Doch neu ist die Erfindung nicht: Zu Beginn des 20. Jh. richtete die Stadt schwimmende Volksbäder im Donaukanal ein, die sogenannten Strombäder. In der Schiffskombüse schwingen Geflüchtete von »Speisen ohne Grenzen« den Kochlöffel und sorgen für exotische Geschmacksnoten.

Beete und Sandstrand

Wechseln wir die Seite gleich doppelt: Am jenseitigen Ufer und in Richtung Nordwesten locken verschiedene Gastronomen mit Snacks und Drinks im chilligen Ambiente. Etwas weiter passiert man den Gemeinschaftsgarten hipper Wiener, die hier Gemüse in Hochbeeten ziehen. Nun sind es nur mehr wenige Schritte zum Neni am Wasser mit nahöstlicher Küche, Cocktails und DJs. Gleich daneben wird in einem Prachtbau von Otto Wagner, im ehemaligen Schleusenhaus, gehoben aufgetischt – gegenüber sind die Schwimmenden Gärten zu sehen, ein neuer städtischer Park, den man dem Wasser abgerungen hat, und der sich schön langsam zum Treffpunkt etabliert. Den ganzen Weg werden Sie begleitet von bunten Graffitis: Am Donaukanal trifft sich auch die Street-Art-Szene.

Sand unter den Füßen, die dicht bewachsene Donauinsel vor Augen, die Hügelkette des Wienerwaldes im Hintergrund … so haben wir die Illusion, mitten in der Natur zu sein! Zu unserem Stadtstrand, der Copa Beach, nehmen wir übrigens ganz bequem die U-Bahn.

ADRIAWIEN

Meer Sonne
im Herzen.

Beim Heurigen
Wiener Weinseligkeit

Die Wiener bauen doch tatsächlich ihren eigenen Wein in der Stadt an! 666 Hektar Rebfläche liefern 2,4 Millionen Liter Wein jährlich – das gibt es nur selten in einer Metropole. Die Trauben reifen vorwiegend an den Hügeln im Norden der City. Einem Panoramablick vom Kahlenberg oder dem Besuch eines alten Weinbaudorfes wie Nussdorf, Sievering oder Grinzing folgt das gesellige Zusammensitzen beim Heurigen.

Jeder Wiener, der auf sich hält, hat einen Stammheurigen. Der bietet neben guten Weinen zwingend einen schönen Gastgarten, freundliche Bedienung und ein deftiges Buffet. Keinesfalls jedoch sollte er Platz für Busgruppen haben. Ob ein Heuriger geöffnet hat, erkennen Sie am frischen Föhrenbusch, der dann auf einer Stange über dem Eingang aufgesteckt ist. Bei einem traditionellen Heurigen, den man auch Buschenschank nennt, bekommen Sie nur erstklassige Weine aus hauseigener Produktion und dazu vorwiegend kalte Speisen.

Stadt kann auch anders

Der Sirbu in Nussdorf ist ein typischer Wiener Heuriger, aber mit wirklich toller Lage: Der Gastgarten geht nahtlos in die Weingärten über, der Blick schweift über die Reben bis hinunter zur Donau und zum Stadtgebiet, während man sich hier droben auf dem tiefsten Land wähnt. Nicht selten nimmt sogar am Nebentisch ein Promi aus Wirtschaft oder Politik Platz.

Im Sirbu löschen Sie den Durst standesgemäß mit einem Gespritzten – wie man hier zu einer Schorle sagt. Für gewöhnlich bestellt man ihn als weißen Spritzer, der in einem Viertelliterglas – halb Weißwein, halb Wasser – serviert wird. Sie können aber Wein und Wasser auch in getrennten Krügen ordern und selbst mischen. Die Speisen holt man sich am Buffet selbst.

Gemischter Satz

Die Sirbus sind eine von 150 Weinbauernfamilien, die auf 610 ha rund 2 Mio. Liter Wiener Wein im Jahr produzieren. Es gibt keine andere Stadt der Welt, die so große Rebflächen zu ihrem Stadtgebiet zählt. Das Gros der Weinberge befindet sich in den nördlichen Bezirken Grinzing und Floridsdorf. Weißweine dominieren: Grüner Veltliner, Riesling und Weißburgunder. Ein Klassiker ist der Gemischte Satz, bei dem verschiedene Rebsorten nebeneinander gepflanzt sind, die dann auch zu einem Wein verarbeitet werden. Immer mehr Winzer keltern auch rote Weine, allen voran Blauen Zweigelt, Blauburgunder und Cabernet Sauvignon.

Ausgebaute Lagenweine

War früher in erster Linie Quantität gefragt, was man dem traditionellen Henkelglas deutlich anmerkt, punkten viele Wiener Winzer

Die Rebe ist ein feines Gewächs. Sieht gut aus, schmeckt auch schön süß. Kann man aber noch leckerer machen. Das weiß auch der Wiener sehr genau.

heute mit erstklassiger Qualität. Wie etwa die Familie Hengl-Haselbrunner, die in einer Nebenstraße in Oberdöbling einen wunderschönen Heurigen betreibt. Nicht nur die Weine sind erstklassig, auch die Küche ist ausgezeichnet. Das wissen viele Wiener zu schätzen: Selten bleibt an schönen Abenden ein Tisch im Gastgarten unbesetzt. Sie brauchen aber nicht schüchtern zu sein: Gerne wird man zusammenrücken, damit auch Sie in den Genuss der ausgezeichneten Stimmung des äußerlich unscheinbaren Winzerhauses kommen. Hier sitzen Sie unter prachtvollen Nussbäumen; blühende Oleander sorgen für südliches Flair. Sind Sie unschlüssig, welchen der feinen Weine Sie verkosten sollen, lassen Sie sich vom Winzer beraten, der fast allabendlich selbst vor Ort ist. Seine Ehefrau ist übrigens Agnes Palmisano, die als Expertin für den Wiener Dudler (die urbane Variante des Jodlers) gilt – so ist es kein Wunder, dass auch das echte Wienerlied hier ein Zuhause gefunden hat.

Mittendrin im Grinzinger Weingebiet macht der Weinbau Obermann ›ganz in Bio‹. Für Christiane und Martin Obermann ist klar: In ihre Weine kommt nur Natur. Sie verzichten auf Insektizide, organische Fungizide und Herbizide und setzen stattdessen auf den Einsatz von Nützlingen, um die Widerstandskraft der Reben zu stärken. Wie das schmeckt, erleben Sie im wunderschönen Heurigen der Obermanns in der Cobenzlgasse – oder beim Picknick im Weingarten, zu dem die Familie regelmäßig lädt.

A
AUSSICHT

Die perfekte Aussicht über Wien haben Sie von der Terrasse der Josefskirche am Kahlenberg, von der Sie das gesamte Stadtgebiet überblicken und an klaren Tagen bis in die Slowakei, nach Ungarn und zu den Alpen sehen. Nehmen Sie dazu den Bus 38A ab U4: Heiligenstadt.

Ausgsteckt is – der Föhrenbusch über dem Eingang zeigt an: offen ist, nur herein! Das lässt man sich nicht zweimal sagen.

II

Pausieren in Wien

Noch ein Extratipp: im Schloss Schönbrunn das Palmenhaus nicht verpassen!

Nichts tun ist auch mal schön. Das tut man ganz prachtvoll im Sigmund-Freud-Park.

EIN DUFTE(NDE)R PARK

Volksgarten

Eine echte Oase in der dicht besiedelten, vom viel befahrenen Ring umgebenen und touristisch trubeligen Innenstadt ist der wunderschöne Volksgarten, der über den Heldenplatz direkt an die Hofburg anschließt. Nur hinein, lassen Sie die Stadt für einen Moment oder etwas länger hinter sich und dafür den Duft von Tausenden Rosen in ihre Nasenflügel strömen. Einfach bezaubernd, Sie werden es genießen!

KULINARISCH FRÜHSTÜCKEN

Meierei im Stadtpark

Die Meierei wurde um 1903 als Milchtrinkhalle eröffnet – heute erinnert nicht nur der Name daran, sondern auch das umfangreiche Käse- und Milchangebot. Serviert wird hier auch ein Frühstück auf höchstem kulinarischen Niveau, denn die Meierei ist ein Ableger des besten Restaurants Österreichs, des Steirereck gleich nebenan.

Am Heumarkt 2a

IN DER SONNE DÖSEN

Sigmund-Freud-Park

Im Park direkt vor der Votivkirche werden in den Sommermonaten täglich Liegestühle zur freien Benutzung aufgestellt, welche die Vorbeikommenden gern zu einer kleinen Ruhepause nutzen. Rundherum tobt der Verkehr, doch wen stört's? Unterm Baumschatten ist gut dösen. Da die Uni nahe ist, chillen hier auch gern ganze Trüppchen von Studenten.

Universitätsstraße

WIEN OHNE BEISL GEHT NICHT

Steman

Wien ist berühmt für seine Kaffeehäuser – das Beisl ist das Pendant dazu, wenn es ums Essen geht. Die Schaltzentrale ist die geräumige Schank, wo Wein gekühlt und Bier gezapft wird. Unverzichtbarer Bestandteil jedes Beisls: eine durch die Jahre patinierte Holzvertäfelung, eine Speisekarte mit Altwiener Spezialitäten zum günstigen Preis und ein sehr gemischtes Publikum. Wie beim Steman eben.

Otto-Bauer-Gasse 7

AUGENWEIDE

Blumengärten Hirschstetten

Ursprünglich diente das 60 000 m² große Areal der Stadtgärtnerei der Kultivierung von Frühjahrs- und Sommerblumen für die Saisonauspflanzung – diese Funktion ist heute anderswo in der Stadt angesiedelt. Die Blumengärten Hirschstetten erfreuen nunmehr das Herz der Gartenfreunde in verschiedenen Themengärten – vom mexikanischen über den indischen und englischen Garten bis hin zu Provence- und Urzeit-Garten.

Quadenstraße 15

VERSTECKT HINTERM DOM

Haas & Haas

Die Firma Haas & Haas ist eigentlich ein Teehaus – das ist die gute Nachricht für alle, die im nach starkem Kaffee süchtigen Wien den Magen in der Früh ganz langsam auf Trab bringen möchten. Dazu finden sich 30 verschiedene Frühstückskombinationen auf der Karte, vom Wiener Gabelfrühstück mit Sacherwürstel bis hin zum Chinesischen Frühstück mit Dim-Sum.

Stephansplatz 4

Herzensglück in Zagreb

Der Brunnen vor der Kathedrale ist ein Werk des österreichischen Bildhauers Anton Dominik Feldkorn, verwirklicht nach den Plänen des Architekten der Kathedrale, Herman Bollé.

Städtetrip mit Ski-Option

Natur oder Kultur, shoppen oder Ski fahren? In Zagreb ist alles, natürlich saisonbedingt, machbar. In zehn Fahrminuten vom Zentrum ist man auf der Piste eines Skigebiets, in dem Weltcuprennen ausgetragen werden. Nach dem Shopping landet man zwangsläufig im Café – das zur Kultur der habsburgisch geprägten Stadt gehört. Und wer sich nicht von der großen Museumsdichte locken lässt, findet vielleicht im Museum der gebrochenen Herzen sein Glück.

Den Blick gar nicht von der Stadt abwenden kann Antun Gustav Matoš, ein kroatischer Dichter, der in Form einer Statue auf einer der Parkbänke an der Strossmayer-Promenade verewigt ist.

Flanieren durch Zagreb

1. TOUR

Der Jelačic-Platz – **Ban(n) der Geschichte**

Straßenbahnlinien kommen hier zusammen, Menschen treffen sich »unter der Uhr«. Der Jelačic-Platz ist der Mittelpunkt der Stadt. Von hier aus geht man ins Café, auf den Dolac-Markt oder zum Einkaufen in die Ilica.

2. TOUR

Kaptol und Oberstadt – **Stadt auf zwei Hügeln**

Nicht nur Budapest ist auf Hügeln gebaut, nicht nur Rom hat sein Kapitol, auch Zagreb hat Hügel, von denen einer die weltliche Macht, der andere die sakrale Seite repräsentiert. Mit jeweils eigener Kirche: Kathedrale und Markuskirche.

3. TOUR

Am Hufeisen entlang – **Zagrebs grüne Lunge**

Städte begrünen ist »in«. Das erkannte der Zagreber Stadt-planer Milan Lenuci schon im 19. Jh. und verband sieben zentrale Plätze der Stadt zu dem, was heute als »Grünes Hufeisen« bekannt ist.

Die Skalinska-Straße prägen Cafés und Restaurants. Bei La Struk kann man eine regionale Spezialität essen: »Štrukli« – mit Quark gefüllte Teigtaschen, kalorienreich, aber unglaublich lecker!

Der Jelačic-Platz

Ban(n) der Geschichte

Viele blaue Straßenbahnen und bunte Menschenmassen kommen auf dem Jelačić-Platz zusammen. Hier ist das Zentrum des Zentrums, das Herz der Stadt, die wichtigste Haltestelle zum Aus- und Umsteigen.

Unter der Uhr, *pod satom*, verabredet man sich, wenn man sich zum Shoppen oder Ausgehen trifft. Cafés gibt es links und rechts des Platzes, und früher – vor nicht allzu langer Zeit – stand auf dem Platz selbst auch das Städtische Kaffeehaus, die »Gradska Kavana«. Das Städtische ist im Namen, k.u.k. schwingt mit, auch wenn das Kaffeehaus mittlerweile in eine Lounge umgewandelt wurde und nur noch der Name auf dem Gebäude verblieben ist. Zagreb ist eine alte Habsburger-Metropole, die Architektur zeigt davon und auch die Persönlichkeiten, die hier gewirkt haben: Vor der »Mala Kavana«, dem »Kleinen Kaffeehaus«, sitzt man direkt an der Reiterstatue, die dem kaisertreuen Ban Josip Jelačić gewidmet ist.

Die zwei Stadthügel und auch die Berge darum herum sieht man am besten von der Panoramaplattform, die in dem modernen Hochhaus am Platz eingerichtet wurde. Selbst von unten nicht zu übersehen ist die Kathedrale. Sie spiegelt sich auch im neuen weißen Milchglasgebäude wider, in dem seit dem EU-Beitritt Kroatiens 2013 das Europahaus untergebracht ist, mit einem Infobüro zu EU-Fragen.

Der Säbel von Ban Jelačić schwang ursprünglich in Richtung Ungarn. Beim Zusammenbruch Jugoslawiens wieder aufgestellt, zeigt die Reiterstatue nun zur Mitte des Jelačić-Platzes.

Vom Platz zum Plac

Abgehend vom Jelačić-Platz, ungefähr zwischen Uhr und Mala Kavana, reihen sich kleine Stände mit Blumengestecken je nach Jahreszeit. Sie sind das Bindeglied zwischen dem Jelačić-Platz und dem Dolac-Markt, dem »Plac« – wie die alten Zagreber den zentralen Markt nennen. Schon auf dem Treppenaufsatz wird deutlich, wer hier oben das Sagen hat: die *kumica*, sprich: kumitza, die »kleine« Patin, die aus dem Zagreber Umland kommt und hier ihr selbst angebautes Obst und Gemüse feilbietet. Die Zagreber haben sie so gern, dass sie ihr eine eigene Statue errichtet haben. Dabei sind die *kumice* nicht nur ältere Mütterchen mit Kopftüchern, sondern auch moderne Frauen, die – ganz im Trend der Zeit – lokale Produkte aus eigener Produktion verkaufen. Ein farbenfrohes Meer bilden die Stände, und das malerische Bild wird noch verstärkt durch die *šestinski kišobrani*, die roten Schirme, die ihre leuchtenden Farben von der Tracht der Šestine, einer Gegend im Zagreber Vorland, übernommen haben.

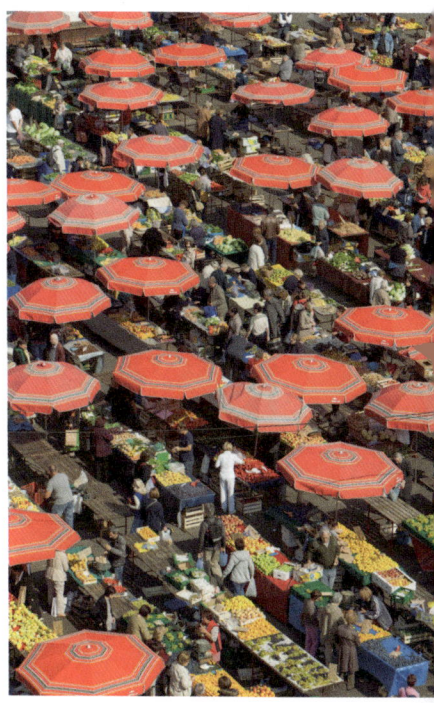

Die roten Schirme sind ein Markenzeichen des Dolac-Marktes. In Miniatur kann man sie an allen Souvenirständen kaufen, genau wie die farblich dazu passenden Lebkuchenherzen, »Licitari«.

Die Ilica

Keine Straße wird so sehr mit Zagreb verbunden wie die Ilica (sprich: Ilitza). Die mit 5,66 km drittlängste Straße der Stadt ist gleichzeitig auch die älteste. Seit 1431 ist sie unter dem heutigen Namen verzeichnet, und dort, wo einst schlammiger Boden herrschte, reihen sich heute kleine Boutiquen und herrliche k.u.k. Bauten aneinander. Zumindest im Zentrum, denn je weiter Sie entlang der Ilica schlendern, desto weniger werden Sie sich in einer Großstadt fühlen.

Vom Jelačić-Platz aus startend, fällt auf der rechten Seite zunächst das Nama-Gebäude mit seinen beiden Kuppeln auf. Es beherbergt das älteste Kaufhaus der Stadt, das 1945 als »Narodni magazin« (»Volksladen«) umfirmierte »Kastner i Öhler«, das zwei Wiener Kaufleute 1906 gründeten. Im Inneren hat die Nama, mittlerweile eine im ganzen Land verbreitete Kette, leider einen Teil ihres ursprünglichen Charmes eingebüßt. Nicht so das schräg gegenüber liegende Oktogon, dessen beide Passagen in einem achteckigen Atrium zusammenkommen. Hier befindet sich u. a. die Boutique Croata, die neben Anzügen, Damenblusen und Fliegen auch den berühmtesten Exportschlager Kroatiens verkauft: die Krawatte (deren Namen sich von Kroaten ableitet). So stolz ist das Unternehmen auf die kroatische Errungenschaft, dass es sogar einen internationalen Tag der Krawatte initiiert hat. Feiern Sie mit, falls Sie an einem 18. Oktober in Zagreb sein sollten!

Tunnel Grič

Parallel zur Ilica können Sie Zagreb auch »underground« erleben: Von der Mesnička bis zur Radićeva, wo die Standseilbahn zur Oberstadt führt, verläuft der rund 350 m lange Grič-Tunnel, der 1943 angelegt und auch während des Jugoslawienkriegs 1991 bis 1995 als Luftschutzbunker benutzt wurde. Seit einigen Jahren ist dieser Fußgängertunnel öffentlich zugänglich – als Alternative zum Stadtspaziergang, als Ausstellungsraum mit oft spektakulären Lichtinstallationen und als einer der beliebtesten Orte während des Adventsmarktes.

2.
TOUR

1.
TOUR

3.
TOUR

Kaptol und Oberstadt
Stadt auf zwei Hügeln

Um zwei Hügel herum, Kaptol und Grič, ist Zagreb gewachsen. Auf beiden entstanden zwei ursprünglich unabhängige Städte, die durch den im Medvednica-Gebirge entspringenden Medveščak-Bach voneinander getrennt waren.

Die Zagreber Standseilbahn, die weltweit kürzeste Seilbahn für den öffentlichen Nahverkehr, verbindet seit 1890 die Ober- und die Unterstadt.

Die ältere der beiden Siedlungen ist dabei Kaptol. Seit 1094 Bischofssitz und um die Kathedrale herum angelegt, war und ist hier immer noch das religiöse Zentrum der Stadt. Auf dem Grič-Hügel entstand erst gut hundert Jahre später eine Siedlung: das Gradec, die »kleine Stadt«, heute als Oberstadt (Gornji Grad) bezeichnet. Wie Kaptol liegt auch die Oberstadt am Fuße des Jelačić-Platz. Hoch oder runter geht es entweder an der Radićeva (Treffpunkt Uhr!) oder ein paar Meter weiter gemütlich mit der Standseilbahn.

Auf dem Kaptol

Doch wo beginnen? Am besten bei der Kathedrale. Wo heute der schlanke neogotische Bau steht, der 1906 von Hermann Bollé vollendet wurde, stand einst eine Festungskirche, deren Hauptschiff und Turm vollständig dem großen Erdbeben von 1880 zum Opfer fielen. Nur die äußeren Befestigungsanlagen aus dem 16. Jh. erinnern noch an die Zeit, als die Osmanen vor den Toren der Stadt standen.

Über die Skalinska – benannt nach den Stufen, die sie einst prägten – taucht man langsam in die Geschichte des Gradec und seine Rivalität mit dem Kaptol ein. Blutig ging es in alten Zeiten in diesem Viertel zu. Wo sich heute auf der Tkalčićeva Rattansessel und Biergartengarnituren aneinanderreihen, verlief einst der Bach Medveščak und trennte Kaptol von seiner Nachbarsiedlung, dem 1242 erstmals in der Goldenen Bulle verzeichneten Gradec. Immer wieder kam es zu Spannungen zwischen den Herren von Kaptol und den Bürgern von Gradec, die die Trennlinie zwischen beiden Siedlungen in der Mitte des Baches sahen. Noch heute erinnert der Name der Straße Krvavi most (»blutige Brücke«) an die gewaltsame Auseinandersetzung, auch wenn Bach und Brücke längst verschwunden sind.

Romeo und Julia auf Kroatisch

Von den Spannungen zwischen Kaptol und Gradec erzählt auch einer der wichtigsten kroatischen Schriftsteller, August Šenoa, in seinem 1871 veröffentlichten Roman »Zlatarovo Zlato« (vielleicht haben Sie in der Skalinska die gleichnamige Buchhandlung entdeckt?). Es ist die Geschichte des Goldschmieds Petar Krupić und seiner hübschen Tochter Dora, deren Liebe zum Sohn des Herrn von Medvedgrad und ihr tragisches Ende als kroatisches Pendant zu Romeo und Julia angesehen werden kann. Wer die schöne Dora heute bewundern möchte, findet ihr Bildnis am Steinernen Tor, dem einzigen noch erhaltenen Stadttor des Gradec. Eine von Ivo Kerdić 1929 geschaffene, filigrane Statue ziert eine Nische auf der Seite des Tores, an dem das Haus des Goldschmieds und seiner Tochter gestanden haben soll. Anziehungspunkt für die Massen ist das Steinerne Tor jedoch aus einem anderen Grund: Dutzende Kerzen und Dankestafeln zieren den Durchgang, der zu einem Sanktuarium zu Ehren der schwarzen Madonna wurde, die weitgehend unbeschadet einen Brand im Jahr 1731 überstanden hat. Sowohl Gradec als auch Kaptol wurden durch das Feuer massiv beschädigt, doch die Statue der Madonna hielt stand. Die Höhlenkapelle wurde 1760 angelegt, der kleine Laden, in dem heute Kerzen verkauft werden, stammt noch aus dem Mittelalter.

Im Zentrum der Macht – der Markusplatz

Was für Kaptol die Kathedrale, ist für Gradec die aus dem 13. Jh. stammende Markuskirche. Hier ist das politische Zentrum von Stadt und Land. Um den Platz herum sind Regierungsgebäude, Parlament und Verwaltungsgericht angesiedelt. In der zum Platz führenden Straße steht das alte Rathaus. Blickfang sind die bunten Dachziegel der Kirche, auf denen zwei Wappen abgebildet sind – rechts das Wappen der Stadt Zagreb, links das Wappen des ehemaligen, zur Habsburger Doppelmonarchie gehörenden Königreichs Kroatien, Slawonien und Dalmatien mit dem Schachbrettmuster für Kroatien, dem Marder für Slawonien und den drei Löwenköpfen für Dalmatien.

Direkt gegenüber dem Seiteneingang der Kirche passt eine Wache auf das Regierungsgebäude auf. Seit 1808 sind die barocken Banski dvori (wörtlich: Paläste des Ban oder Banuspalais) der Ort, von dem aus Kroatien regiert wird. Hier lebte auch der legendäre Ban Josip Jelačić, und 1990 zog Franjo Tuđman als Präsident der damals jugoslawischen Teilrepublik Kroatien hier ein und blieb dort als erster Präsident des unabhängigen Kroatiens.

Das Innere der Markuskirche hat durch das Erdbeben 2020 stark gelitten, ist aber – falls geöffnet – ebenfalls sehenswert. Ivan Meštrović hat hier zusammen mit dem Maler Jozo Kljaković ein Gesamtkunstwerk geschaffen.

Am Hufeisen entlang

Zagrebs grüne Lunge

Die grüne Lunge heißt in Zagreb »Hufeisen«: U-förmig geht es von einem begrünten Platz zum nächsten, vom Nationaltheater über den Botanischen Garten bis hin zum schicken Esplanade-Hotel, wo schon die Passagiere des Simplon-Orient-Expresses übernachteten.

Majestätisch präsentiert sich das gelbfarbene Nationaltheater, umrahmt von Museen und Prachtbauten, die raumwirkend um das grüne Hufeisen herum angelegt wurden.

Das auf Opernhäuser spezialisierte Wiener Architekturbüro Fellner & Helmer hat es weitgehend baugleich mit dem Opernhaus Zürich und dem Hoftheater in Wiesbaden bauen lassen, und obwohl das Zagreber Haus mit einer Kapazität von 715 Plätzen ungefähr 300 Plätze weniger zählt als seine beiden großen (und älteren) Brüder, hat es doch einige Berühmtheiten hier spielen sehen: die Komponisten Franz Liszt, Franz Lehár und Richard Strauss, Theaterlegende Sarah Bernhardt, die Hollywoodstars Vivien Leigh und Laurence Olivier und Tenor José Carreras, sie alle kamen nach Zagreb. Kaiser Franz Joseph I. übrigens auch, um das Theater 1895 einzuweihen.

Draußen vor dem Gebäude hat Bildhauer Ivan Meštrović – der Auguste Rodin Kroatiens – seine Spuren hinterlassen: mit dem 1905 erschaffenen »Brunnen des Lebens« (»Zdenac života«), der den Eingang des Nationaltheaters ziert, und gegenüber, am Eingang der juristischen Fakultät, mit seiner berühmten Frauenstatue der »Geschichte der Kroaten« (»Povijest Hrvata«), die allerdings erst 1970, zum 300. Jahrestag der Universitätsgründung, hier aufgestellt wurde.

Nachwuchskünstler

Wie die juristische Fakultät, aus der die Uni hervorgegangen ist, sind auch andere Bildungseinrichtungen rund um den Platz der Republik Kroatien angesiedelt. Am auffälligsten sticht dabei die 2014 völlig umgebaute Musikakademie mit ihrem weißen Glaskubus und ihrem regenbogenfarbenen Aufbau hervor. Der Backsteinbau direkt hinter dem Nationaltheater beherbergt die Akademie für dramatische Künste (Akademija dramske umjetnosti – ADU), die seit 1950 angehenden Schauspieltalenten eine Bühne bietet.

M MEŠTROVIĆ

Über die Stadt verstreut sind noch weitere Spuren Meštrovićs zu entdecken. Am berühmtesten sind die Statue des Erfinders Nikola Tesla (in einer Seitenstraße zum Nationaltheater), Meštrovićs Atelier und Wohnhaus in der Oberstadt und der auch als »Moschee« (Dzamija) bekannte weiße Meštrović-Pavillon, in dem heute Wechselausstellungen kroatischer Künstler zu sehen sind.

Inmitten der k.u.k. Bauten am Platz der Republik ragt ein bunter Kubus heraus: der 2014 fertiggestellte Anbau der Zagreber Musikakademie.

Ein weiteres Werk Ivan Meštrovićs befindet sich vor dem eindrucksvollen Jugendstilkomplex des Kroatischen Staatsarchivs. Der hier in Stein gehauene Marko Marulić hat nicht nur Petrarca und Dante ins Kroatische übersetzt, sondern mit seiner »Judita« im Jahr 1501 auch das erste kroatische Epos verfasst, was ihm den Vergleich mit Dante einbrachte. Das Staatsarchiv ist ein Werk des aus Zagreb stammenden Architekten Rudolf Lubinski, der ansonsten hauptsächlich in Baden gewirkt hat und u. a. an der Gestaltung der Heidelberger Universitätsbibliothek beteiligt war. Falls möglich, werfen Sie einen Blick hinein ins Hauptgebäude des Staatsarchivs! Besonders beeindruckend ist der große Lesesaal.

Das Staatsarchiv ist einer der schönsten Jugendstilbauten Zagrebs. Seine Sammlung ist ebenfalls beachtlich: Zu den umfassenden Beständen gehören u. a. 1,75 Millionen Fotografien und 10 Millionen (!) Mikrofilmaufnahmen.

Filmlegenden

Gleich neben dem Staatsarchiv erstreckt sich der Botanische Garten fast bis zum Hotel Esplanade, das 1925 eröffnet wurde, um den Reisenden des Simplon-Orient-Expresses eine angemessene Bleibe zu bieten. Ob mit dem Zug oder auf anderen Wegen, illustre Gäste kamen tatsächlich: Königin Elisabeth II., Josephine Baker, Alfred Hitchcock, Tina Turner, Woody Allen, Orson Welles ...

Während sich der Glanz alter Zeiten im Inneren des neoklassizistischen Hauptbahnhofs etwas verloren hat, ist der Blick beim Hinauskommen umso beeindruckender. Eine der schönsten Aussichten auf Zagreb bietet sich hier – vom Kunstpavillon über die Kathedrale bis zum Medvednica-Gebirge. Das Reiterdenkmal im Vordergrund zeigt den ersten kroatischen König, Tomislav, der von 910 bis 928 regierte, und wurde 1895 zu Ehren eines Besuchs von Kaiser Franz Joseph errrichtet. Am Zrinjevac-Park und seinem Musikpavillon sind Sie am Ende des Grünen Hufeisens angelangt.

Der Dante Kroatiens porträtiert durch den Rodin Kroatiens: Ivan Meštrovićs Statue von Marko Marulić, der als »Vater der kroatischen Renaissance« galt, ziert den Platz vor dem Kroatischen Staatsarchiv.

II

Pausieren in Zagreb

Wie an einem anderen Ort fühlt man sich im Botanischen Garten. Auf seiner Fläche von 50 000 m² sind auch asiatisch anmutende Pavillons verstreut.

In den Arkaden des Mirogoj ist das Who's who der Zagreber Gesellschaft begraben. Die Mischung an Namen und Religionen auf diesem Friedhof ist einzigartig.

EIN HAUCH VON MONTMARTRE

Strossmayer-Promenade

Ob Sie mit der ältesten Seilbahn des Landes gemütlich hochtuckern oder über den roten Graffititeppich die Stufen erklimmen: die Strossmayer-Promenade – auch »Strossmartre« genannt – eignet sich für einen romantischen Moment mit Blick auf die Stadt. Machen Sie bloß nicht den Fehler, um 12 Uhr mittags unter dem Lotrščak-Turm zu stehen. Dann wird von hier aus die Kanone abgefeuert, der Grički top, der mit seinem ohrenbetäubenden Lärm seit 1877 an die Gründung der Stadt erinnert.

MUSIK LIEGT IN DER LUFT

Botanischer Garten

Japanisch wirkt der Garten an der roten Holzbrücke, und an eine russische Datscha erinnert der kürzlich renovierte Ausstellungspavillon. Während das älteste Gewächshaus 1895 aufgebaut wurde, ist das jüngste – eine kleine runde Glaskonstruktion – ein neuer Publikumsmagnet, beherbergt es doch eine Riesenseerose, *Victoria amazonica*, die dem Gewächshaus

seinen Spitznamen gegeben hat: Viktorias Haus.

GRÜNES GLÜCK

Zrinjevac

Der nach dem Adelsgeschlecht der Zrinski benannte Park mit seinem 1891 errichteten Musikpavillon ist im Advent ein Zentrum des Weihnachtsmarktes und im Sommer ein beliebter Ort für Konzerte jeder Art. Neben den 220 Platanen, die noch älter als der Pavillon sind (aus dem Jahr 1872), sind um den Park herum die Denkmäler berühmter Kroaten aufgestellt – eine Art »Walk of Fame«.

RUHE, RUHM UND RELIGIONSVIELFALT

Mirogoj

Ruhestätte, Parkanlage, imposantes Gesamtkunstwerk: Der Friedhof Mirogoj liegt zwar leicht außerhalb des Zentrums, sollte aber auf keinen Fall links liegen gelassen werden. Mit wildem Wein behangene Mauern wie die einer riesigen Schlossanlage erwarten den Besucher. Die Arkaden sind so etwas wie das Pantheon Kroatiens, aber auch um die

Arkaden herum und in den Alleen des Mirogoj sind Berühmtheiten begraben. Doch der Mirogoj ist nicht nur eine riesige Kunstgalerie in einem wunderschönen Park, sondern auch ein Mahnmal der Toleranz und ein Beweis dafür, dass verschiedene Religionen und politische Ideale nebeneinander bestehen können: So liegen hier christliche, jüdische und muslimische Familien Seite an Seite begraben, erkennbar an den verschiedenen Grabinschriften und Ausrichtungen der Grabplatten.
Aleja Hermanna Bollea 27

ZAGREBS VILLA BORGHESE

Maksimir

Was den Römern die Villa Borghese, ist den Zagrebern der Maksimir: eine grüne Stadtoase, in der man vom Stadtalltag entspannen kann, verspricht sie doch schon im Namen maximale Ruhe. Der Park wurde 1787 gegründet, ist eine der ältesten öffentlichen Parkanlagen Europas und mit einer Fläche von 316 ha auch einer der größten Parks Südeuropas. Im Zoo gibt es heimische Geier zu sehen, und im benachbarten Fußballstadion trainiert der Zagreber Traditionsclub Dinamo.

Badis in ganz Zürich

Die Limmat durchquert Zürich und seine schönsten Stadtviertel.

Entdeckung der Lässigkeit

Zürich braucht weder Paris- noch Toskana-Flair. Die neben dem schönen Opernhaus gelegene Austragungsstätte des »Sechseläuten« mit ihren Sitzgelegenheiten lädt zur Entdeckung der Langsamkeit ein – und von hier sind es nur ein paar Meter zur nächsten Badi (Badeanstalt) oder zu einem lauschigen Uferplätzchen, um sich einfach so in die Fluten zu stürzen. Lassen Sie sich fallen und genießen Sie das Leben!

Der Sprung ins kühle Nass und das Schwimmen in einer der Badis ist im wasserreichen Zürich nie weit.

Flanieren durch Zürich

Der Sechseläutenplatz liegt am Rande der Zürcher Altstadt zwischen dem Bellevue und dem Opernhaus.

1. *TOUR*

**Den See im Blick –
Am Ufer Enge**

Wo es andere in die Ferne lockt, zieht es die Zürcher
erst einmal in »die Enge«. So heißt der Teil des heutigen
Quartiers, dessen Seeufer einen besonderen Reiz ausstrahlt.

2. *TOUR*

**Stöbern und Entdecken –
Leben live im »Dörfli«**

Am östlichen Limmatufer liegt das »Dörfli« mit seinen uralten
Gassen, wie die Einheimischen Nieder- und Oberdorf liebevoll
zusammenfassen.

3. *TOUR*

**Alte Villen, moderne Kunst –
An der »Goldküste«**

Viele Menschen würden etwas darauf geben, in einer der
Villen leben zu können, die das Ufer des Zürichsees säumen –
vor allem im Uferquartier Seefeld.

Am Ufer Enge

Den See im Blick

Allen Spöttern zum Trotz: Wo es andere Freizeitorientierte in die Ferne lockt, zieht es Zürcherinnen und Zürcher erst einmal in »die Enge« – so heißt der Teil des heutigen Quartiers, dessen Seeufer einen besonderen Reiz ausstrahlt. Zum einen liegt kaum etwas näher, wenn es um die schnelle Erfrischung am See geht. Zum anderen ist die Enge weniger vom Laufpublikum frequentiert.

Apropos Laufen: Nach Enge geht es locker zu Fuß, denn das Seeufer beginnt direkt hinter den Anlegestellen am Bürkliplatz im Arboretum, einem kleinen Park mit schönem Baumbestand. Ab hier ist es am Seeufer fast durchgehend grün, und das haben wir vor allem dem ›grünen‹ Stadtgestalter Arnold Bürkli zu verdanken, der den Verlauf der Eisenbahn direkt am Seeufer zugunsten von Aufschüttungen und Begrünungen verhindert hat. Zu Beginn von Zürichs ›West Coast‹ liegt das trendige Seebad Enge, dessen Spitzenlage im Sommer zu einer der Top-Anlaufstellen für Mittagspausen-Nutzer wird (außerdem gibt es im Winter einen Saunabetrieb mit der Möglichkeit sich im See abzukühlen). Hinter dem Seebad schließt sich der Hafen Enge an und an den zahlreichen Bootsanlegestellen, Ruder- und Marineclubs entlang des Ufers erkennt man, dass Zürich hier unter sich ist. Wem es im Sommer noch nicht warm genug ist, der kann die groß angelegte Sukkulentensammlung bestaunen, wo etwa 4500 verschiedene Kakteen-, Aloen- und Opuntien-Arten im hübsch warmen Gewächshaus ihrer Blüte entgegenbrüten.

Dann folgt Zürichs wohl familienfreundlichster Badi-Treff, das Strandbad Mythenquai. Wen es noch weiter seeabwärts treibt, der kommt hinter der Landiwiese am Kulturzentrum Rote Fabrik vorbei, einer Ansammlung von Lofts mit Gastronomie. Hautnah über dem Wasser geht es wenig später über den hölzernen Cassiopeia-Steg, an dessen Ende man auf das Strandbad Wollishofen stößt – mit seinen Betoneinlassungen und Pilzstützen ein architektonisches Highlight des »Neuen Bauens« aus dem Jahr 1939. Vom Wollishofener Hafen kann man wieder per S-Bahn oder Schiff zum Bürkliplatz zurückfahren.

Auch sukkulente (also wasserspeichernde) Pflanzen brauchen gelegentlich Nachschub.

Picknick mit Seeblick

Der zweite Enge-Angang verläuft landeinwärts und ist kultureller geprägt. Denn die Enge ist eine regelrechte Parklandschaft, getoppt vom Museum Rietberg. In der Villa Schönberg, die Teil des Museums Rietberg ist, wohnte Richard Wagner und pflegte hier eine Affäre mit der Nachbarin Mathilde Wesendonck. Die Affäre führte zu den »Wesendonck-Liedern« – und zu Wagners Scheidung. Mit der Villa Wesendonck unterirdisch verbunden ist seit 2007 ein Erweiterungsbau mit einem grünen Glaspavillon: der Smaragd. Das seit 1952 bestehende ethnologische Museum zeigt Kunst von melanesischen Schrumpfköpfen bis zu Zürcher Fastnachtsmasken. Der eigentliche Clou: im Museumscafé einen Picknick-Rucksack mitsamt Decke ausleihen, auf die Rietberger Hügel steigen und mit Blick auf den See und die Glarner Alpen das Leben genießen!

Die Villa Wesendonck ist das Hauptgebäude des Rietberg-Museums. Das Haus zeigt vor allem außereuropäische Kunst.

Nix Nevada – Sukkulentensammlung:
Zwischen Bürkliplatz und Wollishofen
warten viele Überraschungen.

Die Doppeltürme des Grossmünsters sind ein Wahrzeichen von Zürich.

Anlaufpunkt nicht nur für Studenten: Die Zeile gegenüber der Zentralbibliothek mit Bistro, Italo-Imbiss und dem Café Zähringer – um die Ecke setzt sich die beliebte Café- und Barzeile in der Spitalgasse fort.

Leben live im »Dörfli«

Stöbern und Entdecken

Am östlichen Limmatufer liegt das »Dörfli«, wie die Zürcher Nieder- und Oberdorf liebevoll zusammenfassen. Keine Frage, der denkmalgeschützte Limmatquai zwischen Bahnhof- und Quaibrücke macht optisch schon etwas her, besonders das über der Limmat frei stehende Rathaus im Neorenaissancestil ist ein Hingucker. Aber hinter der Fassade brodelt es. Geschäfte, Cafés, Kneipen, Restaurants reihen sich vor allem an der Niederdorfstrasse wie an einer Perlenschnur. Viele Einheimische wie Touristen lassen sich am Knotenpunkt »Central« neben der Polybahn daher auch von der kleinen Gasse schlucken, die mehr Leben als die Fassade am Fluss verspricht.

Wie es sich oft mit idyllischen Gässchen im Stadtkern verhält, ist die Niederdorfstrasse (die später in Stüssihofstatt, Münstergasse und Oberdorfstrasse übergeht) gesäumt von Imbiss-, Nippes- und Prêt-à-Porter-Läden. Auch gibt es viele Bierhallen und Bars, die mittlerweile aber etwas abgestanden wirken, weil die Szene sich in die Kreise 4 und 5 aufgemacht hat. Der Grund, warum wir trotzdem (und eher tagsüber) einen Spaziergang bis zum Bellevue unternehmen, liegt an einigen Locations, die den langen, kopfsteinigen Weg lohnen. Außerdem sollte man ab und zu Abstecher unternehmen – wie in die pittoreske Gasse Rindermarkt – oder auch einen Schlenker in die Spiegelgasse zu einem der schönsten Geschäfte Zürichs, dem Thema Selection 1 der Schweizer Modedesignerin Sissi Zoebeli in einer ehemaligen Metzgerei mit Plättliboden (Fliesenboden).

Zu Pfefferkörnern und Kaffeebohnen

Zürich scheint sich hier nie verändert zu haben, und wenn es auch nur einen Grund geben soll, sich durch den Niederdorfer Mainstream treiben zu lassen, dann ist es neben dem Dada-Epizentrum Cabaret Voltaire an der Spiegelgasse seit 150 Jahren der Genusswarenladen Schwarzenbach. Wer dachte, es gäbe dort nur profane Pfefferkörner in Schwarz und Weiß, muss sich angesichts Dutzender Döschen eines Besseren belehren lassen – außer Pfeffer gibt es hier zahlreiche weitere Gewürze, Süßigkeiten, Nüsse und diverse Essig- und Ölsorten – wahrlich, wer besondere Mitbringsel sucht, ist hier bestens aufgehoben, bitteschön! Besonderen Wert legt Schwarzenbach auf seine eigene Kaffeeherstellung: Von nebenan strömt köstlicher Kaffeeduft herüber, nette Fachkräfte beraten einen gern.

Im Café & Conditorei 1842 direkt gegenüber wartet in einem Gebäude aus dem 13. Jh. ein weiterer Klassiker Zürcher Kaffeekultur, gleichfalls mit Schwarzenbach-Bohnen im Angebot. Der luftige Verkaufsraum wird in immer kleineren Einheiten fortgeführt, wo jeder sein persönliches, plüschiges Plätzchen findet.

Im Oberdorf stößt man auf viele originelle Geschäfte und auch so manches nette Café.

Vom Shopping ins Kulturleben

Das Grossmünster markiert die Schwelle vom Nieder- zum Oberdorf. Hinter dem Münster liegt an der dahinter steil ansteigenden Kirchgasse das Kulturhaus Helferei, einst das Wohnhaus des Reformators Zwingli. Wer sich dort oben weiter »verläuft«, entdeckt auch eine romantische Ansammlung intakter Häuschen mit Vorgärten wie von anno dazumal. Nach einer weiteren Runde schlendern spuckt uns die mittlerweile auf den Namen Oberdorfstrasse hörende Gasse zur Rämistrasse hin aus.

Kurz vorher streckt sich auf Bestellung eine Hand mit frischer Backware aus einer Hauswand: Bei der Bäckerei Vohdin, der wohl ältesten und auf 4,3 m² auch kleinsten Bäckerei der Stadt, bedient seit 1626 durchgehend Familie Vohdin persönlich, mit frisch Gebackenem direkt durch das Fenster auf die Hand. Zweifellos die begehrteste Durchreiche Zürichs!

Bar oder Museum?

Am Schluss sind Sie in der Zürcher Hochkultur angelangt, zumindest gastronomisch: Schräg gegenüber liegt die legendäre Kronenhalle. Hier haben Max Frisch und Friedrich Dürrenmatt ihre »Pfauen«-Premieren gefeiert, es gibt Zürcher Geschnetzeltes auf Leinen, serviert von Kellnern alter Schule im Smoking, in einem Speisesaal mit Garderobenhaken, Spiegeln und Bildern, unverändert seit 1924 – da wurde die Kronenhalle vom Ehepaar Hulda und Gottlieb Zumsteg eröffnet. Zahlreiche Exilkünstler hatten durch Zumstegs Intervention die Gelegenheit, den betuchten Gästen aus der Stadt ab und zu ein Bild zu verkaufen.

Der bekannte Schweizer Schriftsteller Max Frisch baute auch ein Schwimmbad, ließ seinen »Stiller« über Zürichs Goldküste lästern und stellte sich stets auf die Seite der Zürcher Jugend.

Noch heute hängen in der Kronenhalle weltbekannte Originale einfach so herum – und Picasso, Warhol, Chanel, Saint Laurent oder Herr de Givenchy hingen auch »live« an der von Diego Giacometti entworfenen Theke. Die Kronenhalle ist eine Institution und bis heute eine der besten Bars der Stadt.

An der »Goldküste«

Alte Villen, moderne Kunst

»Zürich könnte ein reizendes Städtchen sein. Es liegt am unteren Ende eines lieblichen Sees, dessen hügelige Ufer nicht von Fabriken, jedoch von Villen verschandelt sind«, nörgelt ein gewisser Herr Stiller im gleichnamigen Roman von Max Frisch herum. Viele Menschen würden etwas darauf geben, in einer der die Stadt »verschandelnden« Villen leben zu können, die das Ufer des Zürichsees säumen – vor allem im Uferquartier Seefeld.

»Seefeldisierung« ist das Zürcher Synonym für »Gentrifizierung«, denn nichts tun auch in Zürich die »Spekis« lieber, als vermeintlich heruntergekommene Eigenheime zu kapitalisieren. Die hier beginnende »Goldküste« verdankt ihren Namen einerseits den längeren Einheiten an Sonneneinstrahlung, dann aber auch dem feinen Viertel, für das man ordentlich Goldstücke vorweisen muss. An der Goldküste wohnten Zeitgenossen wie Thomas Mann, C. G. Jung und der Kaffee-Industrielle Klaus Johann Jacobs noch relativ preiswert. Dem profanen Reise-Entdecker kann das egal sein und ein kleiner Marsch an der Seeuferpromenade entlang offenbart noch ganz andere Schätze, vor allem kulturelle. Im Sommer die Badehose einpacken!

Die »Goldküste« hat ihren Namen vom üppigen Sonneneinfall – und von ihrem gesellschaftlich »goldenen« Ufer mit Blick auf den Uetliberg.

Um hübsche Plätzchen und Eckchen ist die Goldküste bis hinauf zum Zürich-horn nie verlegen.

Hinter dem weitläufigen Platz Bellevue säumen schöne, alte Hotels mit gestreiften Markisen das Seeufer, gegenüber im schwimmenden Seebad Utoquai badet man seit Generationen unter orientalisch an-gehauchten Minaretten. Nicht selten schleicht jemand mit dem Bade-mantel vom Hotel oder aus seiner Wohnung über die Straße, um sich im See zu erfrischen. Hier, am Ufer hinter der Oper und dem Verlags-gebäude der NZZ, liegt die inoffizielle Spaziermeile für alle, die sich mal kurz die Füße vertreten oder eine Runde joggen wollen.

Le Corbusiers letzter Bau

In der Jacobs Foundation kann man sich bei Interesse in die duftende Welt der Kaffeeherstellung einschnuppern. Den Seefeldquai hinunter stoßen wir auf die Mini-Museumsmeile Untere Höschstrasse. Rechter Hand verblüfft ein Gebäude im englischen Landhausstil, die um die Wende zum 19. Jh. erbaute Villa Egli, und linker Hand das mit einem Rosengarten bedachte Zentrum Architektur Zürich (ZAZ) mit seinem Bellerive-Museum. Nur einen Steinwurf entfernt liegt gegenüber das letzte Gebäude, das von Le Corbusier umgesetzt wurde, und das ein-zige überhaupt, das von dem Schweizer Architekten in seinem Hei-matland steht. Die Innenarchitektin, Galeristin und Mäzenin Heidi Weber gab ihm in den 1960er-Jahren den Auftrag für ein »Gesamt-kunstwerk« und ließ das Gebäude nach seinem Tod fertigstellen. Der quietschbunte Pavillon Le Corbusier mit seinem frei stehenden Dach und den von Corbusier selbst eingesetzten Stahl-/Glas-Elementen ist ein Muss für Fans, auch nachdem das Museum für Gestaltung hier eingezogen ist. Echte Kunst-Freaks werfen noch einen Blick auf das Atelier Hermann Haller.

Weiter oben an der Blatterwiese kommt ein weiteres Kuriosum in den Blick, das aussieht wie die Verbotene Stadt, aber offen zugänglich ist: der Chinagarten, ein Geschenk der chinesischen Partnerstadt Kun-ming an die Zürcher Bevölkerung aus dem Jahr 1994 – im irgendwie doch typischen Drachen-Ambiente mal eine andere Art zu entspan-nen. Dann sind wir oben am Zürichhorn angekommen, wo nochmal Kunst wartet, dieses Mal im öffentlichen Raum: die kinetische Plastik »Heureka« des Schweizers Jean Tinguely. Nicht verpassen, sie liegt leicht zurückgesetzt, was Sinn ergibt, schließlich bedeutet der Name »Ich hab's gefunden!«. Für Jean Tinguely stellt die Maschine Humor und Poesie dar. Er schaffe als Künstler »freie und fröhliche« Maschi-nen. Die vielen Räder der Plastik seien Symbol für die Weisheit und den Wahnsinn in einem.

Der Pavillon Le Corbusier am Ostufer des Zürichsees wurde in den Jahren 1964–1967 erbaut.

Die Promenade Utoquai ist die Flaniermeile Zürichs schlechthin, beliebt als Joggingstrecke oder für den Lunch.

II

Pausieren in Zürich

Die Leinen los für eine entspannende Schiffsfahrt auf dem See

ALLES FLIESST!

Schiffsfahrt auf dem Zürichsee

Achtung, Leinen los! Die Anlegestelle am Bürkliplatz ist der zentrale Anlaufpunkt für alle Schiffe, die in Zürich ablegen, und wer gerade erschöpft vom Sightseeing daran vorbeikommt, springt doch einfach mal für eine kurze Rundfahrt auf eines der Schiffe. Bei einem Kaffee oder vielleicht auch einem Essen auf den See schauen, warten, bis sich einem der freie Blick auf die Berge eröffnet, Wollishofen, Küsnacht oder das Zürichhorn an sich vorbeiziehen lassen und irgendwann wieder am Bürkliplatz landen – das hat was von Auszeit und fließenden Übergängen.

Anlegestelle Bürkliplatz, Kreis 1

BELIEBTER BRUNCH

Nordbrücke

«Mitten im Quartier und doch daneben» – so das Motto der Café-Bar. Ein bisschen wie zu Hause bei Oma, aber mit Countrymusik, lockerer Bar-Atmosphäre und einem der besten Sonntagsbrunchs der Stadt.

Nordbrücke, Kreis 5

MR. YELLO BITTET ZU TISCH

Restaurant Bärengasse

Ermüdet vom Shoppingbummel? Dann rein in den Lichthof direkt am Paradeplatz. In Dieter Meiers Bärengasse geht es recht laut und lustig zu, das Essen ist hochwertig, und lecker. Kurzum: chic und saugut, weil alles bio bis zum Wein.

Bahnhofstr. 25 (Bärengasse), Kreis 1

SPA-SPASS

Sauna und Massagen ...

... besser können Körper und Seele kaum abschalten! Dafür hat Zürich mehrere Alternativen zur Auswahl: Der Hammam Basar entführt in ein regelrechtes Sauna-Serail, eine Mischung aus römisch-byzantinischer und syrisch-türkischer Badekultur. Die mit allen Wassern gewaschenen Spa-Welten des Thermalbad & Spa Zürich sind spektakulär: Man planscht auf dem Dach einer ehemaligen Brauerei und kann dabei über die ganze Stadt schauen. Etwas mehr »Zauberberg«-Atmosphäre strahlt das öffentlich zugängliche Spa des Dolder Grand Hotel aus. Hier kann man sich elegant für ein paar Stunden in die luxuriösen Welten des Edelhotels hineinmogeln.

Hammam Basar: Mühlebachstr. 157–159; Thermalbad & Spa Zürich: Brandschenkenstr. 150 (Hürlimann-Areal), Kreis 2; Dolder Grand Spa: Kurhausstr. 65, Kreis 7

PROMENIEREN, DÜMPELN, TRÄUMEN

Schanzengraben-Promenade

Die Sihl ist die kleine Schwester der Limmat. Hier kann man mitten in der Stadt zwischen Felsen kneippen oder einfach die Seele baumeln lassen, wie es die verankerten Freizeitboote vormachen. Am besten ist der Einstieg am Schanzengraben – nur wenige Sekunden später fühlt man sich komplett der Stadt entrückt.

Schanzengraben, Kreis 1

FRÜCHTCHEN

Juicery 21

Darf's noch eine Vitaminbombe sein? »Frisch gepresst« gilt im angesagten Health-Food-Laden nicht nur für den O-Saft. Und auch für Açai Bowls, Quinoa-Gerichte oder klassischen Porridge ist der Saftladen 21 Zürichs erste Anlaufstelle.

Sihlstr. 93, Kreis 1

Jeder nach seiner Façon: Badende Hunde im Brunnen am Münsterhof-Platz in Zürich

Verpassen Sie nicht die kleinen Momente
wie hier im Quartier Latin in Paris.

*TEL AVIV, TOKYO
ODER DOCH LIEBER
PARIS?*

Impressum

1. Auflage 2024
© 2024 DuMont Reiseverlag GmbH & Co. KG, Ostfildern
Alle Rechte vorbehalten.

Autoren und Verlag haben alle Informationen mit
größtmöglicher Sorgfalt geprüft. Gleichwohl sind Fehler
nicht vollständig auszuschließen. Alle Angaben erfolgen
ohne Gewähr.

Mit Texten von Susanne Völler (Amsterdam),
Klaus Bötig (Athen), Maria Luft (Breslau), Matthias
Eickhoff (Budapest), Meik Unterkötter (Buenos Aires),
Gerhard Heck (Dubai), Matthias Eickhoff (Edinburgh),
Dieter Losskarn (Kapstadt), Hans Klüche (Kopenhagen),
Muriel Brunswig (Marrakesch), Klaus Simon (Marseille),
Gabriella Vitiello, Frank Helbert (Neapel), Sebastian
Moll (New York), Gabriele Kalmbach (Paris),
Jürgen Strohmaier (Porto), Jochen Könnecke (Riga),
Georgi Palahutev, Frank Stier (Sofia), Petra Juling (Stock-
holm), Roland Dusik (Sydney), Agnes Fazekas (Tel Aviv),
Axel Schwab (Tokio), Daniel Izquierdo Hänni (Valencia),
Anita Ericson (Wien), Patricia Fridrich (Zagreb),
Gabriele Schwieder (Zürich)

Gestaltung und Satz: Eggers + Diaper, Aachen
Lektorat: Marlis von Hessert-Fraatz

Printed in Italy
ISBN 978-3-616-03238-2
www.dumontreise.de

FSC
www.fsc.org
MIX
Papier | Fördert
gute Waldnutzung
FSC® C015829

Abbildungsnachweis

Alle Zeichnungen: S. 27, 29, 61, 75, 122, 133, 136, 157, 161, 229, 241, 254, 265, 269, 300, 302, 305 (Gerald Konopik, Fürstenfeldbruck)
AWL Images, Whitchurch (UK): S. 224/225, UK hinten/6 (Shaun Egan)
Axel Schwab, München: S. 248/249, S. 249, S. 250/251, S. 252, S. 259, UK hinten/8
Christiane Eisler, Leipzig: S. 168
Daniel Izquierdo Hänni, Valencia: 271
Davide Illini, Mailand: S. 8/9, UK vorn/1
Dieter Losskarn, Kapstadt (ZA): S. 100, 103
Dubai Tourism, Dubai: S. 74, 75, 79
DuMont Bildarchiv, Ostfildern: S. 111 (Gerald Hänel), 166/167 (Frank Heuer), 214/215 (Olaf Meinhardt), 282 (Ernst Wrba), 306 (Udo Bernhart)
Fotolia, New York (USA): S. 69, 184 (Alexi Tauzin), 229 (cbreav), 181 (efired), 88 (f11photo), 233 (Jodie Johnson), 127 (Klaas Köhne), 280 (mikecleggphoto), 200/201 (sark181095)
Frank Helbert/ Gabriella Vitiello, Wiesbaden: S. 142/143
Gabriele Kalmbach, Köln: S. 172
Georgi Palahutev, Sofia (BG): S. 207, 211
Getty Images, München: S. 153 (Aleks Ivic Visuals), 63 (Alexander Hassenstein), 231 (Andre Distel), 32/33 (Angel Villalba), 245 (Art in All of Us/Michael Jacobs), 160, 261 (Atlantide Phototravel), 149 (DEA PICTURE LIBRARY), 26 (Ed Freeman), 148 (Fox Fotos/Keven Osborne), 56/57 (Holger Leue), 57, UK vorn/5 (Jupiterimages), 255 (Mike Theiss/National Geographic Magazine), 232 (Noël Alvarenga), 116/117, UK vorn/10 (Pascal Deloche), 20/21, UK vorn/2 (Scott E. Barbow), 182 (Sebastiaan Kroes)
Glow Images, München: S. 151 (Henryk Sadura), 38 (imagebroker), 54 (Matthias Hauser), 81 (Olaf Schubert), 158 (Tetra Images)
Hans Klüche, Bielefeld: S. 108, 109, 110, 113, UK vorn/9
Heinz Troll, Thessaloniki: S. 130/131, 171
Huber-Images, Garmisch-Partenkirchen: S. 159 (Anna Serrano), 82/83 (M. Rellini), 92/93, UK vorn/12 (Richard Taylor), 152/153 UK vorn/12 (Susanne Kremer), 46/47 (TC)
iStock.com, Calgary (CA): S. 235 (4x6), 307 (alxpin), 144 (ArtMarie), 226/227 (EAGiven), 104/105 (FotoVoyager/Fawcett), UK innen vorn (iconeer), 228 (imamember/Ida Jarosova), 109/191 (Imants Urtans), 157 o. (kasto80), 230 (Leonid Andronov), 289 (paulprescott72), 120 (Sergi Reboredo), 164/165 (yuran-78), 225 (zetter/Taras Vyshnya)
laif, Köln: S. 22/23, 31 (Andreas Hub), 213 (Andreas Teichmann), 55, 178/179, 277 (Berthold Steinhilber), 64 (Christian Heeb), 202/203, UK hinten/4 (Contrasto/Alfredo Falvo), 45, 201, 205, 208 (Dagmar Schwelle), 73 (David Osborn/Loop Images), 300 (DellaBella/Keystone Schweiz), 145 (Dorothea Schmid), 273, 279 (Evelyn Rois & Bruno Stubenrauch), 197, UK hinten/3 (Fabian Weiss), 162 (Frank Heuer), 298/299, 303 o., 305 (Gaetan Bally/Keystone), 135 (Gammarapho/Jean-Marc Charles), 105 (Gerald Haenel), 272/273 (Gonzalo Azumendi), 96, 216, 221, 222, UK hinten/5 (Gregor Lengler), 264 (Gunnar Knechtel), 49, UK hinten/2 (Hahn), Titelbild (hemis.fr/Bertrand Gardel), 134 (hemis.fr/Camille Moirenc), 180, UK hinten/2 (hemis.fr/Jacques Sierpinski), 175, UK hinten/1 (hemis.fr/Jean-Pierre Degas), 141, 217 (hemis.fr/Ludovic Maisant), 137 o. (hemis.fr/Patrick Desgraupes), 206 (hemis.fr/Patrick Frilet), 186 (Jens Schwarz), 253 (Jeremy Souteyrat), 301 (K. Hoffmann), 183 (Karl-Heinz Raach), 48 (Kristensen), 60 (Le Figaro Magazine), 121, 125 (Lutz Jaekel), 278 (Markus Kirchgessner), 62 (Paul Hahn), 36, 40, 43, 194, 195, 199 (Peter Hirth), 156 (Polaris/Paul Martinka), 9 (REA/ Jean Pierre Jans), 117 (robertharding/Sergio Pitamitz), 87 (Suse Multhaupt), 25 o. (SZ Photo/Jochen Eckel), 28 (SZ Photo/Jose Giribas), 12, 236/237, UK hinten/7 (Thomas Linkel), 193 (Zenit/Jan-Peter Böning)
Lookphotos, München: S. 44/45, 185 (age fotostock), 188/189 (Franz Marc Frei), 192, 198 (Hauke Dressler), 51 (Holger Leue), 147 (Karl Johaentges)
Louis Masai, London: S. 98
Lucia Lehmann, Köln: S. 18
Maria Luft, Bremen: S. 34/35, 42, UK vorn/3
MATO, Hamburg: S. 10/11, 52, 53 (SIME/Luigi Vaccarella), 128/129 (SIME/Davide Erbetta), 212/213 (Pietro Canali), 223 (Maurizio Rellini)
Mauritius Images, Mittenwald: S. 80/81 (AGE/David Lyons), 25 u. (AGE/Stefano Paterna), 14, 15 (Alamy), 33 (Alamy/Bartlomiej Magierowski), 29 (Alamy/Capital Culture Gallery), 91 (Alamy/Chris Strickland), 39 (Alamy/David Harding), 173 (Alamy/Directphoto Collection), 163 (Alamy/Ed Rooney), 242 (Alamy/galit seligmann), 77 (Alamy/Iain Masterton), 302 (Alamy/Ian Dagnall), 281 (Alamy/INSADCO Photpgraphy), 114 (Alamy/Jochen Tack), 176/177 (Alamy/Juanma Aparicio), 266 (Alamy/Kevin Foy), 243 (Alamy/kpzfoto), 247 (Alamy/M. Sobreira), 21 (Alamy/Oleg Kozlov), 169 (Alamy/Paul Quayle), 65 (Alamy/Peter Horree), 161 o. (Alamy/Randy Duchaine), 37 (Alamy/Richard Bradley), 84, UK vorn/7 (Alamy/Robert Bird), 89 (Alamy/Streetlife), 187 (Alamy/Tim E White), 256 (Alamy/World Discovery), 64 (Alamy/Yadid Levy), 276, UK hinten/10 (Bryan Reinhart), 115 (Christian Bäck), 154/155 (Cultura/Henglein and Steets), 241 (imagebroker/Bettina Strenske), 94/95 (imagebroker/Markus Oblänber), 97 (imagebroker/Walter G. Allgöwer), 296/297, 304 (Westend61/Werner Dieterich), 70/71 (World Pictures)
Mihaela Leshtova, Plovdiv: S. 204
Monika Gumm, Hamburg: S. 72, 76, 219, 267
Petra Juling, Lissendorf: S. 220
picture-alliance, Frankfurt a. M.: S. 303 u. (akg-images), 41 (Maciej Kulczynski), 262/263 (Manuel Bruque), 122 (Rolf Wilms), 146 (Ton Koene), 283 (Willfried Gredler-Oxenbauer)
Rainer Hackenberg, Köln: S. 274/275
Schapowalow, Hamburg: S. 27 (SIME/Luca Da Ros), 150 (SIME/Massimo Borchi), 177 (SIME/Ugo Mellone)
Shutterstock.com, Amsterdam (NL): S. 85 (Alan Cormack), 218 (Alexanderstock23), 288 (Anamaria Mejia), 292 (anastas_styles), 13 (Anna Krasnopeeva), 58/58 (Antonio Salaverry), 238/239 (Boris-B), 234 (Brad Summerson), 16 (Christophe Cappelli), 66 (CLWphoto), 293 o., UK hinten/11 (DeymosHR), 196 (Edijs Volcjoks), 174 (EricBery), 50 (Fabio Michele Capelli), 6 (Fortgens Photography), 189 (Fotokon), 297 (C na Power), 30 (isidoros andronos), 293 u. (Ivica Drusany), 294 (Jelena990), 78 (jinijo), 290 (K.C.Photography), 112 (Kristina_M), 126, 138 (Krzysztof Bozalek), 61 (LukeandKarla.Travel), 137 u. (marako85), 244 (Mario Troiani), 199 (Moobatto), 310 (Nadiia Loboda), 270 (Nicolette Van der Vlerk), 185 (OPIS Zagreb), 140/141, UK vorn/11 (Paky Cassano), 258 (Puii), 106/107 (Radiokafka), 246 (RnDmS), 308/309 (Roman Babakin), 240 (Rostislav Gl.sky), 295 (SJ Travel Photo and Video), 102 (Stefano Politi Markovina), 209 (stoyanh), 210 (Takashi Images), 93 (THP Creative), 284/285 (Tijana Lubura), 24 (Tito Slack), 291 (Tupungato), 257 (waranon8327), 68/69, UK vorn/6 (Wirestock Creators), 286/287(Zdravko T)
Stock.adobe.com, Dublin (IE): S. 101 (moucault)
Susanne Troll, Köln: S. 165, 170
Susanne Völler, Köln: S. 17, 19
Thomas Stankiewicz, München: S. 86, 90, 118/119, 123, 124
VLC Turismo, Valencia: S. 260/261, 268, UK hinten/9
Yves Vernin, Marseille: S. 129, 132, 133 o.